陕西省教育科学“十三五”规划一般课题：职业院校校企合作现代学徒制人才培养模式研究
陕西省职教学会课题“互联网金融”课程思政典型案例建设
陕西省职教学会课题校企合作现代学徒制人才培养模式实践

新编21世纪高等职业教育精品教材 · 金融类

互联网金融基础

Internet Finance
Fundamentals

主　编　熊湘辉
副主编　孙文娟　王　艳　朱保一

中国人民大学出版社
· 北京 ·

前言
Preface

党的二十大报告提出：加快发展数字经济，促进数字经济和实体经济深度融合，打造具有国际竞争力的数字产业集群。数字技术的发展推动了互联网金融的不断升级。互联网金融（ITFIN）是指传统金融机构与互联网企业利用互联网技术和信息通信技术实现资金融通、支付、投资和信息中介服务的新型金融业务模式。互联网金融不是互联网和金融业的简单结合，而是在实现安全、移动等互联网技术水平上，被用户熟悉接受后，为适应新的需求而产生的新模式及新业务，是传统金融行业与互联网技术相结合的新兴领域。

本书由陕西工商职业学院熊湘辉老师担任主编，负责教材编写大纲的拟订和全书的审定工作；南宁职业技术学院孙文娟老师、陕西工商职业学院王艳老师和朱保一老师担任副主编，负责教材内容的审核工作。具体分工如下：第一章、第二章、第四章由熊湘辉老师编写，第三章由孙文娟老师编写，第五章、第六章由王艳老师编写，第七章、第八章由朱保一老师编写。天津滨海迅腾科技集团有限公司的韦钰老师、刘盟老师为本书的撰写提供了大量详实的资料，在此表示衷心的感谢。

本书坚持以学生为主体，以案例为载体，以实践为路径，通过展现案例情境，将理论与实践相结合，切实提升融合教育的针对性、鲜活性和有效性。

本书适应国家建设现代职业教育体系的新要求，紧紧围绕高等职业教育人才培养目标和人才培养模式改革的重点，按照“一体化设计、结构化课程、颗粒化资源”的原则建设。本书非常适合广大高等院校和培训机构选作课程教材使用，同时也适合社会各界读者了解和学习互联网金融，为更进一步的学习研究打下良好的基础。

编者

目 录
Contents

第一章　互联网金融概述 …… 1

第一节　互联网金融的定义 …… 3

第二节　互联网金融的业务模式 …… 7

第三节　互联网金融的国内外发展模式 …… 17

实训练习　互联网金融门户网站 …… 24

第二章　互联网支付 …… 29

第一节　互联网支付概述 …… 31

第二节　银行业金融支付 …… 36

第三节　第三方支付 …… 43

第四节　网络支付与区块链 …… 48

实训练习　微信支付操作 …… 53

第三章　众筹融资 …… 55

第一节　众筹的概念及发展历程 …… 57

第二节　众筹的意义及模式 …… 61

第三节　众筹的业务流程 …… 67

第四节　股权众筹 …… 69
实训练习　众筹电影 …… 76

第四章　互联网基金 …… 79

第一节　证券投资基金的含义及特点 …… 81
第二节　证券投资基金的分类 …… 84
第三节　互联网基金的兴起与发展 …… 89
第四节　互联网基金销售的风险与监管 …… 94
实训练习　识别金融理财风险 …… 97

第五章　互联网保险 …… 101

第一节　互联网保险的概念及发展历程 …… 102
第二节　互联网保险的运营模式及业务流程 …… 107
第三节　我国互联网保险的发展及政策 …… 110
实训练习　互联网金融产品跨界营销策略 …… 126

第六章　互联网信托和互联网消费金融 …… 129

第一节　互联网信托和互联网消费金融的定义 …… 131
第二节　互联网信托和互联网消费金融业务模式 …… 135
第三节　互联网信托和互联网消费金融业务监管 …… 146
第四节　互联网信托和互联网消费金融发展趋势 …… 151
实训练习　互联网消费金融产品 …… 154

第七章　互联网金融监管 …… 157

第一节　互联网金融风险分析 …… 159
第二节　我国互联网金融监管发展历程 …… 168
第三节　互联网金融风险应对策略 …… 171
实训练习　识别互联网金融产品风险 …… 177

第八章　云金融与金融大数据 …… 181

第一节　云计算的概念和应用 …… 183
第二节　云金融的概念和应用 …… 185
第三节　金融大数据的概念和应用 …… 187
实训练习　查询个人信用报告 …… 196

参考文献 …… 198

第一章

互联网金融概述

知识目标

1. 互联网金融的概念；
2. 互联网金融的业务模式；
3. 互联网金融的发展模式。

能力目标

1. 能够分析比较互联网金融支付与传统支付的区别；
2. 能够熟练掌握互联网金融的交易种类。

情境导读

招商银行的网络银行业务

招商银行成立于1987年4月8日，总行设在深圳，是中国第一家完全由企业法人持股的股份制商业银行。招商银行2017年的半年度报告显示，其上半年实现主营业务收入113.16亿元，较前一年同期增长33.09%，扣除资产准备支出前利润总额26.55亿元，同比增长42.74%；实现净利润11.08亿元，较前一年同期增长31.51%；资产总额达4 358.34亿元，较前一年同期增长39.18%；与此同时，不良贷款余额较前一年同期减少21.74亿元，不良贷款率由前一年同期的8.06%降至4.51%，下降3.55个百分点。

中国的一些主要银行如中国银行、中国工商银行、中国建设银行、招商银行等近几年陆续推出的网络银行业务，发展势头迅猛。其中，招商银行的网络银行业务不仅开展比较早，而且其金融产品种类多，服务质量比较高，因此吸引了众多的政府部门客户、企业客户以及个人客户。其“一网通”（如图1-1所示）网络银行品牌在国内颇具影响，已取得较好的经济效益，使招商银行进入21世纪后在激烈的同业竞争中克服物理营业网点较少的不足，充分利用信息网络技术而取得一定的竞争优势。

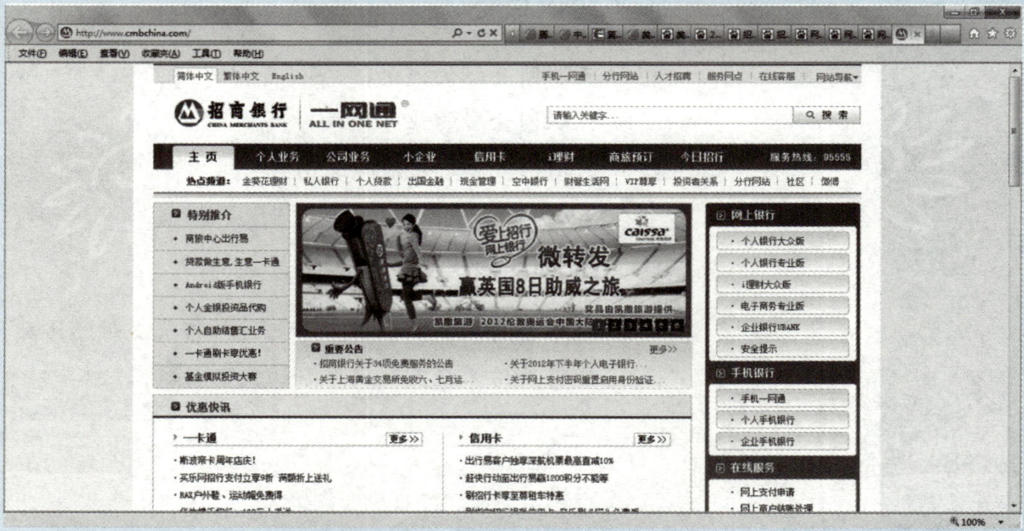

图1-1 “一网通”网页截图

招商银行坚持“科技兴行”的发展战略和“因您而变”的经营服务理念，立足于市场和客户需求，充分发挥拥有全行统一的电子化平台的巨大优势，率先开发了一系列高技术含量的金融产品与金融服务，打造了“一卡通”“一网通”等知名金融品牌。

深度分析

20 世纪 90 年代中期，随着互联网的普及应用，商业银行开始驶上网络快车道，银行经营方式也呈现了网络化趋势。1995 年世界第一家网络银行——美国安全第一网络银行（SFNB）诞生，从此，在网络时代的大背景下，商业银行开始进军网络，形成了网上“购物-支付”一条龙服务。从网络银行的产生和发展的角度来看，网络化经营的趋势是不可避免的。

第一，网络银行是网络经济发展的必然结果。由于电子商务活动没有时间和空间的限制，国界也似乎在某种程度上消失，经济全球化的结果也带来金融业务全球化，世界金融业的竞争更加激烈。同时，电子商务需要处理好信息流、商流、资金流和物流中的各个环节，才能健康运行和发展，才能真正体现电子商务的效率。资金流作为电子商务以及传统商务流程中的一个关键环节，其高效率、低成本、安全可靠的特点满足商务发展的需求。顺应这种需求，结合信息网络技术特别是互联网技术的应用，网络银行就产生了。

第二，网络银行可以满足电子商务发展的需要。无论是传统的交易，还是新兴的电子商务，资金的支付都是完成交易的重要环节。在电子商务中，作为支付中介的商业银行扮演着举足轻重的角色，无论网上购物还是网上交易，都需要借助电子手段进行资金的支付和结算。

第一节　互联网金融的定义

互联网金融（ITFIN）是指传统金融机构与互联网企业利用互联网技术和信息通信技术实现资金融通、支付、投资和信息中介服务的新型金融业务模式。互联网金融不是互联网和金融业的简单结合，而是在实现安全、移动等互联网技术的基础上，被用户熟悉接受后（尤其是对电子商务的接受），自然而然为适应新的需求而产生的新模式及新业务，是传统金融行业与互联网技术相结合的新兴领域。2016 年 10 月 13 日，国务院办公厅发布《互联网金融风险专项整治工作实施方案》。2018 年 10 月 10 日，由中国人民银行、银保监会、中国证券监督管理委员会制定的《互联网金融从业机构反洗钱和反恐怖融资管理办法（试行）》文件出台。

因为互联网金融是传统金融行业与互联网技术相结合的新兴领域，所以互联网“开放、平等、协作、分享”的精神往传统金融业态渗透，会对传统金融模式产生根本影响，具备互联网精神的金融业态被统称为互联网金融。然而，互联网金融的创新内涵在学界和业界仍存在一些争议，至今没有形成一种能够被泛接受的互联网金融的定义。

一、学术界对互联网金融的定义

互联网金融已成为当前的热门话题，学术界从多个角度对互联网金融进行了界定，其中谢平于2012年8月在《互联网金融模式研究》中对“互联网金融”下了一个定义，是目前为止被普遍认同的对互联网金融内涵解释较为权威的一种说法。谢平将互联网金融定义为：金融受互联网技术、互联网精神的影响，从传统银行、证券、保险、交易所等金融中介到无中介的一般均衡之间的所有金融交易和组织形式。互联网金融的形式是既不同于商业银行的间接融资，也不同于资本市场的直接融资的第三种金融模式。在这种金融模式下，支付便捷，集中支付和个体移动支付相统一；信息处理和风险评估通过网络化方式进行，市场信息不对称程度非常低；资金供需双方在资金期限匹配、风险分担等方面的成本非常低，可以直接进行交易；银行、券商和交易所等金融中介都不起作用，可以达到与现在直接融资和间接融资一样的资源配置效率，在促进经济增长的同时，大幅减少交易成本。这体现了互联网金融去中介化的特点，也就是说，未来互联网金融将没有严格的金融中介，是一种更为民主化，而不是由少数专业精英控制的金融模式，市场充分有效，接近一般均衡定理描述的无金融中介状态，能通过提高资源配置效率、降低交易成本来促进经济增长。互联网金融将产生巨大的社会效益。李博和董亮（2013）认为，广义的互联网金融是借助互联网本身的便捷和广度实现传统金融机构在互联网上的服务延伸。电子银行、网上银行乃至手机银行都属于互联网金融范畴。在这一模式下，传统金融服务从线下扩展到线上，在时间和空间上外延了服务。从狭义层面看，互联网金融仅包括借助互联网开展的金融服务。

二、互联网界对互联网金融的定义

从“互联网”与“金融”的从属关系看，互联网金融主要是指互联网电商做电子商务加载金融功能，而金融互联网主要是指商业银行努力做金融功能，加载电子商务。所以马云认为未来金融有两个机会，一个是金融互联网，一个是互联网金融。

在好贷网联合创始人李明顺看来，用互联网的理念和思维去重新看待金融，重新站在用户的角度和立场上去看待金融的一种新的业态模式，就是新的互联网金融的机会。

中国平安保险集团董事长马明哲认为，互联网金融对于金融行业降低成本、提高效率、改善服务等方面持续发挥着积极作用。互联网金融发展需要各界的包容和支持，特别是监管部门的支持。互联网金融从业机构也要以开放的心态，集思广益，共谋发展。

三、本书对互联网金融的定义

从狭义层面来看，互联网金融是指以互联网平台企业为主体，具备互联网精神，基于互联网平台，借助互联网新技术（如大数据、云计算、搜索、移动互联网等）开展的金融业务。这些业务有别于传统金融机构开展的业务，是一种新型的金融脱媒现象，提升了个体参与的充分性和普及性，体现了普惠金融的思想。

从广义层面来看，互联网金融是具备互联网精神的金融业态的统称，无论是互联网企业跨界进入金融行业，还是传统金融机构借助于互联网技术更好地开展金融业务，凡是基于互联网平台开展的金融业务，包括网上银行、网络证券、网络保险、第三方支付、网络理财、众筹等，都属于互联网金融的范畴，用户对互联网金融的主要需求有支付、融资、风险管理、投资理财4个方面（如图1－2所示）。这些模式下的互联网金融，体现了互联网精神与金融功能的深度结合，通过运用大数据和云计算等技术在互联网平台开展业务，改变了传统金融的服务模式、服务内容和服务体系，创造出新的金融业态，使金融活动更加民主化、平台化、信息化和个性化。

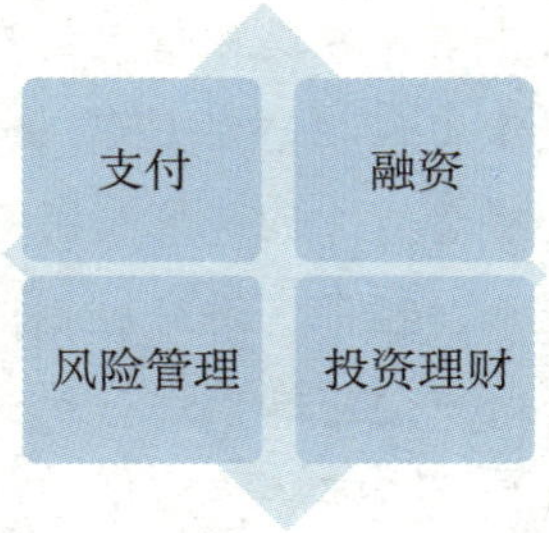

图1－2　用户对互联网金融的主要需求

按照2015年7月18日中国人民银行等十部门发布的《关于促进互联网金融健康发展的指导意见》（银发〔2015〕221号，以下简称《指导意见》）中关于互联网金融的定义，互联网金融是传统金融机构与互联网企业利用互联网技术和信息通信技术实现资金融通、支付、投资和信息中介服务的新型金融业务模式。互联网与金融深度融合是大势所趋，将对金融产品、业务、组织和服务等方面产生更加深刻的影响。互联网金融对促进小微企业发展和扩大就业发挥着现有金融机构难以替代的积极作用，为“大众创业、万众创新”打开了大门。

案例分享

芝麻信用

芝麻信用，是蚂蚁金服旗下独立的第三方征信机构，通过云计算、机器学习等技术客观呈现个人的信用状况，已经在信用卡、消费金融、融资租赁、酒店、租房、出行、婚恋、分类信息、学生服务、公共事业服务等上百个场景为用户、商户提供信用服务。

2015 年 1 月 5 日，中国人民银行发布了允许 8 家机构进行个人征信业务准备工作的通知，被视为是中国个人征信体系有望向商业机构开闸的信号，芝麻信用、腾讯征信等位列其中。

芝麻信用分是芝麻信用对海量信息数据的综合处理和评估，主要包含用户信用历史、行为偏好、履约能力、身份特质、人脉关系 5 个维度。芝麻信用基于阿里巴巴的电商交易数据和蚂蚁金服的互联网金融数据，并与公安网等公共机构以及合作伙伴建立数据合作。与传统征信数据不同，芝麻信用数据涵盖信用卡还款、网购、转账、理财、水电煤缴费、租房信息、住址搬迁历史、社交关系等。

芝麻信用通过分析大量的网络交易及行为数据，可对用户进行信用评估，这些信用评估可以帮助互联网金融企业对用户的还款意愿及还款能力做出总结，继而为用户提供快速授信及现金分期服务。

本质上来说，芝麻信用是一套征信系统，该系统会收集来自政府、金融系统的数据，还会充分分析用户在淘宝、支付宝等平台的行为记录。芝麻信用方面表示，不管是机构还是他人，要查看芝麻信用分，都必须获得用户本人的授权，加上信用评估是直接以分值的形式呈现，可以保护个人的具体信用信息和隐私。为方便用户了解身边朋友的信用水平，芝麻信用设置了类似“信用 PK”的小游戏，可以和朋友一比高下。如果对方授权同意，还可以直接查看对方的芝麻信用分。

芝麻信用在公测期间已与租车、租房、婚恋、签证等多个领域谈定了合作，即将提供试验性的服务，例如未来当用户的芝麻信用分达到一定数值时，租车、住酒店时将有望不用交押金，网购时可以先试后买，办理签证时不用再办存款证明等。

2016 年 5 月，光大银行宣布与芝麻信用正式合作，引入芝麻信用全产品体系，在取得用户授权后，将借鉴芝麻信用分作为在线发卡、风控的依据。

目前，芝麻信用分、信息验证服务（IVS）、行业关注名单等芝麻产品作为贷前产品，已在光大信用卡风控体系中得到应用。

芝麻信用不会采集用户聊天、短信、通话等个人信息，也不会采集、追踪用户在社交媒体上的言论。即便经过用户授权，也只采集必要的、有效的、与经济信用评价相关的各维度数据。

除法律法规另有规定的情形外，对用户信息的收集、整理、加工、输出，无论是芝麻信用，还是第三方合作机构，都要获得用户的授权。没有用户的授权，无论是芝麻信用，还是各合作伙伴，都不能调用用户的数据。所有数据都通过科学的评分模型运营计算，没有人工的接触。芝麻信用的系统还会通过运算规则自动将敏感数据进行脱敏处理。

案例分析

(1) 信用关系社会化将释放新的消费能力。

信用本质上是一种消费能力，通过信用关系社会化形成新的消费能力将是推动经济增长的重要驱动力。

(2) 信用将为“互联网＋”经济保驾护航。

信用，是经济发展的基石；“互联网＋信用”，可以为互联网经济保驾护航，让公众充分享受信息互通、资源共享带来的便利，让人和人、人和商户之间的关系因为信用而简单。

(3)“互联网＋信用”，也是金融普惠的必然选择。

传统征信模式下，主要考察拥有信贷历史、活跃信用记录的人群，大量的弱势群体无法覆盖。通过“互联网＋信用”，可以覆盖更多的人群，特别是广大的农民、大学生、创业人群等弱势群体，推动金融普惠。

(4) 有助于营造“人人信用”的社会氛围。

“让守信者一路畅通，让失信者寸步难行”，通过“互联网＋信用”，可以帮助信用高的人获得更高效、更优质的服务，让失信者享受不到信用带来的便利，有助于让守信成为每个人的习惯。

第二节　互联网金融的业务模式

目前为止，国内关于互联网金融的模式尚未有统一的界定。谢平和邹传伟（2012）首次提出了互联网金融模式的概念，全面介绍了互联网金融模式的代表性案例，并分别从支付方式、信息处理、资源配置三个角度对互联网金融模式进行了详细论述。罗明雄等（2014）则将互联网金融分为五大模式：第三方支付、大数据金融、众筹、信息化金融机构和互联网金融门户。而相对较为权威的业务模式划分，则当属《指导意见》中所提出的七大模式，其中“网络借贷”本书不做详述。

一、互联网支付模式

互联网支付是一种网上交易模式，主要表现形式为网银、第三方支付、移动支付。互联网支付属于需要被特别“照顾”的，因为从微观层面上，互联网支付直接涉及用户的财产安全等切身利益；从宏观层面上，还关系到国家金融体系的稳定。例如第三方支付企业拥有巨额的沉淀资金，获得了开展金融业务的潜在能力，能够对整个金融体系产生影响。从保证国家金融安全的角度看，政府监管肯定是必要的。

当支付遇到互联网，一场革命自然不可避免。成为现实的是传统的现金支付已经“退居二线”，各种在线支付方式成为人们日常消费的主要方式。银行推出的网银以及民营企业推出的各种各样的第三方支付平台大大方便了人们的生活，互联网支付终端也从桌面电脑扩展到手机和电视等多种形式的设备上，互联网支付变得无处不在。

2010 年，中国人民银行发布《非金融机构支付服务管理办法》，部分民营第三方支付企业将获得牌照，摆脱“灰色地带”的尴尬。银联发力第三方支付，使第三方支付的竞争局势变得更为复杂。谁能给用户带来最好的体验，谁能成为最赚钱的平台，谁将走得更快更远，留给业界颇多悬念。2011 年，陷入标准之争的移动支付变得明朗，不论最终的结果是哪家胜出，抑或是两种标准并存，移动支付都已站在新的起点。站在整个移动互联网产业发展的高度上，由电信运营商主导手机支付标准更具合理性。因为银联不像电信运营商那样在移动互联网产业链上具有强大的影响力，在发展支付衍生的增值业务上缺乏优势。目前，市场上第三方支付企业主要有两类模式。第一类是独立第三方支付模式，这种模式的第三方支付完全独立于电商平台，不具有担保功能，在美国比较成功的 PayPal 以及我国的“快钱”都实行的是这种模式。第二种模式则是依托于电子商务的第三方支付，这类模式主要依托于自有 B2C、C2C 电子商务网站，并提供担保功能，像支付宝、财付通都属于这类模式。

二、众筹模式

众筹源于英文“crowdfunding”一词，顾名思义，就是利用众人的力量，集中大家的资金、能力和渠道，为小微企业、艺术家或个人进行某项活动提供必要的资金援助。股权众筹尽管发展迅速，但这种模式却挑战了现行法律法规。目前我国法律在股权众筹方面的规定完全是一片空白。根据《公司法》规定，有限责任公司的股东人数不得超过 50 人，非上市股份有限公司的股东人数不得超过 200 人，这就使得股权众筹的融资对象有了上限。此外，向“不特定对象发行证券”以及“向特定对象发行证券累计超过 200 人”的行为又属于公开发行证券，《证券法》规定必须通过证监会核准，由证券公司承销。有限合伙企业是介于合伙与有限责任公司之间的一种企业形式，由 1 名以上普通合伙人与 1 名以上有限合伙人所组成，由 2 名以上 50 名以下合伙人设立。2014 年 7 月下旬，证监会新闻发布会上称会证监会已完成多轮行业调研，股权众筹融资的相关监管规则正在抓紧研究制定中。

图 1 - 3 为常见的众筹模式。

预售众筹
（如Kickstarter、点名时间）

· 投资者以项目产品作为回报
· 一般不设定投资者级别和门槛
· 多种投资项目：科技、影视、创意等

股权众筹
（如AngelList、天使汇）

· 以被投资项目的股权或资产收益权为回报
· 有些平台将投资者分为领投人和跟投人
· 有些是综合类投资项目（科技、影视、创意等），有些是专业类投资项目（如房地产）

会籍众筹
（如3W咖啡）

· 投资者以加入某个会员俱乐部作为回报
· 一般对投资者有一定门槛要求
· 多种投资项目：科技、影视、创意等

捐赠众筹
（如Fundly）

· 投资者没有回报，或者仅获得纪念品
· 一般不设定投资者级别和门槛
· 一般为社会公益项目

图 1－3　众筹模式

案例分享

Her Coffee 咖啡——海归白富美众筹

如果要说当下最时髦的互联网金融概念，非众筹莫属。但 2014 年却爆出了由 66 位海归“白富美”众筹的 Her Coffee 咖啡店经营不到一年就濒临倒闭的消息。在经历了起初的喧嚣后，如今越来越多的众筹咖啡店陷入了亏损窘境。众筹咖啡店为何发展不好呢？

记得有位女性作家说过，每个女孩内心深处都住着几个梦想精灵，其中就包括开一家属于自己的咖啡店。过去敢把梦想变为现实的女孩少之又少，然而借助众筹的力量，2013 年 8 月，66 位来自各行各业的海归“白富美”，每人投资 2 万元，共筹集 132 万元，在北京建外 SOHO 开了一家咖啡馆，取名为 Her Coffee。

这些美女股东几乎都有国外名校的背景，大多就职于投行、基金、互联网行业，最初只是八九个人凑在一起想开个咖啡店，因为钱不够，于是又各自拉来不少朋友，最后开了这家被称为“史上最多美女股东”的咖啡店。

记得开业当天，影视明星李亚鹏，主持人王梁、李响，暴风影音 CEO 冯鑫，银泰网 CEO 廖斌等众多明星、企业家都前来捧场，好不热闹。

当初，这家咖啡店的股东们声称她们将会举办各种主题活动，以吸引创业女性来此聚集，可谁曾想到开业不到一年，却传出要关店的消息。股东之一的李彤在微博上说，目前她们确实在商讨这个问题。她说：“可能是一个准备吧，你有几个决定都需要通过股东大会嘛。例如说有没有新的股东介入啊，没有的话是不是要暂时闭店，是不是要换地方啊。如果我们没有新的方案出来那就闭店，然后选新地方。”

事实上，Her Coffee 的情况并非个案。2013 年长沙一家吸纳了 144 个股东的众筹咖啡店，同样在摸索近一年后，因为持续亏损，正式倒闭；杭州一家有 110 名股东的众筹咖啡店开业一年半，同样从来没有实现过收支平衡。类似的例子不胜枚举。

然而有意思的是，几乎所有众筹咖啡店的老板们，在开店之初被问及如果今后经营业绩不佳该怎么办时，几乎清一色回答“我们不以盈利为目的”。在他们看来，众筹咖啡店不但是一种很新颖有趣的创业形式，而且咖啡店本身所散发的小资情调和其天然的交流平台的功能，才是他们最为看重的点。

只是套用一句有点烂俗的话：理想很丰满，现实很骨感。不盈利并不代表能保证不亏损，不以盈利为目的不代表亏钱了也无所谓。之所以不少众筹咖啡店在经营将近一年时传出面临倒闭的新闻，正是因为当初开店时众筹的原始资金只够第一年初始投资费用，即装修、家具、咖啡机等一次性硬件投入和第一年的房租。假如第一年咖啡店持续亏损，则意味着咖啡店只有两条出路：要么就是进行二次众筹，预先筹集到第二年的房租、原料、水电、员工工资等刚性成本，继续花钱；要么就是关门歇业，一拍两散。

案例分析

事实证明，对大部分参与众筹的股东来说，“不以盈利为目的”甚至“公益性质”的说辞只是一种冠冕堂皇的高调子，毕竟砸进去的是自己的血汗钱，大部分股东还是希望咖啡店能赚钱并给自己带来投资回报，即使不赚钱，如果咖啡店能维持经营也行。但如果持续亏损，那这个资金缺口谁来承担呢？第一次众筹成功依靠的是希望和梦想，当盈利希望破碎后，又有几人愿意再通过二次众筹，往这个亏损的无底洞里砸钱呢？因此关门歇业成了最理性的选择。

三、互联网基金模式

2013 年被称为中国互联网金融的元年。这一年，支付宝与天鸿基金跨界合作的产品余额宝，抓住各阶层群体不同用途的闲置资金，进行细分市场的短期理财。余额宝不但降低了基金投资门槛，而且在用户体验上做了很大优化，满足了人们多元化的支付、消费、财富增值的需求。

根据相关报告显示，2013 年我国网民规模达 6.18 亿人，互联网普及率为 45.8%，较 2012 年提升了 3.7 个百分点；我国电子商务交易额则已超 10 万亿元。同时，随着我国信息技术的不断创新，产业呈不断跨界融合发展态势，这为互联网基金提供了必要的生长和发展土壤。“余额宝们”脱颖而出，成为我国互联网金融发展最迅猛的产品。通过借助互联网平台，快速汇聚数量庞大的微小客户资金，“余额宝们”逐渐形成了一股推动我国金融改革的强大力量。就此，互联网基金销售平台进入人们的视野，越来越多的人脱离线下进行线上基金购买。

目前，我国公募基金销售呈现以商业银行为主导，基金管理公司、投资咨询机构、保险机构和第三方独立基金销售机构为辅的格局。但是，随着互联网的快速发展与普及，第三方独立基金销售机构通过网销平台线上化，没有基金销售牌照的平台通过与基金公司或者第三方独立基金销售机构的合作，也在开展基金销售业务，这使得越来越多的人开始认识基金、了解基金、购买基金。

（一）互联网基金销售模式一：传统基金销售机构互联网化

传统基金销售机构互联网化主要是指具有基金销售资格的银行、证券公司、保险机构等传统基金销售机构开展网络销售，或者是基金公司本身开展网上直销的业务。这种模式只是把机构自身业务与互联网技术相结合，模式本身并未呈现突破性创新。

（二）互联网基金销售模式二：第三方独立基金销售机构的网销平台

这种模式也可以称之为基金代销模式，凭借证监会颁发的基金销售牌照，非金融机构能够合法合规地开展基金销售业务，最典型的案例就是天天基金、数米基金及前段时间刚有业务合作的好买基金。这类模式主要的盈利模式就是分取佣金，与基金管理公司谈基金管理费分层。

四、互联网保险模式

随着我国居民保险意识的增强以及互联网技术在各领域的应用普及，互联网成为保险公司宣传和获客的重要手段，互联网保险在我国得到了快速发展。对互联网保险市场、商业模式进行分析，并以此为基础探析互联网保险未来的发展趋势，助力保险从业机构紧跟时代步伐，不断开发契合社会发展需求的保险产品，搭建完善的服务网络体系，实现真正的“互联网＋保险”，对于建立完善的社会保障体系具有重要的现实意义。

（一）第三方电子商务平台模式

第三方电子商务平台，是指独立于商品或服务交易双方，使用互联网服务平台，依照一定的规范，为交易双方提供服务的电子商务企业或网站。通常来说，第三方电子商务平台具有相对独立、借助网络和流程专业等特点。

从金融监管角度看，第三方电子商务平台模式存在诸多漏洞。很多在售保险产品的第三方平台网站没有保险中介资质，在实际意义上不受监管约束，从而给消费者带来一定的风险。

（二）网络兼业代理模式

互联网时代衍生出网络兼业代理模式，逐渐成为目前互联网保险行业最主要的业务模式之一，其以门槛低、办理简单、对经营主体规模要求不高等特点而受到普遍欢迎。

保监会下发的《保险代理、经纪公司互联网保险业务监管办法（试行）》文件中写明：只有获得经纪牌照或全国性保险代理牌照的中介机构才可以从事互联网保险业务。然而，大量垂直类的专业网站在不具备上述监管要求的条件下，以技术服务形式使用兼业代理的资质与保险公司合作开展业务。

（三）专业中介代理模式

继下发《保险代理、经纪公司互联网保险业务监管办法（试行）》后，保监会在 2012 年 2 月正式向社会公布了第一批包括中民保险网等 19 家企业在内的获得网上保险销售资格的网站，互联网保险专业中介代理的大门就此打开。此后保险专业中介代理业务规模得到高速发展。但是，目前线上保险中介销售的产品同质性严重，各家都以一年期短期意外险为主。线上保险中介没有很好地了解市场和客户，销售规模受到限制，很多公司担心线上销售收入扣除成本后不足以维系公司运转，因此对该模式的投入停留在初期阶段。运营模式有待创新，虽然某些线上保险中介是互联网公司，但在公司内部的组织架构及业务运营方面采用的依然是线下传统模式，运营方式创新有限。

（四）专业互联网保险公司模式

2013 年 10 月 9 日，俗称“三马同槽”的纯互联网保险公司——众安在线成立，保险行业吹响了正面争夺互联网市场的号角。根据保险公司经营业务主体的不同，专业互联网保险公司大致分为三种：产寿结合的综合性金融互联网平台、专注财险或寿险的互联网营销平台和纯互联网的“众安”模式。

虽然专业互联网保险公司模式已得到社会广泛关注，但目前其线上成交的保费规模比较小，运营模式也还在不断的探索和尝试之中。随着互联网金融环境的逐步成熟和专业互联网保险公司的不断创新，预计在不远的将来，线上交易会逐步以其独特的优势成为互联网保险的中坚力量。

五、互联网信托模式

互联网信托是 P2B（个人对企业）金融业投融资模式和 O2O（线下对线上）电子商务模式的结合，通过互联网实现个人与企业之间的投融资，是近年来互联网金融的一种全新模式。

互联网信托是通过互联网平台进行的信用委托。互联网信托业务一般涉及三方，即投放信用的委托人、受人们信托的受托人和受益于信托的受益人。

互联网信托业务是指委托人按照合同或网站条款的规定，为自己的利益，通过受托人

（即互联网平台）将自己的财产权利转让给受益人（即中小企业），受益人按照规定的条件和范围，通过受托人将自己原有的财产以及在此过程中产生的收益转让给委托人。

互联网信托与传统信托存在区别。第一，不同的投资者感受：互联网信托更贴近民众，而传统信托给人一种难以企及的感觉。第二，不同的起点门槛：互联网信托的财产可以是 100 元，也可以是 1 000 元，传统信托基本是 100 万元。第三，不同的投资群体：互联网信托更适合中低收入人群，而传统信托则适合高收入人群。第四，不同的互动和沟通方式：传统信托业务在线下开展，受时间和空间的限制，与客户的互动和沟通非常有限；互联网信托凭借互联网平台的天然优势，可以随时随地与客户互动交流，准确、细致地满足客户需求。

从公司运营的角度来看，互联网信托与传统信托也存在区别。第一，商业价值观的差异。传统信托公司的核心是金融产品的质量，是产品能否在风险可控的前提下获得更高的收益，风险和收益是其价值的焦点；互联网信托的核心价值是追求优质的客户体验，如何提供比竞争对手更完善、更适合用户需求的服务是企业更关心的问题。第二，盈利模式不一样。传统信托的盈利以产品为中心，先销售产品，通过巩固收益和扩大投资群体，从而实现盈利；然而，互联网信托的核心竞争力在于用户流量，一般是通过免费或低收费的网络平台聚集大量的投资群体，然后不断提升用户体验，形成客户源垄断，最后销售产品或服务，形成稳定的盈利模式。第三，操作方式不同。互联网的介入彻底颠覆了传统信托的运作模式。传统信托是一种纯粹的线下经营模式，受时间、空间和地域的限制，模式单一但普遍成本高、流程复杂、响应慢，缺乏与客户实时有效的沟通，难以精准推荐，容易流失客户；互联网信托借助互联网 PC 和移动平台的天然优势，可以实时关注客户体验反馈，通过不断更新版本和推出新产品来完善客户体验。

六、互联网消费金融模式

消费金融指的是相关的机构或者组织向不同消费者提供消费贷款的一种服务方式，满足提前消费人群的需求。互联网金融消费则指的是以互联网为依托，向不同阶层的人提供贷款的一种金融服务。现在备受学生、白领等青睐的蚂蚁金服、京东金融等就属于互联网消费金融，用户只要登录网站，然后申请就可享受互联网消费金融所带来的便捷。

一般而言，完整的互联网消费金融都有统一的产业链，例如需要资金的供给方、消费金融提供商及消费者等一整条完善的产业链，构成一种提前消费的金融模式。互联网消费金融是一种以纯信用贷款为主的主要消费模式，涉及金额较小，有一定的可控性。其主要模式有：

（1）大学生分期消费金融模式。该种模式主要是大学生分期平台将众多大学生的消费需求，即借款需求以未来应收账款的形式转让、出售给互联网理财平台，由该平台将其进行打包，并包装成具体的理财产品，供投资者进行投资。大学生分期平台将从投资者处获得的资金用于替大学生消费者购买商品或服务，然后由平台或者商品、服务提供商发货或提供服务给大学生消费者，最后再由大学生消费者还本付息。

（2）电商平台消费金融模式。该种模式主要适用于电商平台，例如阿里巴巴的花呗分期、京东商城的京东白条以及唯品会的唯品花等，在实质运作上往往大同小异，例如花呗分期主要针对淘宝、天猫商城上开通分期服务的商家的线上产品购买。

案例分享

90后互联网分期消费习惯已养成

越来越多数据表明，90后在各个消费领域都展现出极强的“火力”——玩乐、吃喝、养生……90后已经成为中国消费大军的主力。

据阿里巴巴公布的数据显示，2018年“双11”创造销售额2 135亿元的“剁手大军”里，有46%以上是90后消费者；2018年全国7 552场娱乐演出，90后占了所有观众的53%；与此同时，饱受“脱发”“失眠”等困扰的他们，在健康类物品消费人群中占比也超过50%……

最令人震惊的数据是，2019年1月份融360发布的“90后人均负债12万元”，不禁让人感叹——90后竟然有这么多债要偿还？他们光鲜亮丽的生活原来都是靠分期消费来维持的！

当然也有业内人士指出：“不看具体情况的人均都是‘搞事情’”，负债12万元的数值是由于房贷这类巨额消费提上去的，有夸张成分存在，但分期消费确实已经成为如今90后的消费习惯。随着花呗、京东白条等各种电商分期付款，以及网贷App的快速发展，提前消费变得简单，越来越多90后过上了“花明天的钱，让今天逍遥快活”的日子。

从零食到手机、汽车，90后的互联网分期消费习惯已养成。“每月工资还完花呗、信用卡，剩下的就不多了”，1994年出生的小婕属于“重度分期消费者”，小到零食辣条，大到手机电器，都用分期购买。她记得自己第一次分期消费是2016年大学刚毕业，当时月工资只有3 500元的她存款不够，在对比花呗、京东白条和信用卡后，选择了信用卡——只有信用卡的额度支撑得起她的消费。

如今小婕花呗额度有4 500元，虽然买不了苹果手机、手提电脑这样的“大件”，但充值话费、网购衣服非常好用，“我平时喜欢网购，花呗用着很方便”。和花呗类似的京东白条给出的数据也显示，“低额高频”是90后主流消费方式，单次消费金额在100～250元居多。

除了花呗、京东白条和信用卡，随着互联网的迅速发展，一部手机就能在不同平台搞定各种分期消费。无论是电商分期、信用卡，还是借贷，其本质都是向平台借钱消费，再分期偿还，所不同的是借款方式以及偿还时间、利率。

1995 年生的洛洛手上就有 3 张信用卡，开通了花呗、京东白条，在“好 e 车”App 上分期买了车，喜欢买球鞋的他还在一个名叫“get”的 App 上买了 3 双鞋。对于他来说，分期购物就是他的消费模式。“因为一次性付清会觉得负担很大，分期后的数字能让自己压力小一点，”对于记者担心他是否会偿还不上的问题，洛洛表示，“我都是计算过才去买的，知道自己能还得起，这样也让我更有动力赚钱。”

一位不愿透露姓名的资深理财行业人士表示，像小婕和洛洛这样的属于消费者信心指数高的用户。在分期消费上，用户的分期购物金额与消费者信心指数是正相关的。也就是说，当人们对未来预期乐观时，其提前消费的动力就越强，反之就越弱。

CBN Data 针对 90 后为代表的年轻消费者群体所研究的互联网消费报告曾指出，90 后有明显的超前消费意识，是线上消费分期付款的核心人群。期乐商城数据也显示，分期购物用户以 90 后居多，其占比 86%。

为何 90 后这么喜欢分期消费?

面对这个疑问，有理财行业人士告诉记者，90 后更依赖移动互联网消费，能接触到各种分期平台。他们喜好差异化、个性化消费，也愿意为喜欢的东西承担超高溢价，而分期消费能够帮助他们实现这一点。

90 后创造了强大的互联网分期付款市场。据花呗 2017 年发布的《中国年轻人消费生活报》：在中国，每 4 个 90 后就有 1 个在用花呗，并且有接近 4 成的 90 后把花呗设为支付宝的支付方式首选。京东方面也表示，90 后是京东白条的主力用户，占比高达 45%。

为了吸引更多年轻消费者，各电商平台相继推出了分期付款作为配套服务。2014 年 7 月，天猫“分期付款”开始面向天猫会员试水；同年 9 月，百度联合中国电影股份有限公司和中信信托发布了“百发有戏”，号称国内首个电影大众消费平台；京东更是直接对外宣告了布局消费金融的野心，推出“校园白条”产品，提出未来三年，白条类产品用户数将与京东用户体量匹配的战略目标。可以看出，各互联网巨头都在消费金融领域暗自发力。

分期市场为何这么吸引互联网公司？一个原因是其盈利模式，互联网分期比传统的银行信用卡分期盈利更直接。传统银行信用卡业务中盈利主要来自年费、商户的回佣收入和用户缴纳的利息或手续费这三个方面，对客户的收费包括各种卡的工本费、取现费、分期手续费等近 20 项内容。互联网电商们的分期付款只保留了“用户缴纳利息”这一项盈利模式，在减少很多程序的前提下也大大降低了成本，既操作起来简单，回报周期又很短。

而更关键的另一个原因是利率。也许很多人都没仔细计算过，分期后还的钱可能比借的钱“贵”多了。

这该怎么解释？拿银行信用卡分期付款举例，假设向银行借 1 万元，分期还款利率是 8%，那么要还的是本金 1 万元加利息 800 元，分 12 期就是每个月还大概 900 元。但这样算实际上遗漏了一个非常重要的经济学概念——金钱的时间成本。因为除了第一期，从第二期开始，借的钱实际上已经还掉了部分本金，但是利息依然是按照 1 万元本金来收取的。也就是说，到最后一期其实只欠银行 833 元，但仍然要还 900 元。算上金钱的时间成本可以得出，这样的分期付款实际利率在 15%左右，并不是 8%。记者查看了花呗、京东白条等互联网分期付款，也是同样的利率模式。

融 360 曾经按照金钱的时间成本计算过花呗、京东白条、招商银行信用卡、建设银行信用卡的实际利率，最终结果显示：如果都是分 12 期来还款，那花呗 0.73%的手续费实际会产生 15.86%的年利率，京东白条 0.50%的手续费实际会产生 10.90%的年利率，招商银行信用卡 0.66%的手续费实际会产生 14.62%的年利率，而建设银行信用卡 0.60%的手续费则实际会产生 13.29%的年利率。而记者询问了身边 5 位经常分期消费的 90 后朋友，他们都表示从未算过实际年利率，对金钱的时间成本也一无所知。

成本小、收益却很大，互联网公司自然“一窝蜂涌入”。事实上，互联网分期市场用户数已经非常庞大，据京东数据显示，2017 年京东白条已经拥有 1.7 亿用户。如此看来，这个“战场”，大有可为。

案例分析

据融 360 发布的调查显示，在 90 后贷款人群中，有近 47.2%的人产生过逾期，超过 64%的人在 4 个以上平台进行借贷，而在 20 个以上平台借贷的人已经达到 9.6%。

逾期还款是所有借贷关系中双方都要预测的风险，互联网分期也不能例外。业内人士表示，人们使用信用卡或银行贷款一般会警惕性更高，而类似花呗、京东白条这样本身额度就不高的分期模式，手续费每期一般在十几至几十元之间，会导致用户有“使用互联网分期利率不高”的错觉，而只有懂得自己借钱的真实利率，才能规避很多风险。

年轻的 90 后更需要多学金融知识，知道自己借钱的真实利率，然后规划好自己的现金流，避免让自己陷入提前消费导致的不断“借新钱，还旧钱”死循环。无论是互联网还是传统银行，都仅仅是消费工具和手段，作为个体存在的用户，特别是当下最热衷分期消费的 90 后，还是要保持理智消费，量力而行。

第三节　互联网金融的国内外发展模式

一、国外互联网金融发展历程

（一）美国：完善法律和监管框架下融合稳健发展

互联网金融发展起源于美国，至今已形成了成熟且丰富的业务模式。美国互联网金融在经历了较长时间的实践检验和市场竞争洗礼后，能够提供相对完整的案例和经验。

美国互联网金融发展历程是从创新到融合。大体而言，美国互联网金融的发展经历了三个阶段，即 20 世纪 90 年代的蓬勃发展期、21 世纪初至次贷危机前的平稳发展期以及次贷危机以来的融合发展期。

第一阶段，20 世纪 90 年代的蓬勃发展期。20 世纪 90 年代初，在互联网产业化热潮的带动下，网络银行、网络证券、网络保险等互联网金融模式在美国率先出现并迅速发展。

第二阶段，21 世纪初至次贷危机前的平稳发展期。这一时期，受互联网泡沫破灭影响，美国没有出现新的互联网金融模式，传统金融机构的信息化和网络化成为主流，特别是大型商业银行纷纷加大对网络设施的投资和布局。

第三阶段，次贷危机以来的融合发展期。这一时期美国互联网金融的发展呈现明显变化。传统金融机构在互联网金融发展中的主导地位进一步夯实，而互联网金融企业也在行业竞争洗礼中逐渐形成了独特和差异化的市场定位，即成为廉价金融和普惠金融的主要提供者，成为传统金融体系的有益补充。

与稳健发展路径相对应的，是美国良好的金融行业生态环境，为从业主体的规范运作以及行业的稳健发展提供了基本保障，其主要体现在以下三个方面。

（1）完善的法律体系。美国拥有比较完善和严格的金融业法律体系，除《金融服务现代化法案》《多德-弗兰克华尔街改革和消费者保护法案》等规范传统金融业发展的基本法律外，为推动互联网金融健康发展，美国还针对性地颁布了相关法律法规。

（2）多层次的监管体系。在美国，互联网金融既受一般性监管框架体系约束，也要接受行业自律管理，依托法律及监管套利的灰色空间几乎不存在。前者包括全国性监管机构和各类州立的监管机构，其中全国性监管机构有美联储、美国货币监理署、财政部储蓄机构监管局、联邦存款保险公司、全国信贷联盟协会和联邦金融机构检查委员会等，各自按业务性质实施功能监管；后者主要是指一些银行集团、清算协会等自律性机构在行业标准、信息技术等领域实施的监督。

（3）健全的信用体系。相对于传统金融体系，互联网金融发展过程中的信息不对称和客户违约风险更高，其规范发展更加依托于诚信环境和文化，可以说，信用体系建设是保障互联网金融正常运行的核心环节。美国的信用体系早在互联网金融诞生之前就已建立，为互联网金融企业识别客户信用风险和提高金融服务效率提供了有力的约束机制和坚实的数据基础。

（二）英国：政策激励背景下聚焦小微金融服务

英国在现代金融业的起源和发展中一直有着举足轻重的地位，在经济信息化浪潮中也是金融信息化发展最早的国家之一。相对而言，英国互联网金融发展实践的典型特征是面向弱势群体的业务创新。

英国互联网金融的优势是监管和激励并重的政策环境。英国金融服务管理局对所有在其境内注册的金融服务机构进行严格监管。为解除市场参与者对互联网金融可靠性的疑虑，相关监管机构对互联网金融进行了详细规定，例如要求互联网贷款平台制定资金方案或者保险计划，以保护客户资金安全。

二、国外互联网金融发展的特点

尽管互联网金融在不同国家的发展呈现不同的轨迹，但总结起来，仍可表现出以下两个一般特点。

第一，欧美成熟市场上互联网金融产业的发展更多地体现了“供给驱动”，展现了技术驱动型创新的特点。例如：作为互联网金融诞生地，美国在 20 世纪初有互联网金融发端的根本原因是受当时互联网热潮的带动和影响，直接体现为信息技术作为一种全新的业务手段在金融业得到广泛应用，直接推动了证券业“三元”业务模式的形成和全球第一家网络银行——美国安全第一网络银行（SFNB）的成立。在英国，具有开创性意义的互联网金融创新事件是来自几位学生成立的网贷平台，这一金融创新路径更多体现为先进理念的孕育和实施。

第二，准确的市场定位是互联网金融业务持续发展的核心竞争优势。在肯尼亚，互联网金融业务创新之所以呈现高速扩展态势，最重要的原因是市场定位准确。由于当地传统金融服务落后，银行网点极少且服务价格高，使用手机银行为家人和朋友汇款成为很重要的金融服务需求，其快捷、安全、易用等特点也显示出明显的获客优势。手机银行客户端采用 STK 技术，属于 GSM 的技术标准，安全系数较高，市售手机全部支持，既无技术障碍也无换机成本，用户的所有操作基本都通过手机短信实现。美国、英国互联网金融历经变迁，成为专注于面向小微群体提供服务的特殊市场主体，也充分反映了其市场定位准确。

三、国外互联网金融发展的普遍经验与启示

综上所述，不同国家的互联网金融发展实践是不同经济环境、政策氛围、市场力量综合作用的结果，虽然实践表现不尽相同，但仍然可以得到一些普遍的经验和有益的启示。

（一）经济信息化程度的提高是互联网金融兴起发展的前提

互联网金融的实质是金融与信息技术的深度融合，体现了互联网技术在金融领域的深度应用，也是经济信息化的基本表现之一。毋庸置疑，信息技术在经济生活中的深度普及应用是互联网金融快速发展的基本条件和前提，互联网金融发端于 20 世纪 90 年代美国互联网产业化应用热潮中就是最好的例证。肯尼亚之所以能够在手机银行领域获得非凡成绩，也是基于智能手机超过 70%的普及率。中国互联网金融产业发展受惠于电商平台的快速增长，而后者的发展显然也是以计算机网络的普及应用为基础的。

（二）政府的引导与支持是互联网金融发力的重要支点

任何一个产业在发展初期都必然面临由市场拓展、客户培育、产品研发、替代品或互补品竞争等带来的较高经营风险，此时便利的融资环境、宽松的税收政策、鼓励创新试错的文化氛围等都是产业顺利发展壮大的必要环境和助力，这也正是政府倾向性宏观管理发挥作用的时间窗口，而实践中各国政府也普遍对互联网金融发展持鼓励和支持的态度。例如：英国政府出台了税收激励和专项奖励计划，肯尼亚金融管理当局对互联网金融采取的宽容态度也是 M-PESA 服务迅速打开市场的关键因素之一。

（三）鼓励创新和严控风险是互联网金融稳健发展的基础

创新一直是发达金融体系的基本特征，互联网金融业态能率先在欧美成熟市场兴起并形成丰富的业态体系，与这些国家浓厚的金融创新氛围是分不开的。同时，作为有较高经营风险的中介机构，其一切活动都必须遵循基本的规则和规范，否则风险隐患就极易成为事实。近期国内互联网金融风险事件接连发生的重要诱因之一就是过度的监管套利，而在欧美国家互联网金融能够稳健发展的基本前提则是完善的金融法律和监管体系能够确保守住风险底线。

（四）传统金融机构是互联网金融创新发展的重要力量

实践中，加速信息技术在业务、管理等领域的深度应用，必然是传统金融机构适应经济信息化时代发展趋势、谋求经营转型和提高服务效率的理性选择。从欧美国家的实践经验来看，传统金融机构也一直是互联网金融业态创新的重要参与者和主导力量，对中国而言，这一规律亦不会例外。事实上，在互联网金融被视为突破式创新之前，传统金融机构早已在信息化、网络化领域深耕。随着互联网金融法律环境及监管体系的逐步完善，互联网金融企业将在竞争淘汰中逐渐找到准确的市场定位，继续充分发挥其在服务小微群体领域的特殊优势，并成为中国金融体系的重要组成部分。

四、国内互联网金融发展历程

国内互联网金融是互联网金融在国外发展的基础上，逐渐被引入中国的。除了阿里巴巴的小额贷款，在互联网金融的其他模式方面，如第三方支付，虽然我国起步较晚，但相对于国外互联网金融的发展速度来说，我国的互联网金融领域表现得异常活跃，发展势头迅猛。

（一）发展阶段

纵观我国互联网金融的发展，大致可以分为三个阶段：

第一阶段是 2005 年以前，互联网与金融的结合主要体现为互联网为金融机构提供技术支持，如帮助银行把业务搬到网上，还没有出现真正意义上的互联网金融业态。

第二阶段是 2005—2011 年，在这个阶段，网络借贷开始在我国萌芽，第三方支付机构逐渐成长起来。互联网与金融的结合开始从技术渗透到业务领域。这一阶段具有标志性的事件是 2011 年中国人民银行开始发放第三方支付牌照，第三方支付机构进入了规范发展的轨道。

第三阶段是从 2012 年开始至今。众筹融资平台开始起步，第一家专业网贷保险公司获得批准，一些银行、券商也可以以互联网为依托，对业务模式进行重组改造，加速建设线上创新型平台，互联网金融的发展进入了新阶段。

如果说 2012 年是中国互联网金融孕育的一年，那么 2013 年则可以被称为中国互联网金融发展的“元年”。从 2013 年开始，中国的社会各界高度关注互联网金融，学术界、各级政府、各行各业的巨头、创业者以及风险投资者等纷纷参与到这一领域的发展。

（二）发展特点

互联网金融发展的趋势将体现在两个方面。一方面，互联网金融的快速发展给金融机构和互联网企业带来了开放合作的契机。通过共设子公司等形式，金融机构和互联网企业可以共享牌照、研究、平台、技术、数据积累等方面的优势，中国平安与阿里巴巴、腾讯进行优势互补、合作而生的众安在线即是典型案例。

另一方面，以阿里巴巴为首的互联网企业将成为进军互联网金融领域的重要力量，其竞争优势体现在以下三个方面：一是专注于互联网业务，有技术优势；二是专注于线上业务，有客户优势，特别是积累了大量客户数据，可以预测客户行为；三是有激励创新优势，民间资本对创新业务开拓能力、内部治理有较强的激励机制。

根据中国互联网金融协会的统计数据和调查研究，当前，中国互联网金融发展呈现出以下 3 个特点：

（1）从快速发展阶段转入规范发展阶段。随着风险专项整治工作深入开展，互联网金融风险整体水平在下降，互联网金融风险案件高发、频发势头得到初步遏制，行业监管规则和要求进一步明确，行业发展环境得到进一步净化。

（2）业务模式众多，但主要业态发展呈现分化态势。具体来说，互联网支付发展迅速，商业银行占据主体地位，非银行支付呈笔数多、单笔交易额较小的特点。互联网基金销售稳步增长，业务集中在互联网货币基金销售。互联网消费金融参与主体多元化，发展快速，以小额、短期的贷款业务为主。互联网股权融资发展相对滞后，股权融资监管规则尚未发布，实际开展互联网非公开股权融资业务的平台较少。

（3）互联网金融的“鲶鱼效应”明显。互联网金融在理念、技术和模式等方面的创新，促使中国传统金融机构不断改变业务模式和服务方式，为传统金融机构的改革发展注入了新动力。

（三）面临挑战

1. 体制机制方面的挑战

（1）行业信用信息共享机制有待继续加强，融资方的欺诈和违约成本较低。

（2）许多从业机构游离于金融统计体系之外，特别是资金流向方面的记录基本空白，给实施监管和调控带来难度。

（3）不同从业机构在业务操作、系统运维、产品定价、合同文本、合格投资者认定等方面标准化、规范化程度较低。

2. 法律制度体系方面的挑战

（1）现有金融管理类法律法规是以传统金融机构和金融业务为适用对象制定的，当其适用到互联网金融领域，难免存在适用上的不匹配。

（2）现有法律未对以互联网理财、互联网资产管理等为名的各类互联网金融企业属性作出明确规定。

（3）互联网金融在反洗钱、反恐怖融资、个人信息保护等方面亟待立法。

（4）缺少解决方案。面对上述挑战，需要汇聚监管机构、自律组织、从业机构、社会公众包括金融教育界等多方力量，共同研究，提出针对性、系统性的解决方案。

（四）发展方向

1. 以服务实体经济为导向

党中央、国务院在综合判断国际、国内经济形势的基础上，提出了“以供给侧结构性改革为主线，扩大有效供给，满足有效需求”的战略任务。互联网金融行业应紧紧抓住我国经济转型升级与结构调整产生的有效金融需求，促进网络与金融的深度融合、业务与场景的广泛结合、技术与流程的有机整合，有效增加金融服务供给规模、效率和质量，提高互联网金融供给对实体经济需求变化的适应性和灵活性，避免过度拉长资金链条和脱离实体经济空转。

2. 以发展普惠金融为重点

近年来，我国金融业在发展普惠金融方面进行了大量尝试，取得的成绩有目共睹。根据世界银行在普惠金融指标上的最新数据，中国的大部分指标均排在发展中国家前列，账户普及率和储蓄普及率等指标甚至显著优于G20国家平均值。但也要清醒认识到，中国与全球许多国家一样，在发展普惠金融方面依然面临服务不均衡、成本高、效率低、商业可持续性不足等一系列全球共性难题。互联网金融在降低金融交易成本、提高金融资源配置效率、扩大金融服务辐射半径等方面具有独特优势，为解决上述共性难题提供了一条可行路径。2016年召开的G20杭州峰会通过了《G20数字普惠金融高级原则》，鼓励各国依托先进数字技术促进普惠金融发展。

可以预见，在全球范围内，将会加速形成一个数字普惠金融的新模式。互联网金融应抓住数字普惠金融发展的良好机遇，赢得更为广阔的发展空间。

3. 以合规审慎经营为前提

金融业是一个特殊行业，存在高风险性、强关联性和内在脆弱性等特点。因此，针对这个行业的外部规制与监管一直是比较严格的。互联网金融为金融体系的市场化、普惠化发展带来了新鲜元素，但这并不意味着互联网金融发展可以没有边界、创新可以没有规则、业务可以没有规矩。从业机构要认识到合规也是效益、合规也是生产力，要按照监管规则、整治要求和行业标准，加快建立客户身份识别、信息披露、资金存管、投资者适当性管理、反洗钱、反恐怖融资等制度，切实提升网络和信息安全保障水平。

4. 以提升风控能力为关键

互联网金融本质还是金融，没有改变金融的功能属性和风险属性。互联网金融发展得好不好，关键取决于风控做得好不好。从业机构要充分认识到信息化背景下金融业务风险与技术风险可能产生的叠加效应和扩散效应，遵循金融基本规律，形成正确的创新导向，建立有效的内控制度和风险管理系统等。在这个方面，企业内控还应该与法律约束、行政监管、行业自律、社会监督有机结合起来，形成“五位一体”的多层次、全方位风险治理体系，使互联网金融创新可能带来的风险处于可管、可控、可承受范围内。

5. 以先进网信技术为驱动

随着信息化、数字化时代的深入发展，“无网络不金融”“无移动不金融”已成为现代金融业体系的重要特征。从业机构应按照有利于提升服务实体经济效率和普惠水平、有利于降低金融风险、有利于保护消费者合法权益这三个“有利于”的原则积极开展科技驱动的金融创新。值得高兴的是，一些互联网金融企业依托网络导流和场景优势，不断提高金融服务的普惠性和便捷性。例如：非银行支付机构给居民提供了小额、快捷、体验良好的支付服务，加快了中国进入“无现金社会”的速度。在互联网金融企业发展突飞猛进的同时，传统金融机构也加快了金融科技创新的步伐，将大数据、云计算、人工智能等技术，探索应用于支付清算、投融资、财富管理、零售金融等领域，注重为客户提供一站式、精准化的综合金融服务。

6. 以开放共赢合作为基础

在公平、开放、联动、共享的数字化、信息化时代，封闭式、割据式的经营发展思路已经很难适应时代要求。各类从业机构应注重结合自身特点，找准市场定位，发挥各自优势，建设兼具包容性和竞争性的互联网金融生态圈和产业链。一方面，经过长期实践积累，传统金融机构拥有良好的风控体系和定价模式，掌握大量交易信贷数据，拥有较好的金融专业队伍，能为互联网企业提供专业化支持，弥补风控、定价等方面的不足；另一方面，互联网企业占据网络入口优势，掌握小微企业和个人消费者的海量行为数据，要注重开放客户资源、技术能力、金融云服务等，为合作伙伴创新金融服务提供技术支撑。通过传统金融机构和互联网企业优势互补，金融服务实体经济的效率与质量得以提升，实现“1+1>2”的效果。

案例分享

美国的 SFNB

1995 年 10 月 18 日，全球第一家网络银行——美国安全第一网络银行（Security First Network Bank，SFNB）正式宣布成立。

1996 年 5 月，Cardinal 银行将其网络银行业务从传统银行中分开，独立出 SFNB。

1996 年 11 月，SFNB 成功收购 Secure Ware（一家安全解决方案开发公司），并联合 Five Space（一家互联网银行软件开发公司）组建了安全第一技术公司（SI），将世界上第一家网络银行的各方面力量正式结合在了一起。

SFNB 一直致力于开发新的电子金融服务，不仅提供传统银行的所有业务，还不断推出新形势下方便客户的互联网金融产品，以满足客户多样化需求。其经营理念认为网络银行可以并且应该取代传统银行，是社会发展的必然成果。SFNB 代表着网络银行一种全方位的发展模式。

SFNB 通过电子邮件、电话等渠道接受客户请求，提供便捷、优惠、安全的服务。SFNB 经营中处处以客户为中心，提供一系列优惠、方便的服务，其业务涵盖了电子账单支付、利息支票业务、基本储蓄业务、ATM、CDS、信用卡、回报性项目等。

作为最早的网络银行，SFNB 始终重视系统的安全问题。通过 HP、Five Space 及 Secure Ware 等公司强大的技术支持，SFNB 为客户提供多层次、军事级的安全网络系统，并获得美国存款机构监管办公室颁发的开业证书。此外，SFNB 还获得美国联邦存款保险公司（FDIC）的存款保险，并向客户承诺：对于未经授权的资金转移、银行出错或安全性破坏，将提供100%的补偿。

SFNB在1995—1998年间，充分发挥网络银行的方便性和安全性，吸引客户达到1万多名，其股票上市第一天就翻了一番，几个月内吸引了6 000多万美元的存款，截至1999年其存款额就达4亿美元。但后来由于经营上存在问题，公司一直未盈利。1998年，SFNB被加拿大皇家银行以2 000万美元收购了除技术部门以外的所有部分。加拿大皇家银行是加拿大规模最大、盈利能力最好的银行之一，其在美国长期以来主要提供金融批发业务。在被收购后，SFNB转型为传统银行，提供网络银行服务。

案例分析

美国的SFNB的最终失败给网络银行的发展带来了以下启示：其一，全方位、多层次的个性化服务将是网络银行制胜的关键。伴随着混业经营趋势，全方位服务将是争夺客户、赢取利润的必要途径。同时，银行必须将业务重点转为提供“个性化服务”，包括咨询和个人理财业务，向客户提供具体且全面的服务以吸引客户。银行在制定市场策略时要因群施策，分步骤发展客户群，制定不同的营销策略。其二，良好的客户服务是银行盈利的重要手段。积极与客户联系，获取客户的信息，了解不同客户的不同特点，提供更为“人性化”的服务……这些将成为争取优质客户的重要手段。从SFNB刚成立时的成功经验也可以看出，实时且快速的客户反应机制、优良的客户服务团队是互联网银行盈利的重要因素。其三，传统银行利用网络化带来的“新规模效应”是其成功经营的模式。网络赋予中小银行和大银行相同的发展空间，而混业经营和金融控股公司的出现为银行提供全方位服务奠定了基础，增强了竞争实力。现有银行资源与网络资源的“强强联手”将是在激烈的竞争中取胜的法宝。

实训练习　互联网金融门户网站

一、背景知识

2015年6月7日《福布斯》中文版联合互联网金融千人会发布了“中国互联网金融

50强”榜单，其中从业态看，互联网理财发展较为迅猛。此次榜单中50家企业涉及中国的互联网银行、互联网票据、互联网保险、互联网证券、互联网理财、互联网基金、互联网分期、第三方支付、P2B、P2L、众筹、大数据金融等共16种互联网金融企业。

从上榜的这50家互联网金融企业的类型来看，互联网理财发展较为迅猛。

其中，在互联网理财领域，2013年6月余额宝的诞生掀起了全民理财的热情。在此之后，“宝宝”类理财产品成为国民理财的重要选择之一。在“后余额宝”时代，互联网理财产品日渐多元。从榜单看，有例如从记账管理切入理财市场的“随手记”、从信用卡功能应用来实现个人财富的智能化管理的“51信用卡管家”等新型理财产品。

与此同时，传统金融领域的融合已经跨越单纯渠道合作阶段，催生出各种各样新的金融产品及业务形态。众筹、第三方支付等业态也在稳步发展。此外，尽管诸如互联网银行、互联网保险、互联网票据、互联网分期和大数据金融等互联网金融业态均仅有1家企业上榜，但这些互联网新秀也在加速整个行业向垂直化、细分化方向发展。

二、操作演练

登录互联网金融门户、网贷之家等网站，查阅我国互联网金融发展现状，并分析互联网金融未来的发展趋势。以融360为例。

（一）融360介绍

融360（北京融世纪信息技术有限公司）是“互联网+金融”的典型业态，是新型的互联网金融服务公司，利用大数据、搜索等技术，让上百家银行的金融产品可以直观地呈现在用户面前，能够为企业、个人提供最佳融资服务，为企业和个人提供贷款、信用卡、理财等金融产品的搜索比价及申请服务。其目标和宗旨是致力于为广大中小企业和个人用户免费提供最可靠、最便捷、最划算的贷款推荐。平台上的金融产品来自包括国有银行、股份制银行、外资银行、城市银行、小额贷款公司等在内的国家认可的金融机构。

（二）产品服务

登录网站，融360为用户提供了一个筛选用户真实情况的表单，在勾选了基本的财务状况后，用户输入贷款用途、金额、期限，即可以查询到有哪些金融机构提供该种贷款以及贷款条件。此外，融360提供了货比三家的功能，让整个借贷需求和条件一目了然。用户可以根据自己的偏好，在线选择跟哪家金融机构的借贷经理联系。融360从商业性小额贷款、房贷、车贷等消费贷款的搜索推荐起步，快速进入到信用卡领域。有申办需要的用户可以一站式搜索和比较上千张信用卡，直接填写资料，进行网上申请。

理财搜索和比价服务，使老百姓能够获取理财产品更全面的信息。互联网理财、银行理财、网贷理财等领域目前还没有专门做信息归集和查询比较的平台，融360的理财搜索正好弥补了这一市场空缺。

贷款用户线上提交申请，融 360 在判断其意向的真实性后，会邀请其到线下的贷款网点进行纸质资料收集，用户不用再一家一家机构地跑。贷款用户不需要另外交费，融 360 向金融机构收取一定比例的服务费。

同时，融 360“天机”大数据风控系统通过大数据分析，会根据身份认证、还款意愿和还款能力三个维度，给申请贷款的用户进行评分，依据分值来为合作机构提供放贷建议。针对特定的细分市场，融 360 的目标是力争 5 万元以内的小额贷款最快 10 分钟审批，当天放款。除了贷款审批速度实现了突破，贷款获批率也得到了显著提升——同一类用户，用抵押物、收入流水证明等粗放式的传统风控方式申请，贷款获批率在 15%左右，而使用大数据模型结合人工审批后，获批率可以达到 30%以上。

融 360 还上线了手机应用（App），软件内可进行搜索比价的信用卡有 1 万多张，理财产品 8 万多个，贷款产品 7 万多款，金融产品均按时间、金额、申请人职业等进行了标准化规范，方便用户快速检索比价。个人信用若出现不良记录会直接影响贷款的审批，甚至会影响就业、出国等多个方面。针对这一问题，App 新增了个人信用查询功能，后续还将陆续增加各类商业征信的一站式查询服务，使用户能够方便地了解自己的信用状况。

（三）商业模式

融 360 的商业模式是“搜索＋匹配＋推荐”。例如：用户想借 5 万元装修房子，可以在网站上输入贷款用途、金额、期限及个人信息，系统自动在数据库中搜索、配对，找到不同金融机构的小贷产品，输出一份相应的银行及其他信贷机构的列表。这张列表上呈现了银行名称、信贷产品、利率、总利息、月供、放款时间和贷款总额等信息。用户进行比较后，可以在线填写申请材料，申请一家或几家银行的贷款。申请完成后，相关银行的信贷经理会与申请人进行电话联系，确认信息，申请人可以再度比较各家银行的产品，之后就可以去分行或支行申请贷款。融 360 对用户免费，其盈利主要通过以下 4 种渠道。

（1）向金融机构推荐贷款客户，并收取推荐费，这一部部分盈利来源需要平台的细致匹配来支持。

（2）撮合交易。在用户申请贷款过程中，融 360 帮助用户完成整个贷款流程。贷款获批后，融 360 收取贷款额的一定比例作为佣金。

（3）金融机构投往该网站的广告费。广告收益需要依托海量流量产生，但广告收益并不是融 360 的收入重点。

（4）一站式服务费。融 360 为金融机构提供风险管理，对风险管理的服务费是融 360 盈利模式中比例越来越大的部分。

三、实训内容

请登录并浏览融 360 网站，体验融 360 的运作模式。

思考练习

1. 简述 SFNB 失败的原因与启示。
2. 从狭义和广义的角度分析互联网金融的内涵。
3. 简述互联网金融的主要模式有哪些。

第二章

互联网支付

知识目标

1. 互联网支付的概念；
2. 银行业金融支付的概念和主要业务类型；
3. 第三方支付的业务范围；
4. 互联网支付的主要类型。

能力目标

1. 能够比较和分析传统支付和互联网支付；
2. 能够熟练掌握银行业金融支付的流程；
3. 能够熟练掌握第三方支付的流程；
4. 能够熟练掌握互联网支付的流程。

情境导读

支付宝

支付宝（中国）网络技术有限公司是一个第三方支付平台，致力于提供“简单、安全、快速”的支付解决方案。支付宝公司从2004年成立开始，始终以信任作为产品和服务的核心，自2014年第二季度开始成为当前全球最大的移动支付厂商。支付宝与国内外180多家银行以及VISA、MasterCard等国际组织机构建立战略合作关系，是金融机构在电子支付领域最为信任的合作伙伴之一。

2016年，支付宝成为央视春晚官方唯一互动平台，在春晚当天向全国人民派发史上最大金额的现金红包。数据显示，除夕夜支付宝“咻一咻”互动平台的总参与次数达到3 245亿次，是2015年春晚互动次数的29.5倍，而让许多网友望穿秋水的“敬业福”也终于在此次互动中有了着落。最终有791 405位用户集齐了“五福”，平分了2.15亿元的大奖，平均每人得到了271.67元。事实上，春晚前支付宝的第一场“红包雨”也早已启动。从1月23日开始，支付宝联合80家品牌商连续19天派发商家红包。用户还可以与好友分享商家红包，每天上午10:00以后，用户可以得到商家派发的红包，并在购物消费时使用这些商家红包。除了商家红包，用户还能抢到保险公司开发的专为春节定制的互联网保险产品。其中，由中国人保和中国人寿承保的返乡险用于保障用户返乡路途中的交通安全，而由中国人寿承保的合家欢险，针对的则是用户在春节长假期间可能发生的食物中毒、鞭炮意外、家庭财产被盗这三大问题。

深度分析

智能终端的普及和移动互联网的全面快速兴起使互联网金融行业风起云涌，传统金融企业、互联网企业和各类资本都疯狂涌入这一市场跑马圈地。毋庸置疑，互联网金融的发展同时也带动了移动支付市场的迅猛发展。

在中国的移动支付市场，由于支付巨头的补贴和App的活跃，人们的消费习惯逐步适应移动端，移动支付在2013—2014年得到高速发展。在线上增长趋势相对缓和后，各大第三方支付机构开始扩展线下市场，如餐馆、超市、商场等，使线下消费的业务得到增长。艾瑞咨询的数据显示，2015年中国第三方互联网支付交易规模达到10.17万亿元。2015年，移动支付市场C端用户主动发起的虚拟账户间转账交易规模达到20 245.1亿元。2016年第一季度，由于春节的推动，以红包、转账为代表的虚拟账户同转账用户渗透率进一步上升，交易规模再创新高，达到14 783.8亿元。在2016年第一季度的移动支付交易规模市场份额中，支付宝占比51.8%，财付通占比38.3%，拉卡拉占比1.4%，联动优势占比1.3%，连连支付占比1.3%，平安付占比1.2%，快钱占比0.9%，易宝支付占比0.9%，京东钱包占比0.9%，翼支付占比0.49%，百度钱包占比0.4%，易付宝占比0.3%，其余平台占比0.81%。

由于支付宝春晚红包活动和用户春节期间大额转账需求的上升，余额宝季度中购买规模与支付宝银行卡及虚拟账户转账交易规模再创新高。

第一节　互联网支付概述

20世纪90年代，互联网（Internet）的爆发性发展与应用使其成为全球最大的、最具发展前途的通信媒介和交换共享信息的新媒体。互联网不仅是全球最大的信息库，还开辟了一种崭新的商业交易方式，称为电子商务。电子商务这种借助互联网开展的网上商务处理方式，正在带来一场商业革命，将彻底改变传统的商贸方式和规则，甚至重构传统的企业生产和管理模式。它不仅赋予生产和商务活动更高的效率，而且也给技术进步和经济增长带来无限的发展机会。电子商务的开展必然涉及网络支付与银行的网上金融服务，需要银行的积极参与和推动。与此同时，电子商务的推广应用不仅推动网络支付和网上金融的发展，还使金融电子化建设进入一个全新的发展阶段。

网络经济时代，企业和客户等多方对更有效率、更快捷安全、更低成本的支付结算方式的迫切需求，以及互联网的普及应用，均直接导致网络支付与结算方式的兴起。电子商务伙伴间的支付结算活动若采取以互联网为平台的支付结算方式，可以充分发挥电子商务的高效率与低成本运作等特点，也可以说，网络支付与结算是电子商务业务流程中最为关键的组成部分。

一、互联网支付的种类与要素

互联网支付，也称网上支付，英文为Net Payment，是指以金融电子化网络为基础，以各种可兑现的电子货币为媒介，以二进制数据形式储存，并通过互联网，以电子信息传递的形式实现流通和支付功能。

（一）信用卡支付

在POS机上刷卡是目前最常见的信用卡使用方式。刷卡时，收银员一般根据发卡行选择相应的POS机。将信用卡的磁条在POS机上划过，或者将信用卡插入卡槽，联通银行等支付网关后输入相应的金额，然后交由持卡人输入密码。远程支付网关接收信息验证密码成功后，POS 机上的刷卡程序就完成了。整个支付过程有两个要点。第一，刷卡的动作，刷卡其实是传递信用卡对应的银行账户。第二，输入密码，这是验证是否有使用这个银行账户进行支付的权限。总结起来，其本质就是两个步骤，一是传递支付账号，二是鉴定权限。

（二）二维码支付

其实二维码就是一段文字，只不过对这段文字进行了编码，人们无法看懂。而计算机程序，如智能手机中的 App，则可以识别二维码，扫描二维码可以直接跳转到指定的网页。扫描二维码其实就是读取二维码中包含的银行账户，然后输入支付密码完成支付。所以本质上来看，二维码支付和 POS 机上刷卡支付大同小异，只不过传递支付账号的方式不是刷卡，而是扫码。

（三）指纹和刷脸支付

指纹支付分两步。第一步，传递支付账号。第二步，通过指纹进行鉴定权限。用输入指纹来代替输入密码的过程，虽然形式上不同，但是其原理和本质是和输入密码一样的。而且指纹属于生物特征，比起键盘输入的密码具有不易丢失、无需记忆、方便快速的优点。

之前的刷卡支付是输入一段文本形式的密码，而二维码则是输入二维图形形式的密码。随着图像处理技术的发展，还可以输入图像或者照片显示的密码。指纹和刷脸支付就是一个输入图像密码的过程。

由于指纹和脸部特征的唯一性，更进一步的应用方式是可以将账户和密码合二为一，图像识别脸部的时候账号和密码输入可以一并完成。

刷脸支付时只需要面对摄像头，系统就会分析面部特征，连接个人支付账户。整个消费过程不需要钱包，银行卡也不需要输入密码，因为用户的脸就代表了用户的支付账户和密码。

互联网支付的过程一般包含两个要素，一个是账户，一个是鉴定权。无论支付的形式如何变换，这两个要素不可或缺。只有真正理解了支付的原理，才能体会到支付的本质——支付的最终结果就是账户之间的资金转移。

二、网络支付

互联网号称“信息高速公路”，高速度且低运作成本是其基本特点。传统的网络支付结算方式，包括一些电子支付方式在内，很大程度上不能满足随时随地、低成本、易用自助、个性化与大量的即时在线支付。特别是在 B2C 电子商务中不能实现即时在线支付，这意味着商务交易环节与支付结算环节脱离，很多时候增加了商务的运作成本与不确定性，在面对人数众多的普通消费者时更是如此。借助互联网，目前电子商务中的信息流、物流的信息交互与共享，全天候跨区域与低成本处理有了很好的技术平台支撑。但是若要整体上体现电子商务的低成本、高效率、随时随地与个性化的优势，选择基于与前面信息流、物流等同样的技术平台的资金流处理是一个良好的策略，因为这样做，效率与效益体现出来了，商务的不确定性也减少了。这个技术平台主要就是互联网，使电子商务中的资金流能够得到即时、快捷的网上处理，当然，在后台还需要银行专用金融网络的支持。

所谓互联网支付与结算，可以理解为电子支付（Electronic Payment）的高级方式。它以电子商务为商业基础，以商业银行为主体，使用安全主要基于互联网的运作平台，通过网络进行的、为交易的客户们提供货币支付或资金流转等的现代化支付结算手段。从上面可以看出，基于互联网的即时网络支付是电子商务的关键环节，高水平电子商务发展的需求直接导致互联网结算的兴起。无论怎样，信用卡等互联网支付工具既具有纸质现金的价值特征，又能在网络上方便传送支付指令，还满足现代人们的高效率快节奏的商务需求，所以随着电子商务的深入发展，互联网支付将是个极有潜力的发展点。与之相对的，互联网支付工具的进一步成熟与丰富，将开辟更加广阔的网上市场和应用服务。

正如现在人们常说的一句话："过去穷人口袋里没钱，现在富人口袋里没钱，今后大家口袋里都没有钱，因为各种各样的电子货币及其他互联网支付工具将引起货币形式的又一场革命。"

电子支付行业是伴随中国电子商务的快速发展而出现的。我国电子支付相关法律法规如图 2-1 所示。2005 年，中国人民银行出台《支付清算组织管理办法（征求意见稿）》和《电子支付指引（第一号）》，首次向市场表达了要将支付纳入监管的意图。2007 年，中国人民银行支付结算司首次推出《中国支付体系发展报告（2006）》并出台《电子支付指引（第二号）》，显示其将进一步规范和发展网上支付服务市场。2010 年 9 月 1 日，中国人民银行实施了《非金融机构支付服务管理办法》，同年 12 月又颁布了该《办法》的实施细则。在这两个文件中，中国人民银行将非金融机构分为三大类来进行监管的，一是网络支付，二是跨行业预付卡，三是银行卡收单。

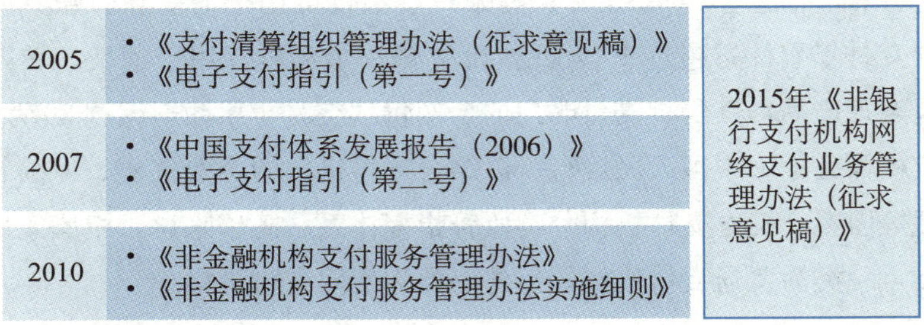

图 2-1 2005—2015 年电子支付相关法律法规

其中网络支付是指依托公共网络或专用网络在收付款人之间转移货币资金的行为，包括货币汇兑、互联网支付、移动电话支付、固定电话支付、数字电视支付等。通过艾瑞咨询的统计，2014年中国的网络支付用户使用的支付方式中占比最高的是第三方互联网支付，占比超60%。2014年，中国第三方互联网支付交易规模达到8万亿元，支付宝市场份额第一，占比约50%。2015年，中国第三方互联网支付交易规模达11.8万亿元，同比增速46.9%，有所放缓，其主要的原因是移动互联网的快速发展，使用户行为向移动端迁移。

2015年7月中国人民银行发布了《非银行支付机构网络支付业务管理办法（征求意见稿）》，随着8月28日征求意见的结束，进入修改完善阶段。同年12月28日，中国人民银行正式颁布了《非银行支付机构网络支付业务管理办法》（以下简称《办法》），困扰互联网金融行业多年的支付业务相关问题的解决方法终于尘埃落定。《办法》对实名制的认定方式、交易金额、转账对象的限制以及监管的标准等大众关心的问题进行了详细的说明，归纳起来有以下几个特点：

（1）不是存款。根据《办法》第7条规定，支付账户所记录的资金余额不同于客户本人的银行存款，不受《存款保险条例》保护，其实质为客户委托支付机构保管的、所有权归属于预付价值。该预付价值对应的货币资金虽然属于客户，但不以客户本人名义存放在银行，而是以支付机构名义存放在银行，并且由支付机构向银行发起资金调拨指令。通俗地讲，钱是通过支付机构存在银行里的。

（2）不开账户。根据《办法》第8条规定，支付机构不得为金融机构以及从事信贷、融资、理财、担保、信托、货币兑换等金融业务的其他机构开立支付账户。

（3）不避责任。不避责任是指如果客户资金出现风险，由银行和支付机构先赔付。《办法》第10条规定，银行应当事先或在首笔交易时，自主识别客户身份，并与客户直接签订授权协议，明确规定扣款适用范围和交易验证方式，设定与客户风险承受能力相匹配的单笔的和单日累计都交易限额，承诺无条件全额承担此类交易的风险损失先行赔付责任。

（4）三类账户。《办法》第11条规定，Ⅰ类账户余额仅可用于消费和转账，余额付款交易自账户开立起累计不超过1 000元。Ⅱ类账户余额仅可用于消费和转账其所有支付账户的余额，付款交易年累计不超过10万元。Ⅲ类账户余额可以用于消费，转账以及购买理财、投资等金融理产品，其所有支付账户的余额付款交易年累计不超过20万元。

（5）支付机构分类。中国人民银行可以结合支付机构的企业资质、风险管控特别是客户备付金管理等因素，确立支付机构分类监管指标体系。简单来说，中国人民银行把支付机构分为两类，一类为普通支付机构，另外一类为优质支付机构。

（6）账户验证。对于支付机构自主或委托合作机构以面对面方式核实身份的个人客户，或以非面对面方式，通过至少3个合法安全的外部渠道进行身份基本信息多重交叉验证的个人账户，支付机构可以为其开立Ⅱ类支付账户。对于支付机构自主或委托合作的机构，应以对面方式核实身份的个人客户，或以非面对面方式，通过至少 5 个合法安全的外部渠道进行身份基本信息多重交叉验证的个人客户，支付机构可以为其开立Ⅲ类支付账户。

（7）账户转移。进行“银行账户与支付账户互转”业务时，对于普通支付机构，《办法》第 12 条规定支付机构办理银行账户与支付账户之间转账业务的，相关银行账户与支付账户应属于同一客户。而对于优质的支付机构，《办法》第 35 条规定，评定为“A”类且Ⅱ类、Ⅲ类支付账户实名比例超过 95%的支付机构，相关银行账户与支付账户可以不属于同一客户。

（8）单日限额。关于“付款单日累计限额”，普通支付机构按照《办法》第 24 条执行。支付机构采用包括数字证书或签名在内的两类，把以上有效要素进行验证的交易单日累计限额，由支付机构与客户通过协议自主约定。支付机构采用不包括数字证书、电子签名在内的两类以上的有效要素进行验证的交易。2015 年 7 月 31 日，人民银行公布了《非银行支付机构网络支付业务管理办法》，其中最引人注目的就是对网络支付进行了限额管理。支付机构不得为金融机构，以及从事信贷、融资、理财、担保、货币兑换等金融业务的其他机构开立支付账户。

（9）便捷支付验证方法。根据《办法》第 10 条规定，除单笔金额不超过 200 万元的小额支付业务，并且定期发生的支付业务以及符合《办法》第 37 条规定的情形以外，支付机构不得代替银行进行交易验证。优质支付机构根据《办法》第 37 条规定，评定为“A”类的支付机构，按照办法第 10 条规定办理相关业务时，可以与银行根据业务需求，通过协议自主约定由支付机构代替进行交易验证的情形。

《办法》的正式出台，对于规范互联网支付业务有着举足轻重的意义，而且把百姓最关心的问题都一一列举明确，为第三方支付未来的长远发展打下基础。

案例分享

微信支付

微信支付是集成在微信客户端的支付功能，用户可以通过手机完成快速的支付流程。微信支付以绑定银行卡的快捷支付为基础，向用户提供安全、快捷、高效的支付服务。

自 2017 年 11 月 23 日起，微信支付功能在中国铁路客户服务中心 12306 网站上线运行。

2014 年 8 月 28 日，微信支付正式公布“微信智慧生活”全行业解决方案。具体体现在以微信公众号和微信支付为基础，帮助传统行业将原有商业模式“移植”到微信平台。微信提供的闭环式移动互联网商业解决方案中涉及的服务包括：移动电商入口、用户识别、数据分析、支付结算、客户关系维护、售后服务和维权、社交推广等。这也预示着微信再次加大商业化开放步伐，为合作伙伴提供连接能力，助推企业用户商业模式的移动互联网化转型。“无现金日”是2015年由微信支付发起的全球首个移动支付日，定于每年8月8日举办。活动号召人们使用移动支付等低碳、便捷支付方式，并倡导时尚、智慧的生活。

2018年4月1日起，消费者在使用微信钱包扫描静态条码支付时，单日使用零钱包支付的上限不得超过500元，同时微信关联的所有银行卡还可以再独立获得500元的支付上限。2018年3月起，车牌可当付款码，微信直接推出“高速e行”服务。2018年6月29日，微信支付与米其林指南在广州宣布达成战略合作。

2020年6月2日，微信支付面向平台上超5 000万家小微商家发布“全国小店烟火计划”，包括线下线上一体化、福利补贴、商家教育指南、经营保障支持四个方面的政策，助力小微商家。

案例分析

微信支付一般分为个人网络账户支付（即零钱账户支付）和个人银行账户支付（即关联银行卡支付），其中的个人网络账户又被分为三类账户类型。作为中国人民银行等十部门发布的《关于促进互联网金融健康发展的指导意见》的配套制度，中国人民银行发布的《非银行支付机构网络支付业务管理办法》已于2016年7月1日起实施。

微信支付的特点是方便、快捷安全、支持的商家多。要使用此功能，用户只需在微信中关联一张银行卡，并完成身份认证，即可将装有App的智能手机变成一个全能钱包，之后购买合作商户的商品及服务，在付费时只需在自己的智能手机上输入密码，无需任何刷卡步骤即可完成购买，整个过程简便且流畅。

目前，微信支付已实现多种支付方式，并提供多种营销工具，满足用户及商户的不同场景。

第二节 银行业金融支付

一、银行卡支付

非现金交易是指以现金以外的其他支付手段进行货款清算的交易方式，非现金支付手段包括票据、信用卡、电子结算等。采用非现金交易可以节约交易时间，降低交易费用。

在我国银行卡支付业务是一个传统金融业务与现代信息技术有机结合的新兴业务，银行卡支付业务是商业银行重要的中间业务，是国内外银行业竞争的焦点。特别是我国加入世界贸易组织（WTO）后，面对国内需求与国际银行业竞争的强大压力，加之银行传统业务利润空间缩小，银行卡支付业务逐渐成为国内外商业银行竞争的焦点。目前国际上有影响力的银行卡组织（银行卡清算机构）主要有6家，它们分别是美国的VISA、MasterCard、大莱、运通，日本的JCB以及中国银联。目前，中国本土的银行卡组织仅有银联一家，按照WTO的裁定，中国应该在2015年8月29日前开放国外卡组织进入中国市场。2015年4月，国务院下发《关于实施银行卡清算机构准入管理的规定》，并从2015年6月1日起实施。未来，在中国市场上，或将出现更多家类似于中国银联的银行卡组织。

所谓发卡行就是给持卡人发放信用卡的银行。发卡行通过收取年费、收取利息以及商户回佣分成等方式盈利。发卡行有自己的风控系统，系统认为有疑问和风险的订单，交易一般是不会成功的。信用卡的收单行主要负责特约商户的开拓与管理、授权请求、账单结算等活动，简单地说，收单行就是为商户提供POS终端的银行，目前大多数发卡行同时也兼任着收单行的角色。

发卡行、收单行以及负责它们之间资金清算的机构共同收取商户每一笔订单的回佣，或称为刷卡手续费。收取的商户刷卡手续费是在发卡行、收单行以及银行卡清算机构间进行分配的。

举个例子，有位客户刷卡购买商品，签字后离开。商家把签字的那张签购单留下，然后把它交给发给商家POS机的银行，这个银行就是收单行。收单行收到客户签购单，按上面的数目扣除佣金之后，付款给商户。然后收单行再通过银联平台连接到发卡行要该笔钱。客户还钱给发卡行就可以了。收单是指该商户接受了消费，商户可以凭POS单到银行进行结算，这就是为什么消费日有时不是记账日的原因。银行根据商户性质的不同，收取一定的手续费。通常这些手续费是由商户出。在中国，这笔手续费按照7：2：1的比例在发卡行、收单行和银联间进行分配（如图2－2和图2－3所示）。

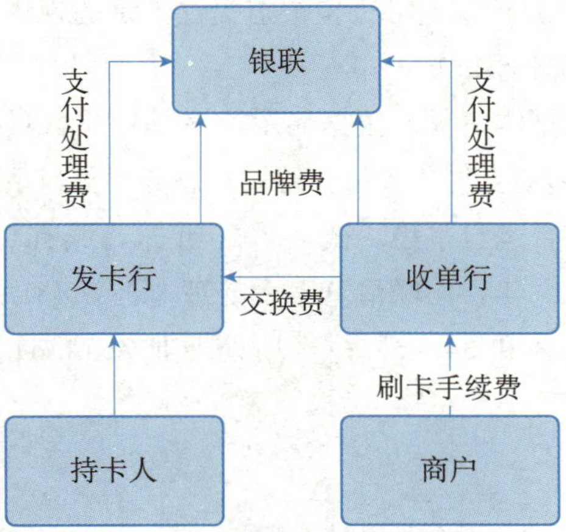

图2－2　互联网支付手续费分配图

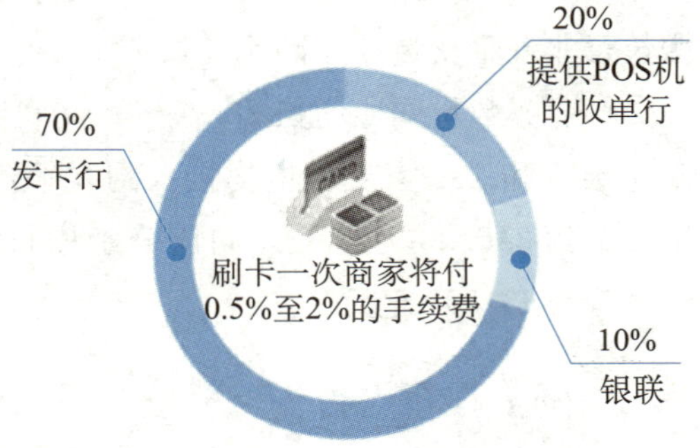

图2－3　刷卡一次商家手续费分配图

银行卡清算业务是通过制定银行卡清算标准和规则，运营银行卡清算业务系统，授权发卡行和受理清算机构品牌的银行卡，并为发卡行和收单行提供其品牌银行卡的机构间交易处理服务，协助完成资金结算的活动。即在银行卡跨行交易时，特许从事金融业务机构（非金融支付机构）之间计算往来资金，并协助完成资金划拨。从业务对象来看，清算机构业务往来对象是银行或是特许经营机构；从业务特点看，清算机构需要两个必备动作，即计算资金和协助资金转移。因此，可以看出清算机构是一个完成多个发卡行与多个收单行之间资金计算与划转的业务主体（即“多对多”），与银行、支付机构“一对多”的结算业务存在较大的差异，其业务中需要应对更大的金融风险。

以多年专营国内银行卡清算市场的中国银联为例，其 2015 年银行卡跨行交易转接金额达 53.9 万亿元，估算下来每日处理的资金高达千亿元级别。每日需要通过银行卡清算机构完成资金清算的机构高达数百家。由于每家机构可能既有收款，也有付款，为了资金能够快速、准确结算，银行卡清算机构会对每一家机构进行轧差（即出入相抵，只计算机构当日净额），根据轧差结果完成各家机构之间的资金划拨。但即使是轧差后的资金也相当庞大。例如：某商业银行的系统程序重复提交清算指令，当日仅支出一笔 100 亿元资金，该交易却被系统提交两次，银行卡清算机构收到清算指令后，该银行就必须无条件提供 200 亿元的资金保证网络的正常清算，而如果这家银行用于参加清算的账户中只有 100 亿元，这时就不能正常清算，银行卡清算机构就要面临不能完成清算的风险。在极端情况下，银行卡清算机构为保证清算，就需要通过各种风险措施和工具，填平当日网络的资金缺口。

清算风险是银行卡清算机构最为重要的风险类型之一，一方面要求较高的资金来应对风险；另一方面如果发生资金不能正常到账，社会将对金融机构的信用产生怀疑，甚至引发挤兑风险等更为严重的后果。2014 年 8 月，美国要求美属的全球最大的两家银行卡清算机构 VISA、MasterCard 暂停俄罗斯的银行卡交易处理，意图限制俄罗斯资金的流动性，造成在俄境内现金交易比例大幅提高，俄罗斯中央银行及金融机构被迫提供大量的现钞来提高社会资金流动性，给俄罗斯金融管理秩序造成不小影响。

中国人民银行发布的《2020 年支付体系运行总体情况》数据显示，银行账户数量保持增长；非现金支付业务同比增长 7.16%，其中移动支付业务量保持增长态势；支付系统处理支付业务数量同比增长 28.77%；网联清算平台运行平稳。截至 2020 年末，共有 560 家商业银行和 133 家支付机构接入网联平台。2020 年，网联清算平台处理业务 5 431.68 亿笔，金额 348.86 万亿元，同比分别增长 36.63%和 34.26%；日均处理业务 14.84 亿笔，金额 9 531.79 亿元。

二、网上银行支付

网上银行业务是指银行借助计算机或其他智能设备，通过互联网技术或其他公用信息网，为客户提供的多种金融服务。网上银行业务不仅涵盖传统银行业务，而且可以突破银行经营的行业界限，深入证券、保险甚至商业流通等领域。1995 年 10 月全球第一家网络银行——安全第一网络银行在美国诞生之后，中国的银行业就开始快速跟进，并实现了中国式的创新。1996 年，中国银行在国内率先设立网站，向社会提供网上银行服务。1997 年，招商银行开办网上银行业务，推出了当时让其名声大噪的“一网通”服务。1999 年，中国建设银行、中国工商银行开始向客户提供网上银行服务。从那时起往后的 10 多年，网上银行的用户数和交易量得到了迅猛发展。网上银行代表了未来银行业的方向，网上银行业务的迅速发展必将推动着银行业新的革命。

与网上银行容易混淆的一个概念是电子银行（E-bank）。电子银行是指商业银行利用计算机技术和网络通信技术，通过语音或其他自动化设备，以人工协助或客户自助的形式，向客户提供方便快捷的金融服务。呼叫中心、ATM、POS、无人银行、电话银行等多种多样的金融服务形式都涵盖在电子银行的范畴之内。而网上银行则主要指金融机构通过互联网提供的各种金融服务，是电子银行的代表之一。网上银行又被称为“3A 银行”，因为它不受时间、空间限制，能够在任何时间（Anytime）、任何地点（Anywhere），以任何方式（Anyway）为客户提供金融服务。

按服务对象分，网上银行可以分为企业网上银行和个人网上银行。按经营组织形式分，网上银行可以分为网点型网上银行和纯网上银行。

网点型网上银行是指现有的传统银行将互联网作为新的服务手段，建立银行站点、提供在线服务而设立的网上银行。该类网上银行一般都拥有线下的实体网点，同时提供银行服务。中国绝大多数银行的网上银行都属于此类。

纯网上银行又称为虚拟银行，起源于安全第一网络银行。纯网上银行是专门提供在线银行服务而成立的独立银行，它没有任何的线下分支机构或实体营业网点，因此也被称为“只有一个网站的银行”。

中国银监会在 2014 年公布了首批 5 家民营银行试点方案，并要求每个试点银行至少有 2 个发起人。这 5 家民营银行分别是浙江网商银行（股东为蚂蚁金服和上海复星）、深圳前海微众银行（股东为腾讯和百业源）、温州民商银行（股东为温州正泰和华峰）、上海华瑞银行（股东为均瑶集团和美邦服饰）以及天津金城银行（股东为华北集团和麦购集团）。其中，原本牵手均瑶筹建上海华瑞银行的复星集团，摇身一变成了浙江网商银行的第二大股东。在经营特色方面，针对风险防范，试点民营银行做出了承担剩余风险的制度安排。例如：对于一个 60 万元存款的客户，如果银行经营失败，存款保险按规定提供 50 万元的赔付，银行股东将再为客户承担剩余 10 万元风险，这样能分担存款人风险，从而大大增加了市场对民营银行的信心。民营银行建立股东承担剩余风险制度，就是在存款保险制度基础之上，为存款人增加了股东保护，这将明显增强存款人的安全感，增强客户吸引力。

在这5家民营银行成立之初，浙江网商银行和深圳前海微众银行属于没有分支机构也没有营业网点的纯网络银行。

对于个人来说，传统银行的网银开通方式是带上身份证去营业网点开通。开通时需要签约和领取U盾（即网上交易的数字证书，各家银行的称呼可能会有不同）。在电脑上使用时，还需要安装对应银行的网银程序（包括驱动程序、网银助手、网银控件、密码控件等），才能进行正常支付。其特点是安全性相对较高。

三、超级网银支付

网上银行简称为网银。2010年之前的网银被称为第一代网银。第一代网银存在账户分散难管理和资金归集不方便的问题。用户不得不拥有大量银行账户，而且在不同银行账户间划转资金的时候会非常麻烦。第一代网银只有在同一银行账户间转账时才能实时入账，但不同银行账户之间转账时，支付指令则要通过付款人开户银行网银支付平台、中国人民银行跨行支付系统、收款人开户银行行内业务系统等多级系统，有的环节甚至需要人工干预，因此跨行转账耗时需要一分钟到两三天不等。

2010年中国人民银行推出了超级网银，能够实现各大银行网银的互联互通。超级网银是"第二代网上支付跨行清算系统"的别名，主要用来处理用户通过在线方式发起的小额跨行支付（金额在5万元以下）和账户信息查询业务，主要包括跨行转账、跨行账户查询、资金归集等功能。

作为第二代网银，超级网银的作用在于打破了银行之间的壁垒。用户通过一个操作界面便可查询多家商业银行的账户情况，还可直接向各银行发送交易指令。跨行转账方面能够实现实时到账，单笔业务20秒内即可处理完成，还可以进行跨行账户查询、在线签约等。超级网银有着诸多第一代网银不可比拟的优势。

超级网银的作用主要体现在两方面：（1）用一个银行账户可以访问和操作其他银行的账户；（2）实现了网上支付跨行业务的实时处理，而且是7×24小时全天候地运行，为用户转账汇款、网络购物、线上缴费、投资理财等提供最大方便。超级网银就相当于增加一个安全阀，各家商业银行的网上银行不再对接中国人民银行的核心支付结算系统，而是通过"超级网银"这一入口接入。超级网银的作用类似于线上的银联。

超级网银的优势主要体现在资金归集方面。用户可以通过超级网银将其他银行的资金收纳起来，跨行归集到一个主账户里，集中开展缴费、转账、支付、存款、理财等综合业务。在时效性方面，归集的频率可以根据用户需求进行个性化设置，例如每天或者每月。同时，用户还可以自行设定保底额度，实现"保底归集"。不过在实际应用中，超级网银被使用和接受的程度并不高，主要是大型国有银行对于自己资金的转出存有戒备之心。另外，超级网银也没有直接的网址供登录使用，它嵌入各家银行的网银界面中，直接用户是银行而不是普通个人。

四、中国现代化支付系统

中国现代化支付系统（CNAPS）是中国人民银行按照我国支付清算需要，利用现代计算机技术和通信网络自主开发建设的一套系统。目前该系统已经是第二代了，无论是系统架构还是使用功能，都比第一代系统提升了很多。该系统能够高效、安全地处理各银行办理的异地、同城各种支付及资金清算业务，以及货币市场交易的资金清算。总之，它是各银行和货币市场的公共支付清算平台，是中国人民银行发挥职能作用的重要核心支持系统。

简单地说，CNAPS（第二代）由大额支付系统（HVPS）、小额支付系统（BEPS）以及网上支付跨行清算系统（BPS）构成。CNAPS 结构分为三层：位于北京总中心的国家处理中心（NPC）、位于各个城市的城市处理中心（CCPC）和位于各个商业银行的前置机系统（MBFE）。

作为国内唯一能够实现跨行资金结算的清算系统，CNAPS 正以多种方式为商业银行之间和商业银行与中国人民银行之间的支付业务提供快速、高效、安全的支付结算服务。同时，通过与债券系统、外汇系统、银行间同业拆借系统、银行卡系统等多个清算系统的对接，CNAPS 还可为其他行业提供资金清算服务。此外，CNAPS 提供了完善的监管功能，可以协助中国人民银行对金融市场的资金流动情况进行全面监控，有利于货币政策的实施，防范金融风险，保证国民经济平稳运行。

案例分享

无冕之王：银联

2014 年，银联已累计向违规的第三方支付机构“罚款”1 亿元。其实这并非真正意义上的罚款，因为银联没有罚款权，但支付机构加入银联发卡受理网络，需要遵守银联卡运行规章。银联通过系统侦测持卡人和机构投诉，根据制定的违规约束细则，要求违规入网的支付机构补齐漏缴的支付分成。

1993 年，针对我国现金流量大、资金体外循环以及经济犯罪较多等问题，根据中央领导的明确指示，我国正式启动了旨在实现流通货币电子化的“金卡工程”，其核心是解决银行卡的跨银行和跨地联网通用问题。到 2000 年，已初步建成了全国 18 个城市银行卡跨行交易系统及信息交换总中心，“金卡工程”初战告捷。2002 年，为了在更大范围内解决银行卡购物限地区使用问题，推动联网通讯，促进产业发展，应对金融市场开放的全新挑战，经国务院同意，我国自己的银行卡联合组织——中国银联在上海正式成立，这标志着我国的银行卡产业开始进入全面、快速发展的新阶段。

这里提到的“应对金融市场开放的全新挑战”是指，2001年中国加入WTO后按照协议，5年后就必须取消外资银行在中国经营人民币业务的地域限制和客户限制。于是在5年后的2006年，中国颁布了《中华人民共和国外资银行管理条例》，外资银行开始全面进入中国。

除了为实现银行卡的跨行交易服务，银联成立的另一个目的是利用在外资银行完全介入人民币业务之前的这个5年过渡期，中资银行展开防守反击，在与外资银行可能的第一战场——人民币银行卡市场中扼守咽喉，夺取主动权。

银联由包括五大国有商业银行在内的80多家国内银行和金融机构共同投资组建，是中国的银行卡组织，全球银联卡发卡量超过46亿张，银联网络遍布中国城乡，并已延伸至境外150个国家和地区。例如：2015年9月银联国际分别与俄罗斯莫斯科信贷银行、土耳其实业银行共同宣布，将在年内开通后者旗下所有ATM和商户受理银联卡。

为了解决银行卡受理商户太少的问题，银联设立了子公司银联商务，这是一家银行卡收单专业化服务的全国性公司。除了传统的受理ATM和POS机终端刷卡，银联还大力推进互联网支付。银联在线（China Pay）就是银联的公司中专门从事网络支付的生力军，它隶属于银联旗下的子公司——银联商务，或者说银联商务布局银联在线，自在打造“网上银联”，以实现银联卡在互联网上的“联网通用”和“跨境支付”。

2023年1月，中国银联累计在280余个城市通过云闪付App发放消费券，覆盖超900万家商户。

案例分析

银联在线的支付方式主要有3种，分别是：

（1）认证支付：认证支付是指持卡人在银联支付页面上输入银行卡信息（卡号、密码、CVN2等）和手机号码（已在银行预留），通过银行认证即可完成交易的支付方式，即使用“银行卡信息＋手机号码”的组合信息进行支付。

（2）快捷支付：快捷支付是银联为持卡人提供的一种安全便捷的支付方式。持卡人注册成为银联在线支付用户并关联银行卡后，只需输入用户名、登录密码、短信验证码即可完成支付，即使用“银联账户信息＋手机号码”的组合信息进行支付。

（3）小额支付：在银联的支付页面使用银行卡信息进行支付的方式，无须输入手机验证码。

除了以上主要的3种支付方式，还有储值卡支付和跳转网银支付。

第三节 第三方支付

一、第三方支付定义及业务流程

在商品交易的过程中，存在两种方式：一种是货物和钱款当面同时交付，称为同步交易；一种是货物和钱款无法当面同时交付，称为异步交易。而在异步交易中存在信用风险，例如：在国际贸易中，货物和钱款一般很难当面同时交付，到底是先付钱还是先发货呢？于是出现了以银行作为信用保证的信用证。同样在网络交易时，货物和钱款也很难当面同时交付，于是出现了在买家和实家之外的第三方，由第三方作为信用担保，从而使得交易能够顺利进行。第三方机构的出现能够显著降低网络交易的风险，同时也促进了电子商务的迅速发展。这个第三方机构必须具有一定的诚信度。第三方机构可以由有公信力的公司来充当，也可以由银行来充当，国际贸易中往往就由银行来充当。

通常所指的第三方支付企业，就承担买家和卖家之间的信用担保职能。承担信用担保职能的方式一般是预先收取买家货款，这样卖家得到了支付承诺，同时买家也保留了撤销支付的可能。在中国，第三方支付企业的典型代表是支付宝。

第三方支付企业的操作流程一般是：买方先将钱支付给第三方，买方确认收货后第三方再将钱真正付给卖方。这样通过第三方的付款方式给予了较好的缓冲，买方一旦发现收不到货物或者收到不满意的货物都可以撤回所付款项，特别适合交易双方无法当面交易的网络购物或者跨境贸易。

中国最早的第三方支付企业是成立于北京的首信股份公司和上海环迅电子商务有限公司，它们主要为 B2C 网站服务。在电子商务交易当中，银行若逐个给数十万家中小商户开设网关接口，成本过高，得不偿失。第三方支付企业的作用就是通过搭建一个公用平台，将成千上万的小商家和银行连接起来，为商家、银行、消费者提供服务，从中收取手续费。对于商家来说，不用安装各个银行的认证软件，从一定程度上降低了费用且简化了操作。这是第三方支付的第一个特点，即为银行和商家提供公共转接平台。第二个特点是能够为用户提供支付缓冲，这种缓冲不仅是支付金额上的缓冲，还包括支付信息上的缓冲。第三方支付模式使商家看不到客户的信用卡信息，同时又避免了信用卡信息在网络多次公开传输而导致的信用卡信息被窃事件。所以使用第三方支付，不仅缓冲了用户直接支付的风险，而且缓冲了银行信息泄露的风险。这两个特点分别对应着第三方支付的两种角色。

图 2-4 展示了 2006—2020 年第一季度（Q1）中国第三方支付交易规模。

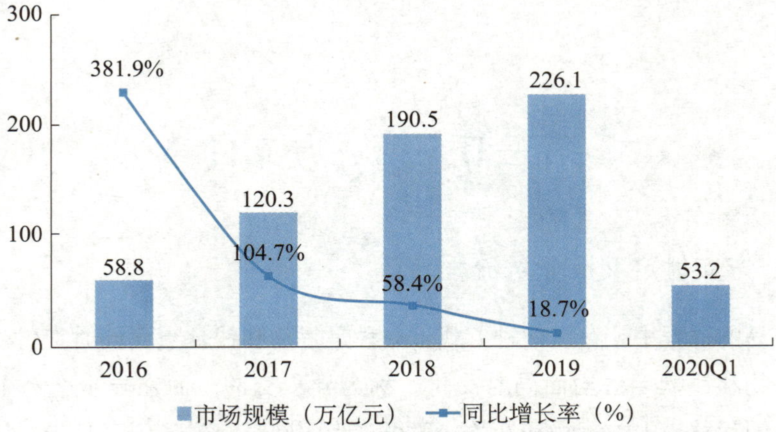

图 2-4　2006—2020 年第一季度（Q1）中国第三方支付交易规模

二、第三方支付发展历程及分类

第三方支付是指具备一定实力和信誉保障的独立机构，通过与银联或网联对接而促成交易双方进行交易的网络支付模式。在第三方支付模式中，买方选购商品后，使用第三方机构提供的账户进行货款支付（支付给第三方），并由第三方通知卖家货款到账、要求发货；买方收到货物，检验货物，并且进行确认后，再通知第三方；第三方再将款项转至卖家账户。

PayPal 成立于 1998 年 12 月，总部在美国加州圣荷西市，在全世界有超过 1 亿个注册账户，其开发的同名软件是跨国交易中最有效的付款方式。任何人只要有一个电子邮件地址，都可以方便而安全地使用 PayPal 在线支付和接收款项，避免了传统的邮寄支票或者汇款的烦琐。PayPal 支持 190 多个国家和地区的交易，支持 20 多个币种，快速、安全又方便，是跨国交易风险的理想解决方案。

而在中国，1998 年 11 月 12 日，由北京市政府与中国人民银行、原信息产业部、原国家内贸局等共同发起的“首都电子商务工程”启动，确定首都电子商城（首信易支付的前身）为网上交易与支付中介的示范平台。1999 年 3 月，具有半官方性质的首信易支付作为最早的实践者开始运行，标志着我国在第三方支付方面的实践拉开了序幕。紧随其后，环迅支付也于 2000 年在上海开始运营。2002 年 3 月，经国务院同意、中国人民银行批准，中国银联成立。同年 6 月，中国银联控股的银联电子支付服务有限公司揭牌。2003 年 10 月 18 日，淘宝首次推出支付宝；2004 年 12 月 8 日，浙江支付宝网络科技有限公司成立。2005 年，腾讯旗下的财付通公司成立。

2009 年 7 月 6 日，支付宝宣称用户数突破 2 亿大关，从而超越 PayPal 成为全球用户数最多的电子支付平台，当时，PayPal 的用户数是 1.8 亿。2014 年年初，支付宝宣布，凭借 2013 年 1 500 亿美元的手机支付总金额，其已成为全球最大的移动支付企业。这一金额相当于 PayPal 和另一移动支付巨头 Square 的移动支付总和的 3 倍。在业务体量上，今天的 PayPal 不及支付宝的十分之一，在移动支付这一项被看作支付未来的业务上，PayPal 的体量估计不及支付宝的二十分之一。PayPal 跟支付宝早已经不是一个量级的竞争对手，落到只能和 Square 竞争生存空间的境地了。

按照业务类型不同，第三方支付企业可以划分为三类。一是依托大型 B2C（企业与客户之间的交易）、C2C（客户与客户之间的交易）等网站的网关支付，如支付宝、财付通、快钱等；二是通过销售点（POS）终端的线下支付，如拉卡拉；三是储值卡等预付卡服务。随着第三方支付服务业务范围、规模的不断扩大，新支付工具的推广以及市场竞争的日趋激烈，这个领域的问题逐渐暴露，新的风险隐患也相继产生。

按照平台主体不同，第三方支付企业可以划分为两类。一类是以银联电子支付、快钱、汇付天下为首的金融型支付企业，侧重行业需求和开拓行业应用。另一类则是以支付宝、财付通为首的互联网型支付企业，它们以在线支付为主，联合大型电子商务网站，迅速做大做强。第三方支付的广阔发展前景体现在其强大的金融属性和海量的用户参与数量之上。支付是经济活动的终点（交易完成），同时是另一项经济活动的开始（数据收集）。在互联网大数据时代，第三方支付企业的价值更凝聚在其沉淀的支付数据和用户资源上，并通过向企业和消费者两个方向服务延伸加以变现，即第三方支付源于交易，贵于数据，成于服务。

三、第三方支付牌照及行业规模

第三方支付行业形成源于电子商务行业的资金流需求，而第三方支付企业的作用就是支付网关，即各家商户和银行之间连接的“中转站”。北京的首信、上海的环迅支付、中国银联控股的银联在线，这三家最早的第三方支付企业，虽然出身背景各不相同，但其盈利模式基本一致，即向接入商户收取一定的服务费用。它们主要收取三部分费用：新商户接入时的开通服务费、每笔交易的交易手续费以及系统二级开发的定制费用。随着 2004 年后支付宝、财付通等一批推行“免费”支付的企业加入竞争，整个行业进入了新阶段。借助淘宝和腾讯等商户平台，支付企业的作用从纯粹的“网关代理商”转变为促成交易的“信用中介”，通过第三方介入，有效解决了互联网在线交易中的信任问题。2005 年，中国人民银行出台《支付清算组织管理办法（征求意见稿）》和《电子支付指引（第一号）》，首次向市场表达了要将第三方支付纳入监管的意图。2007 年，中国人民银行支付结算司在首次编写的《中国支付体系发展报告（2006）》中明确提出，当年将正式发布实施《支付清算组织管理办法》并出台《电子支付指引（第二号）》，进一步规范和发展网上支付服务市场。2009 年 4 月 16 日《中国人民银行公告〔2009〕第 7 号》宣布对第三方支付机构进行登记备案。同月，中国人民银行筹建的“全国支付清算协会”有关事项协调会召开。2010 年 6 月，中国人民银行在网站上正式公布了《非金融机构支付服务管理办法》全文，规定了未经中国人民银行批准，任何非金融机构和个人不得从事或变相从事支付业务。至此，对于第三方支付业务的准入制度正式建立起来了。

2011 年 5 月，中国人民银行对外公布了首批 27 家获得“支付业务许可证”的企业名单，这些企业可以从事银行卡收单、预付卡发行与受理、互联网支付、移动电话支付等业务，包括支付宝、财付通、快钱、汇付天下等。

支付业务许可证是对企业发放的牌照，并非完全针对业务类型分类发牌照，实际上，获得牌照的支付企业可以根据发展需要，向监管部门提交递补业务申请。例如：支付宝申请时公示的支付业务内容是互联网支付、预付卡发行与受理、银行卡收单，而批准之后发布的支付业务许可证显示，其支付业务类型包括货币汇兑、互联网支付、移动电话支付、预付卡发行与受理（仅限于线上实名支付账户充值）、银行卡收单。

在之后颁发的第二批牌照中，银联电子支付服务有限公司获得牌照。在颁发的第三批牌照中，三大电信运营商获牌，分别是中国移动的天翼电子商务有限公司、中国联通的联通沃易付网络技术有限公司和中国移动的中移电子商务有限公司。2014 年 7 月，中国人民银行第五次集中发放 19 张第三方支付牌照，持牌企业共计达到 269 家，此后半年仅广物电商一家获得牌照。

从本质上看，第三方支付最初是银行与电子商务之间业务衔接不畅的产物，还承担部分信用担保的工作。伴随着以网购为代表的线上经济和移动互联网时代 O2O 的爆发，第三方支付行业迎来了爆发式增长。据艾瑞网研究数据显示，2015 年中国第三方支付市场交易规模就已达 31.2 万亿元。

目前我国第三方支付的交易规模从 2016 年以前的高速增长状态转为平缓发展态势。根据艾瑞网数据，2019 年中国第三方支付的交易规模达到 226.2 万亿元，同比增长 18.7%。从移动支付的应用场景来看，根据艾瑞网数据，2019 年第四季度我国个人应用类场景依然占据行业的主要交易板块，占比为 55.3%，但较 2018 年第四季度有所下滑。值得注意的是，2019 年第四季度我国移动消费类场景占比达到 24.5%，出现明显上升，主要是由于我国线上电商的不断发力，尤其是“双 11”、直播电商等消费方式的不断涌现，为第三方移动消费市场提供了有利的发展环境。未来随着电商市场的扩容，我国第三方移动消费市场占比将会得到进一步提升。从行业内的支付企业的市场份额来看，我国第三方支付市场集中度较高，且呈现寡头竞争局面，2019 年市场仍然主要被支付宝和财付通两大支付企业所占领，二者份额共达到 94%。其中，支付宝的市场份额达到 55.1%，居于首位，居于其次的财付通的市场份额为 38.9%。

案例分享

移动支付：美国 Square 和中国拉卡拉

2015 年 11 月 19 日，推特公司的创始人兼 CEO 杰克·多西的另外一家公司 Square 在纽交所挂牌上市。这家美国移动支付公司也被誉为美国的“支付宝”，截至 2017 年 9 月，Square 公司市值达 101 亿美元。Square 创立于 2009 年，其目标是帮助移动设备用户接受信用卡支付。无论是小商户、外卖商贩还是连锁商店，都可以通过在手机或平板电脑上连接 Square Reader 刷卡器，完成信用卡支付的处理流程。Square 的原理是在手机的耳机插孔处插入一个读卡设备，通过此设备读取信用卡磁条数据，并转化为音频信号输入智能手机，再由手机 App 读出信用卡卡号进行支付。Square 听起来更像一种手机上的 POS 刷卡机，而在中国也有类似的通过手机 POS 来进行支付的公司，那就是拉卡拉。

拉卡拉成立于 2005 年，目前是联想控股旗下的高科技金融服务企业，是目前中国最大的线下支付公司，2011 年第一批获得中国人民银行颁发的支付业务许可证。依托遍布全国的拉卡拉支付终端，拉卡拉为用户提供安全、简单、方便、灵活的全方位便民金融服务。使用拉卡拉，用户可以轻松完成很多原本需要去银行完成的业务，包括还款、缴费、充值等。

拉卡拉家用刷卡机于 2010 年 4 月面市，消费者从此足不出户，即能在家自助完成还款、缴费、充值、付款，各种业务都不再受时间地理限制。拉卡拉也获得了资本市场的青睐，2015 年 6 月宣布获 15 亿元融资，公司估值超过 100 亿元，正式跨入百亿俱乐部的行列。2019 年 4 月 25 日，卡拉卡在深圳证券交易所挂牌上市。

案例分析

移动支付一般可以分为远程支付和近场支付。近场支付一般是指支付者要亲临支付现场的支付，其形式多种多样，例如上面提到的手机音频支付 Square 和拉卡拉，还有银联的盒子支付等，几乎都是采用同样的原理来进行支付的，另外还有 NFC 支付、二维码支付等。作为“新四大发明”之一的支付宝，以及支付宝所代表的移动支付，近年来发展迅速。从市场规模来看，我国移动支付规模稳居世界第一。2016 年，中国移动支付体量已经是美国的 50 倍；2017 年，中国移动支付交易金额约 100 万亿元，未来预计将维持高速增长态势。全球知名调研公司益普索（Ipsos）数据显示，中国移动支付渗透率高达 77%，遥遥领先于美国、欧洲、日本等发达国家和地区。特别是作为移动支付代表的支付宝，更是遍布在我国的大街小巷，到处看到的是支付宝蓝色收钱码的身影，听到的是“支付宝收款……元”的播报声。据官方数据显示，如今支付宝的资损率，已经比陨石掉落在地球上的概率还要低。所以说，无论是2018年移动支付被写入政府工作报告，还是2017年移动支付的代表——支付宝被“一带一路20国青年”评选为公认的中国“新四大发明”，都有十分充足的理由。

第四节 网络支付与区块链

一、网络支付

目前，在支付领域内最重要的两个监管文件就是中国人民银行颁布的《非金融机构支付服务管理办法》和《非银行支付机构网络支付业务管理办法》。非金融机构支付服务，是指非金融机构在收付款人之间作为中介机构提供下列部分或全部货币资金转移服务：（1）网络支付；（2）预付卡的发行与受理；（3）银行卡收单；（4）中国人民银行确定的其他支付服务。

其中，网络支付是指依托公共网络或专用网络在收付款人之间转移货币资金的行为，包括货币汇兑、互联网支付、移动电话支付、固定电话支付、数字电视支付等。可以看到互联网支付是网络支付的一种，在业界分析中一般指通过计算机进行的支付，与移动支付相对应。

支付机构从事网络支付业务，适用于用《非银行支付机构网络支付业务管理办法》进行管理。支付机构是指依法取得支付业务许可证，获准办理互联网支付、移动电话支付、固定电话支付、数字电视支付等网络支付业务的非银行机构。《非银行支付机构网络支付业务管理办法》中所指的网络支付业务，是指收款人或付款人通过计算机、移动终端等电子设备，依托公共网络信息系统远程发起支付指令，且付款人电子设备不与收款人特定专属设备交互，由支付机构为收付款人提供货币资金转移服务的活动。此处所说的收款人特定专属设备，是指专门用于交易收款，在交易过程中与支付机构业务系统交互并参与生成、传输、处理支付指令的电子设备。

支付机构遵循“主要服务电子商务发展和为社会提供小额、快捷、便民小微支付服务”的宗旨，基于客户的银行账户或者支付账户提供网络支付服务。其中的支付账户，是指获得互联网支付业务许可的支付机构，根据客户的真实意愿为其开立的，用于记录预付交易资金余额、客户凭以发起支付指令、反映交易明细信息的电子簿记。支付账户不得透支，不得出借、出租、出售，不得利用支付账户从事或者协助他人从事非法活动。

支付机构基于银行卡为客户提供网络支付服务的，应当执行银行卡业务相关监管规定和银行卡行业规范。支付机构对特约商户的拓展与管理、业务与风险管理应当执行《银行卡收单业务管理办法》等相关规定。支付机构网络支付服务涉及跨境人民币结算和外汇支付的，应当执行中国人民银行、国家外汇管理局相关规定。支付机构应当依法维护当事人合法权益，遵守反洗钱和反恐怖融资相关规定，履行反洗钱和反恐怖融资义务。

在移动支付时代，中国网络支付需要重点关注的几个动向是：

（1）随着移动互联网生态的发展和 PC 端支付习惯向移动端转移趋势的继续，中国第三方移动互联网支付市场的交易规模或将继续保持高速增长态势，移动支付市场全年交易规模将逼近甚至超过互联网支付市场。

（2）O2O 作为移动支付的一个重要切入口，帮助用户培养起移动支付的习惯。随着这种习惯的养成和固化，与此相关的手机充值、线下支付等日常消费支付或将呈现指数级增长的态势。

（3）Apple Pay 极大地提升了市场对 NFC 支付的关注度，众多支付和硬件企业也加大了对此技术的投入和营销资源，这种趋势将对现有二维码支付市场形成挑战，并进一步扩大线下支付市场渗透率。

（4）小米收购支付牌照，新美大考虑开展支付业务……随着互联网行业各垂直领域竞争的加剧，行业内龙头企业或将考虑以支付业务为手段向金融服务行业进行突破，这将扩大支付市场容量。

二、区块链

（一）概念

所谓区块链技术，也称为分布式账本技术，是一种互联网数据库技术，其特点是去中心化、公开透明，让每个人均可参与数据库记录。区块链（Block Chain）是一个由不同节点共同参与的分布式数据库系统，是一个开放式的账簿系统（Ledger），它由一串按照密码学方法产生的数据块或数据包组成（即区块，Block），对每一个区块数据信息都自动加盖时间戳，从而计算出各个数据的加密数值（即哈希值，Hash）。每一个区块都包含上一个区块的哈希值，从创始区块（Genesis Block）开始链接（Chain）到当前区域，从而形成区块链。

现实生活中区块链技术最早的应用是比特币。比特币的创始人中本聪对区块链技术应用做出了奠基性的贡献。在区块链中，任何交易在获得记录与批准之前，都必须先由一组计算机进行集体核查。区块链采用的技术无须寻找保管人或中央分类账等中立部门作为中介，它直接促成互不认识（没有信任基础）的人进行协作。

区块链技术的实质是在信息不对称的情况下，无需相互担保信任或第三方（所谓的

"中心"）核发信用证书，采用基于互联网大数据的加密算法，建立节点信任机制。任何机构和个人都可以作为节点参与创设信任机制，而且创设的区块必须在全网公示，任何节点参与人都看得见。节点越多，要求的算力就越强，只有超过51%的节点都通过，才能确立一个新区块成立，即获得认可；同时，要想篡改或造假，也需要掌控超过51%的节点，才可以修改。理论上，当区块链的节点达到足够数量时，这种大众广泛参与的信任创设机制，就可以无需"中心"授权即可形成信任、达成和约、确立交易、自动公示、共同监督。

区块链是分布式数据存储、点对点传输、共识机制、加密算法等计算机技术的新型应用模式。区块链本质上是一个去中心化的数据库，同时作为比特币的底层技术，是一串使用密码学方法相关联产生的数据块，每一个数据块中包含一批次比特币网络交易的信息，用于验证其信息的有效性（防伪）和生成下一个区块。比特币白皮书（*Bitcoin：A Peer-to-peer Electronic Cash System*）英文原版其实并未出现"blockchain"一词，而是使用的"chain of blocks"。最早的比特币白皮书中文翻译版中，将"chain of blocks"翻译成了区块链。这是"区块链"这一中文词最早的出现场景。国家互联网信息办公室 2019 年 1 月 10 日发布了《区块链信息服务管理规定》，自 2019 年 2 月 15 日起施行。

如果把数据库假设成一本账本，读写数据库就可以看作一种记账的行为，区块链技术的原理就是在一段时间内找出记账最快最好的人，由这个人来记账，然后将账本的这一页信息发给整个系统里的其他所有人。这也就相当于改变数据库所有的记录，发给全网的其他每个节点，所以区块链技术也称为分布式账本。

（二）应用

1. 区块链+支付

支付是金融市场最重要的基础设施，区块链技术最先革新领域就是支付清算。现有的国际货币兑换模式主要通过加人 SWIFT（环球银行金融电信协会）的银行间清算和结算。Ripple 是一个开源的点对点网络，构建了一套完全不同的账户体系，它实质上是一个可共享的开源数据库，该数据库类似中国人民银行超级账户，不需要通过各个银行，所有的交易账户直接记在中央大账，可以达到实时完成货币兑换的目的。尽管还有需要完善和改进之处，但 Ripple 是目前相对成熟的区块链支付服务。它是一种基于互联网的开源支付协议，可以实现去中心化支付与清算功能，在 Ripple 系统里，所有的货币均可自由兑换，不仅包括各国的法币，而且包括虚拟货币。Ripple 系统里的货币兑换和交易的效率更高、速度更快，且交易费用几乎为零，交易确认在几秒内完成，没有异地和跨行费用。它可以快速、廉价并安全地将资金转账到任何人或任何机构在 Ripple 系统中的账户，没有任何人或任何机构能控制 Ripple 网络。这是分布式的账簿体系，实际上体现了区块链技术的核心思想，未来有广阔的发展前景。

2. 区块链+征信

征信市场是一个巨大的蓝海市场。传统征信市场面临信息孤岛的障碍，如何共享数据成分、发掘数据蕴藏的价值，传统技术架构难以解决这个问题。区块链技术，为征信难题提供了一种全新的思路。首先，提高征信的公信力，全网征信信息无法被篡改。其次，显著降低征信成本，提供多维度的精准大数据。最后，区块链技术有可能解决信息孤岛的难题，数据主体通过某种交易机制，通过区块链交换数据信息。想要实现这种高效的征信模式，还有业务场景、风险管理、行业标准、安全合规等一系列问题要解决。

3. 区块链+交易所

交易所是集中交易某种有形或者无形商品的市场，区块链技术可以在各式各样的交易所得到广泛应用。区块链的去中心化、开放性、共享性、置名性、不可篡改性等特征，可以显著提升登记、发行、交易、转让、交割清算的效率，也可以保障信息安全与个人隐私。目前纳斯达克市场和澳大利亚证券交易所在区块链技术应用上走在了前列。2015 年年末，全球最大的证券交易所之一的纳斯达克首次使用了区块链技术交易平台，完成和记录私人证券交易。澳大利亚证券交易所利用区块链技术与银行原户连接，买卖股票后资金可以迅速到账。现在的应用还只是证券发行清算，未来区块链技术在各种产权交易中必然会发挥更大的作用，甚至成为很多领域的主要交易系统。

4. 区块链+数字货币

区块链技术最早应用于比特币，很多人投资、交易比特币，也有商业活动、经营场所接受比特币支付。但是，比特币天然不是法定货币，但它为法定货币由纸币进入电子货币后的数字货币时代奠定了技术基础和应用示范。中国人民银行已经开展数字货币研究，很多国家中央银行也积极研究数字货币。法定数字货币的应用，必须建立在全网信息记录、信用实时计算、全民网上诚信、底层技术安全、货币法定授权、算法不可破解等技术基础上。数字货币会提升全民的自我信用管理水平，提升共享经济水平，提升金融服务实体经济的水平，也将促进互联网金融的健康规范发展。

也应该看到，并不是运用区块链技术，就自动解决了信任问题，就化解了金融风险，就自动会带来金融业的规范发展。区块链技术的应用，底层技术安全问题必须解决，区块链企业监管及金融创新问题必须尽早解决，如何为区块链技术建章立规的问题也必须尽早解决，这样才能促进区块链技术在金融领域应用的健康发展。

案例分享

O2O 支付：度小满金融

度小满金融，原百度金融。2018 年 4 月，百度宣布旗下金融服务事业群组正式完成拆分融资协议签署，拆分后百度金融将启用全新品牌“度小满金融”，实现独立运营。百度的互联网金融业务始于2013年，在2015年将既有金融业务整合组成了金融事业群组，并将金融业务上升至企业战略级位置，由百度高级副总裁朱光先生全面负责。“度小满”这一名称，取意“源自百度，小得盈满，前行不止”。“度”是延承百度技术基因，“小满”是节气，更是一种小得盈满、恰到好处的人生状态。这也是度小满金融想与用户分享的生活态度：永远谦逊有节、值得信赖；永远前行不止、追寻美好的生活。度小满的品牌图标由红蓝两色组成，代表消费金融和财富管理两大业务平台。

度小满金融的业务架构主要包括消费金融、支付、互联网理财、互联网保险、互联网证券等多个板块，基本覆盖金融服务的各个领域。度小满金融以“搭金融服务平台，建金融科技生态”为整体战略目标，通过自身业务打磨系统模型和技术能力，打造消费金融和财富管理两大平台，助力金融机构转型。未来，度小满金融会通过输出金融科技，提供金融科技解决方案，与生态伙伴共同打造金融科技生态。

在此介绍两个度小满金融的主要产品。

（1）度小满支付，通过与手机百度、百度地图、百度糯米、爱奇艺、携程等百度系及外部伙伴合作，构建起完整的支付生态闭环。

（2）有钱花，定位是提供面向大众的个人消费信贷服务，打造创新消费信贷模式。利用百度人工智能和大数据风控技术，为用户带来互联网信贷服务，具有申请简便、审批快、额度高、放款快、安全性强等特点。目前已布局多条产品线，包括：“有钱花-满易贷”“有钱花-尊享贷”“有钱花-小期贷”，场景已覆盖日常消费、医美、教育、租房、房抵等，可根据用户的借贷需求进行精准匹配，为用户提供值得信赖的信贷服务。

度小满金融多业务板块的联合发力，正在实践普惠金融的理想：让金融融入普通人的衣食住行中去，帮助人们去实现对美好生活的梦想，让更多的人能够平等便捷地获取金融服务。

案例分析

在智能金融时代，度小满金融充分发挥百度的人工智能优势和技术实力，通过“有钱花”“度小满理财”“磐石金科平台”以及“智能语音机器人”等产品与服务，逐步拓展在信贷、理财、支付、保险、金融科技等方向的应用，用科技为更多人提供值得信赖的金融服务。

实训练习　微信支付操作

一、背景知识

财付通是腾讯集团旗下中国领先的第三方支付平台，一直致力于为互联网用户和企业提供在线支付服务。2013 年 8 月，财付通联合微信，发布微信支付，强势布局移动端支付。微信支付是腾讯的支付业务品牌，微信支付提供公众号支付、App 支付、扫码支付、刷卡支付等支付方式，并提供企业红包、代金券、立减优惠等营销新工具，满足用户及商户的不同支付场景的需求。微信支付结合微信公众账号，全面打通 O2O 生活消费领域，提供专业的“互联网＋”行业解决方案。微信支付支持微信红包和微信理财通，是许多人移动支付的首选。

（一）支付方式

微信支付可以提供 4 种支付方式：（1）公众号支付，是指在微信内的商家页面上完成公众号支付。（2）App 支付，是指在 App 中调用微信进行支付。（3）扫码支付，是指用户扫描商户的二维码（包含 PC 网站）进行支付。（4）刷卡支付，是指用户展示条码或二维码，商户扫描完成支付。扫码支付和刷卡支付相互对应，一个是扫商户的码，一个是扫用户的码。

（二）优缺点

在和支付宝对比的基础上，可以看到微信支付的一些优缺点。

1. 用户

微信支付的用户来自社交需求，微信的用户量超过 6 亿，日活跃量超 1 亿，而支付宝的用户主要来自淘宝的交易平台。用户可以一天不用淘宝但是很难一天不用微信，因此微信支付的用户黏性要高于支付宝。

2. 场景

2015 年春节期间，微信绑定了 2 亿张银行卡，做了支付宝 8 年才做到的事情。微信以红包场景切入，后续和滴滴打车、大众点评、京东合作，添加出行、饮食、购物的支付场景。二维码支付更是加强了微信在 O2O 市场的格局。支付宝 2003 年出现，长期的发展几乎覆盖了所有的支付场景，满足了用户随时随地支付的需求，用户已经养成习惯。因为已经形成了行业壁垒，所以即使在微信支付的冲击下，支付宝的市场份额仍然占据主导地位。

3. 流量和存量

流量泛指用户进行交易的资金流，存量泛指用户在交易、理财等行为中沉淀在账户上的存量资金。微信支付从流量来切入整个支付流程，使得支付流程更简便，更注重用户体验。大而全的支付宝是居中的资金管理者，在存量上占明显优势，存量也是支付宝盈利的重要方式。没有存量负担的微信支付比支付宝更开放，商家可以只把微信支付当成工具或渠道之一，自由度比支付宝更高；相应的缺点是，微信支付体系内没有庞大的账户资金存量，商家能从支付宝体系内得到的好处比微信支付更多。

二、操作演练

（1）手机下载安装微信；

（2）在微信支付中绑定银行卡；

（3）用微信支付进行一次支付操作（例如：发红包、给自己银行卡转账等），注意操作时的资金安全。

思考练习

1. 请简述第三方支付承担的两种角色及其特点。
2. 请简述中国现代化支付系统的定义、功能与构成。
3. 请简述什么是网络支付，以及互联网支付与网络支付的关系。
4. 请简述在移动支付时代，中国互联网支付需要重点关注的几个动向。
5. 以 Ripple 为例，简述“区块链＋支付”的模式与现有的国际货币兑换模式的区别。

第三章

众筹融资

知识目标

1. 众筹的概念及发展历程；
2. 众筹的意义、模式和业务流程；
3. 股权众筹的概念、意义及其平台的盈利模式；
4. 股权众筹成功的核心因素。

能力目标

1. 能够运用所学知识判断并分析众筹的模式；
2. 能够运用所学的知识分析股权众筹成功的核心因素。

情境导读

电影《流浪地球》带火周边众筹

电影《流浪地球》于2019年2月5日（农历大年初一）上映后，票房一路高歌猛进，其周边产品也跟着火了一把（如图3-1所示）。2019年2月19日晚，《流浪地球》官方微博发文，宣布其电影票房已正式突破40亿元（最终票房46.55亿元，跻身中国影史票房亚军）。可以注意到，以该部电影周边产品为主的众筹项目，在淘宝众筹、摩点网上均已超额完成众筹目标，截至2019年2月20日11:30，两个平台上的相关项目筹资额累计达到1 001.54万元，被网友调侃为“饱和式众筹”。

图3-1 流浪地球正版周边展示

在淘宝众筹平台上，由“赛凡科创空间”发起的《流浪地球》相关周边众筹项目显示，其众筹产品包括行星发动机、运载车模型、英雄勋章、笔记本、帆布袋、黄铜书签、铭牌、胸标等。根据产品和价位的不同，分为不同的众筹套餐。在价格最低的28元套餐中，产品为流浪地球徽标黄铜书签；在价格最高的2 488元套餐中，产品为厢式运载车CN114-03号车模型。不同套餐的回报（即相应产品）发放时间有所差异。值得注意的是，根据项目介绍，该项目须在2019年3月14日前，获得10万元的支持才可成功。可以注意到，虽未到众筹结束时间，但截至2月20日11:30，该项目已获得68 925人的支持，累计众筹资金约783.21万元，项目完成率达到7 832.1%。

而在另一个众筹平台摩点网上，由“超电文化”发起的《流浪地球》相关周边众筹项目显示，其众筹产品包括行星发动机模型基础款夜灯、行星发动机模型夜灯/加湿器套装、发光火石钥匙扣、ID卡超薄移动电源、流浪地球金色纪念章等，不同套餐价格从28元到4 000元不等。该项目众筹完成度同样较高。根据项目介绍，此项目须在2019年4月4日19∶00前达到20万元的目标才可成功。但截至2月20日11∶30，该项目已获得14 835人的支持，累计众筹资金约218.33万元，项目完成率达到1 091.66%。

事实上，科幻电影的周边产品售卖一直是电影收入的一大来源。据零售研究公司NPD Group统计，《星球大战：原力觉醒》上映以来，其衍生玩具周边为美国本土带来了7亿美元的销售额。不过，亦有众筹行业人士表示，众筹存在一定的风险，建议大家理性参与。淘宝众筹和摩点网均做出风险提示：众筹并非商品交易，项目存在一定风险，例如由于发起人能力和经验不足、市场风险、法律风险等各种因素，众筹可能失败。

深度分析

在我国互联网经济方兴未艾、人民群众生活需求多样化的时代背景下，互联网众筹让一部科幻电影在另外一个市场创造着吸金机会，使其越来越得到社会的认可，冲击一个又一个纪录，这恰好说明众筹能把社会上碎片化、离散化和多样化的资源进行再分配。

众筹，无疑将成为一个发展前景广阔的新型金融模式。

第一节　众筹的概念及发展历程

一、众筹的概念

“众筹”（Crowdfunding）作为一种商业模式，起源于美国，是一种大众通过互联网相互沟通联系并汇集资金支持其他组织和个人发起活动并提供一定回报的集体行动。企业或个人通过互联网表明筹资需求，宣传筹资项目，大众根据情况选择项目进行小额投资并获得一定报酬。如在某众筹平台上，可以通过包括但不限于视频、照片、文字等在内的形式把众筹产品及其计划、想法发布在平台上，并且预估所需的目标资金、筹款天数以及对资金支持者的回报。如果支持者对发起的项目感兴趣，可以通过提供资金来支持这个项目。如果项目在筹款天数内达到了目标资金，就成功完成了众筹。因此，众筹是利用互联网将公众资源通过金融活动进行整合而实现价值创造的过程，简单地讲就是集合众人的力量和资金来完成某件事。众筹家官网上发布的部分众筹项目如图 3-2 所示。

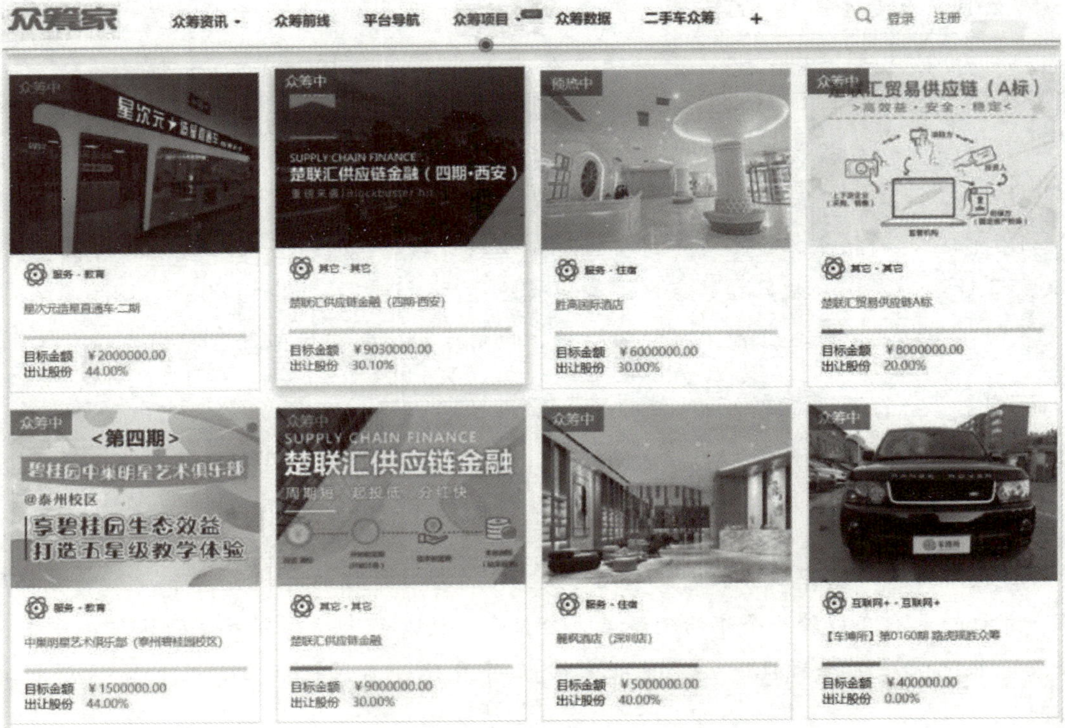

图 3-2　众筹家官网上发布的部分众筹项目

相对于传统的融资方式，众筹显得更为开放，只要是支持者喜欢的项目，都可以通过众筹获得项目的启动资金。这种不只是考虑项目的商业价值的新形态，为更多“草根”“微小”提供了无限的可能。

二、众筹的发展历程

众筹的雏形最早可追溯至 18 世纪莫扎特等著名音乐家以及亚历山大等著名作家采取订购的方式筹集资金。作品完成后，订购者会获得一本有作者签名的书籍或乐谱副本，或成为音乐会的首批听众。当然，若考虑捐赠性质的众筹，历史之久远更是无从考究。例如大家集资修桥修路，或一些宗教组织募捐集资建造寺庙、教堂等皆属众筹之列。但上述众筹没有相互联系的完整体系，也没有给予支持者相应的回报，从严格意义上还不属于商业模式的范畴。

现代众筹一般是指筹资方利用互联网渠道宣传推广，为某一项目或目标筹资。2005

年，美国开始出现一些为企业和个人提供众筹服务的网站。众筹的兴起源于美国网站Kickstarter，该网站通过搭建网络平台面对公众筹资，让有创造力的人尽可能获得他们所需要的资金，以便使他们的梦想有可能实现。这种模式的兴起打破了传统的融资模式，每一位普通人都可以通过该种众筹模式获得从事某项创作或活动的资金，使得融资的来源不再局限于风投等机构，而可以来源于大众。从2010年开始，众筹风靡全球，尤其在发达国家开始迅猛成长。在英国，Crowdcube和Seedrs是最具代表性的两家众筹平台，其价值不仅在于为小微或初创企业提供投融资支持，服务实体经济，还让更多普通人有机会参与天使投资，从而获取高收益回报。

为了保障众筹有法可依，各国开始修缮法律。2012年，美国颁布了《促进创业企业融资法案》(Jumpstart Our Business Startups Act，又称JOBS法案)，为众筹融资活动提供了明确的法律保障。2013年10月，英国金融行为监管局（FCA）发布了《关于众筹和其他类似行为的监管规则》，详细说明了FCA对经营网络众筹平台的公司或进行其他类似行为公司的监管的方法，为规范网络众筹行为提供了若干监管的建议。

2011年，中国首家众筹平台“点名时间”上线（如图3－3所示），标志着互联网众筹从美国正式传入中国。经过10年的发展，在借鉴美国、英国等众筹先进国家操作模式的基础上，众筹的中国化和本土化创新也遍地开花。

图3－3 中国首家众筹平台——“点名时间”

2013年下半年起，随着京东、阿里巴巴等互联网巨头凭借着足够的人气进入众筹领域，国内众筹市场进入了一个新的时代。

2014年年底，随着“双创”席卷全国，众筹以其在创新和创业方面独特的优势，开始进入了新一轮的爆发期。一些有代表性的众筹平台，如京东众筹、淘宝众筹、众筹网不仅为创业者提供资金与资源上的扶持，还开始搭建各类“众创”平台，为创新创业企业提供系列培训课程。

2015 年，随着“双创”工作的进一步推进，众筹变得更加火热。截至 2015 年年底，全国正常运营的众筹平台接近 300 家，全年的融资金额跨越 100 亿元大关，比 2014 年翻了 2 倍之多。

2016 年是众筹行业的一个转折点，全国正常运营的众筹平台历史性地达到了 532 家，自此之后呈现急转下滑的趋势，整个行业处于洗牌整理期。网络借贷之家联合盈灿咨询和人创咨询两家机构调查统计显示，截至 2020 年，全国共有上线众筹平台近 900 家，但正常运营众筹平台只剩 66 家，比 2019 年减少了 1 家，比 2018 年减少了约 55%，仅是 2016 年——近七年最高数的 12.4%（如图 3－4 所示）。

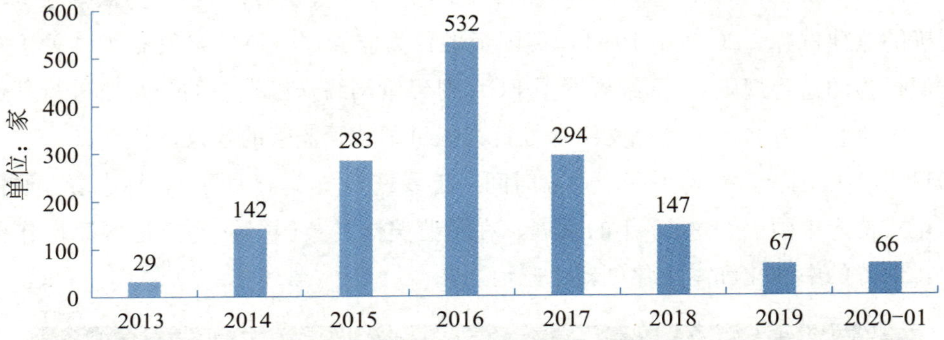

图 3－4　2013—2020 年 1 月全国正常运营的众筹平台数量

虽然历年全国正常运营的众筹平台数在 2016 年出现了拐点，但是众筹平台历年实际融资规模却并未出现转折，仍稳步增长。如图 3－5 所示，2018 年上半年成功项目的实际融资额高达 137.11 亿元，与 2017 年同期相比增长了 24.46%。这说明众筹行业的市场集中度在不断提高，一些平台已经探索出具有独特优势的发展模式，并开始大力扩张，市场占有率迅速提高，致使经营不善的平台逐渐退出市场。

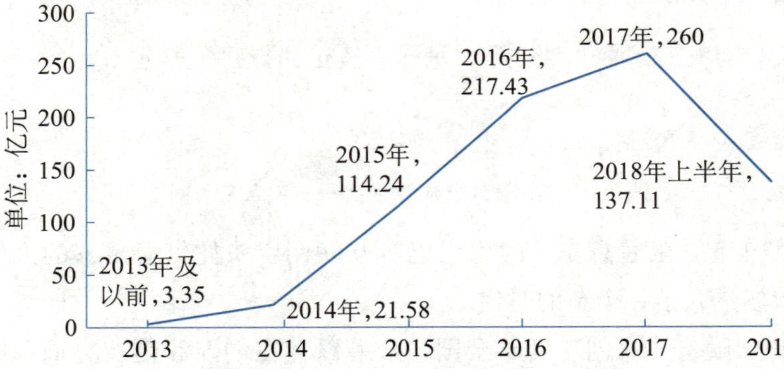

图 3－5　历年众筹平台成功筹资金额

第二节 众筹的意义及模式

一、众筹的意义

众筹的发展充满争议，人们对其褒贬不一。但是它的顽强成长，已经使其成为备受关注的新型商业模式。众筹不仅降低了创业门槛，更是通过“集腋成裘”这样的方式，让更多的人特别是草根创业者有机会去实现自己的梦想。据人创咨询统计数据显示，截至 2020 年初，全国处于运营状态的众筹平台共有 66 家，其中权益型众筹平台最多，达 24 家；其次是股权型众筹平台，有 23 家；物权型众筹平台 8 家，其中混合众筹平台为 7 家；公益众筹平台仅有 4 家，仍然为小众类型。由此可见，众筹行业的快速发展已经在社会经济发展、企业融资、市场营销、投资标的选择等方面显现出巨大价值，其意义非凡。

（一）有利于筹集资金

众筹成功往往意味着企业在没有开始生产时便获得了一笔资金，而且这笔资金是不需要偿还利息的。这笔资金将在产品生产出来后以产品的形式偿还，或者在企业有盈利后以红利的形式偿还。这对改善企业的财务状况无疑有重大好处。我国企业的平均负债率在 100%以上，高于发达国家，而众筹作为一种权益类和预付类的融资，显著降低了企业的负债率和资金成本。

（二）有利于营销推广

众筹是一个很热的概念，关注的人非常多，也会吸引大量的媒体。众筹最大的价值莫过于广告价值了。因此，很多企业希望通过在互联网上发起一个众筹项目来宣传企业。传统媒体的标准化宣传很难精准地传达到潜在客户，而众筹是自媒体时代绝佳的宣传模式。在如今的自媒体时代，每一个支持者都会成为新一轮宣传的发起点。如果众筹成功，支持者将获益，因而支持者会努力促使众筹成功。同时，众筹体现了互联网时代的“产销合一”的特征：支持者既是产品的消费者，同时其自发的宣传对企业的生产也有一定的帮助，因而也是产品的生产者。通过众筹的广告效应，发起人也可在众筹过程中结识一批志同道合的朋友，以期共同完成更大的事业。所以，众筹的广告效应可以帮助很多人实现“筹资源”“筹人脉”“筹思想”的目标。

案例分享

众筹让农业更时尚

随着城市生活节奏的加快，许多人少了亲近田野、亲近自然的机会。然而，从2019年下半年开始，甘肃省武威市民勤县大滩镇果果精灵农场推出的农业众筹模式，使许多人在家门口就可以参与农业生产，圆了不少城市人的“农场主”梦。

果果精灵农场推出的农业众筹模式，由消费者众筹资金，农户根据订单决定生产，等农作物成熟后，再将农产品直接送到消费者手中，被称为“从田间到舌尖”的发展模式。

“我们公司在大滩镇打造了‘互联网+’绿色种植基地，通过天猫、京东等平台众筹下订单的模式，已提前预订了8棚人参果，每棚人参果销售收入或超过10万元。”2019年7月，甘肃果果精灵电子商务有限公司经理毕开升在大滩镇红墙村试点农业众筹模式，以单株人参果苗采10斤人参果销售60元为单位，通过网络平台进行了订单众筹预售，种植的人参果在当年8月底全部预售完。

在传统农业发展过程中，农产品通过流通环节层层销售，众多的环节使农产品的流通成本逐级增加。农业众筹作为农业发展模式的新生代，既可实现按需种植，解决食品安全没保障、信息不对称、产销不对称等问题，又能解决流通环节过多的问题，有效降低成本，提升农产品质量，降低农户风险，增加农民收入。

作为返乡创业的年轻人，毕开升对未来信心满怀，他说：“目前，果果精灵农场有工人4人，其中返乡创业大学生2人，另有临时工20多人，周边农户也可利用农闲时间来农场打工。”家住附近的村民王春梅笑着说：“农业众筹，让农业更时尚了。依靠农业众筹模式，我们实现了订单化生产，在家门口就挣到了钱，实现了致富奔小康。”

案例分析

思想观念的落后和知识的匮乏使传统农业的发展受制于传统的销售模式，导致农村地区“纳克斯恶性循环”越来越严重。农业与电商、众筹的结合为农村经济的发展提供了良好的发展舞台，激发了农民的创业热情，促进了贫困地区的脱贫致富。

农业众筹正成为一种影响着我国数亿农民的新时尚。

（三）有利于市场验证

对于奖励众筹来说，众筹往往是在产品还未生产出来时就已发起，发起人并不了解市场对众筹产品的反应。因而，众筹作为接受产品预订的一种方式还具有市场调查作用。对于股权众筹来说，众筹过程实质上是众筹平台上的投资人对企业创意进行投票的过程，票的多少直接决定了众筹能否成功。俗话说“三个臭皮匠顶个诸葛亮”，大众的信息集比个人大得多，大众对企业的认知往往比个人准确得多。众筹实际上是采集多数人意见的过程。如果众筹成功，则发起者更有理由把他的想法诉诸实现，因为已经经过了很多人的验证。在互联网金融快速发展的浪潮下，众筹模式也得到了越来越多人的认可，与此同时，其自身的平台价值和发展潜力也不断地受到资本市场的追捧。

（四）有利于整合资源

无论是股权众筹还是奖励众筹，更多的小投资者的参与给创业者带来了难以想象的资源。在传统模式下，创业者单打独斗，在产品生产、营销、宣传、危机处理等方面都疲于应付，往往会败于一些突发性的事件。而在众筹模式之下，所有生产经营的环节中都有了小投资人的参与，创业者变得更加轻松，各类生产经营手段将变得更加有效。举例来说，在众筹模式之下，一旦有新品上市，只要创业者发出说明，所有的众筹参与人（公众投资人）就会积极参与宣传。届时，许许多多的小投资人的社交媒体、人际圈子都成了该产品免费的、精准的宣传媒介，获得了传统经营模式下难以企及的宣传效果。

（五）有利于价值发现

企业融资固然难，投资者没有投资渠道更是许多人的切肤之痛。就众筹所解决的痛点来说，它面对的不仅是企业的融资、营销这个层面，也能够为社会提供更多的投资标的，成为中产阶级及高净值人群理财和投资的重要选择。从社会发展的历程来看，改革开放以来，中国人已经经历了三次财富爆发期。第一次是 20 世纪 80 年代，在那个物资极度匮乏的时代，只要敢于倒买倒卖或者勇于下海经营，就很容易成为第一批富起来的人。第二次是 20 世纪 90 年代，在国内对资本市场的出现表现出极大的陌生时，一群先知先觉者勇于进行债券投资、股权交易、股票交易，因此涌现出一批资本枭雄。第三次是 21 世纪初，在住房货币化改革和拉动内需的双重作用下，房地产市场经历了一轮历史性的爆发，凡是敢于进行房地产投资的人，都取得了不菲的投资业绩。到了今天，所有资源性的资产巨额增值机会都已是明日黄花，经济已发展到了一个产能过剩、买方市场的局面，社会上没有太多合适的投资渠道，同时股票市场剧烈震荡，房地产市场泡沫巨大，银行及理财产品收益率低下。这个时候，如果有一群优秀的创业者，将自己的创业项目放到众筹平台，通过开放的互联网平台向所有合格投资者开放投资，这些投资者将可能分享创业项目带来的增值机会。

二、众筹的模式

国际证券业协会根据融资人对出资人的回报方式将众筹分为捐赠众筹、奖励众筹、债权众筹和股权众筹四种类型，但众筹在我国经过创新发展，又产生了物权众筹，和包括上述五种类型中两种及以上的混合众筹。

（一）捐赠众筹

捐赠众筹（Donate-based Crowdfunding），又称公益众筹，是单纯的赠予式筹资，创意者无须向投资者提供任何形式的回馈。投资者更多的是考虑创意项目带来的心理或精神上的满足感。捐赠众筹能够充分发挥社会大众的公益热情，将社会巨量的爱心通过开放、包容、无疆界的互联网表达出来。捐赠者可以在众筹平台上使用第三方支付工具以小额、便利的方式表达爱心，例如美国的捐赠众筹平台 Crowdrise、我国的捐赠众筹平台水滴筹。

捐赠众筹将极大地重塑我国公益事业的格局，重拾被各类网络曝光的事件所消磨的公益事业信心。中华民族向来就有扶危济困、乐善好施的传统，对于不幸者更有“人饥己饥，人溺己溺”的恻隐之心。尽自己的一份力量，献自己的一份爱心，帮助他人渡过难关，是人人都有的善行。捐赠众筹，事实上就是把需求传递出去，把信心汇聚起来，把爱心熔铸起来，让大家触摸到了社会的温度。互联网众筹的特点，在于其真实性和鲜明的指向性。参与众筹的人们，知道自己的爱心用在什么人身上，做了什么事，达到了什么效果。公众的爱心，得到尊重；善行的力量，可以看到。这或许是捐赠众筹有别于传统慈善方式的地方，也正是它更真实感人的地方所在。我国的捐赠众筹主要受《中华人民共和国合同法》《中华人民共和国公益事业捐赠法》《救灾捐赠管理办法》和《基金会管理条例》等法律法规和政策监管。

案例分享

捐赠众筹：轻松筹

在轻松筹的官网（如图 3-6 所示）上写着：大病筹款 0 手续费。一对一筹款顾问免费指导筹款，筹到多少给多少，筹款快，到账快，看病筹钱就用轻松筹，快速帮您筹得治病钱！解决医疗费用难题，值得信赖的大病筹款爱心平台。

轻松筹具有简单的界面、完善的功能、可靠的性能，可以让新用户对众筹进行快速认知——发起众筹就像建立博客、微博一样简单，这有助于让用户理解：众筹是一种模式和手段，并不受限于某个特定的众筹品牌。此外，轻松筹基于社交圈快速传播，可为众筹活动建立用户基础。

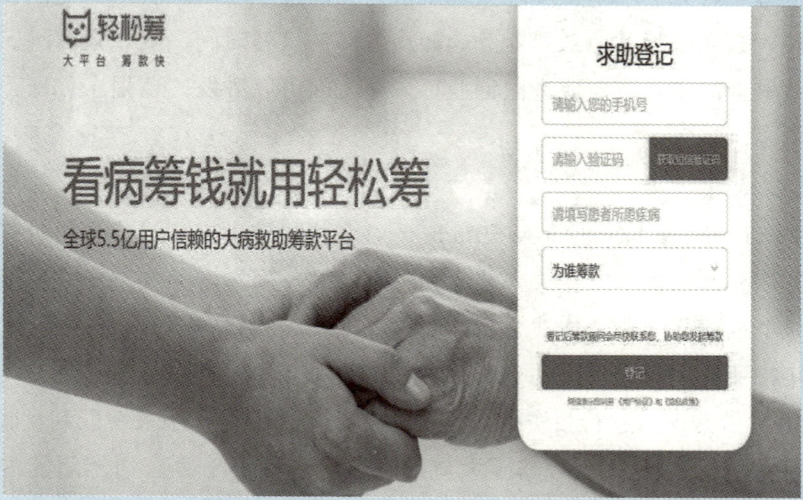

图 3-6 轻松筹官网首页

案例分析

一方有难，八方支援。捐赠众筹以小额、便利为特点，充分发挥了普通人的公益热情，既满足了人们助人的愿望，又给予受助人莫大的支持。轻松筹等捐赠众筹平台的兴起，受到了社会的广泛关注，为捐赠众筹提供了一个新的思路，为我国公益事业的发展注入了新的活力。

（二）奖励众筹

奖励众筹（Reward-based Crowdfunding），又称权益众筹或产品众筹，是指筹资人在项目完成后给予投资人一定形式的回馈品或纪念品的众筹模式。回馈品大多是项目完成后的产品，还有产品的优惠券和预售优先权。目前，我国奖励众筹一般是预售类项目，团购自然包括在内，但奖励众筹与团购存在商业逻辑上的根本不同。商品团购利用的是规模效应，集合了类似客户的相近需求，利用商品的通用性，尽可能扩大采购规模，有效降低采购成本。奖励众筹则是针对性地满足潜在客户的个性化需求，将特殊需求的长尾集中起来，达到可经营规模。奖励众筹在新产品的设计上须充分了解客户的需求，只有满足了支持者的需求，有了一定的预订量并收到了预订款项后，才会进行生产。Kickstarter 在产生的过程中，创始人陈佩里就许诺音乐会的支持者将会获得超值的音乐会门票和座席。陈佩里因为获得了粉丝们的提前支持而成功筹集到了开办音乐会所需的资金，让一场可能夭折的音乐会成功举办；支持者也因为支付了小额的预付款，而获得了超值的回报。

国内的众筹平台无一不是从奖励众筹试水，先通过奖励众筹获得一定的知名度和网络流量，再开展股权众筹等其他众筹业务，如众筹网、点名时间、梦想众筹等。奖励众筹一方面可以降低融资门槛，有效促进微创业；另一方面可以激发“草根”创新，拉近生产者与消费者的距离。

（三）债权众筹

债权众筹（Lending-based Crowdfunding），是指投资者对项目或公司进行投资，获得其一定额度的债权，根据约定在未来获取利息收益并收回本金的众筹模式。债权众筹比较容易理解的一个描述是“我给你钱之后你要还我本金和利息”。

国内近年来引起了巨大争议的 P2P 网络借贷本质上就属于债权众筹，它由多位投资人对 P2P 平台上的借款项目进行投资，按投资比例获得债权，在未来获取利息收益并收回本金。但 2015 年以来，P2P 平台暴露了大量的问题，出现了千家公司倒闭的现象。究其原因，是 P2P 平台逐步背离了众筹平台的底线：只做信息中介、不做资金池、不得自融。而这些，应该是众筹平台的基本要求。所以从这个意义上说，P2P 平台如果不能将信息充分公开并遵守基本的行业规范，其实就不能提供真正意义上的债权众筹。

（四）股权众筹

股权众筹（Equity-based Crowdfunding），又称互联网非公开股权融资，是指投资者为项目投入资金后享有该项目的股份或其他与项目有关且具有股权性质的衍生工具的众筹模式，它是众筹中风险最大、投资素质要求最高、流程最为复杂的一种模式。

股权众筹从是否担保来看，可分为两类：无担保股权众筹和有担保股权众筹。无担保股权众筹是指投资人在进行众筹投资的过程中没有第三方公司提供相关权益问题的担保。目前国内基本上都是无担保股权众筹。有担保股权众筹是指股权众筹项目在进行众筹的同时，有第三方公司提供相关权益的担保，这种担保是固定期限的担保责任。但国内目前只有极少数众筹项目提供担保服务，此项服务尚未被多数平台接受。

现在的网络众筹，多半属于股权众筹的范畴。股权众筹也因为改变了投资人传统的投资逻辑和投资路径而备受争议。从众筹本身的逻辑分析，股权众筹改变了股权投资过去由专业投资人垄断的现象，给了普通投资人更多的投资选择和更高的投资收益空间。与此同时，由于普通投资人的风险承受能力有限，如果不加限制地允许任何人参与到股权众筹之中，创业的高风险可能导致创业公司大量破产，进而导致投资人血本无归，产生巨大的社会风险。目前股权众筹的监管法律尚处空白，股权众筹参与人的门槛也没有最后确定，股权众筹的发布者的行为规范更没有明确。

（五）物权众筹

物权众筹（Property-based Crowdfunding），是指通过互联网向大众筹集资金用于收购实物资产，再通过资产升值变现获取利润的众筹模式。物权众筹作为互联网众筹行业的新星，安全性、收益性、流动性都有保障。加上在互联网金融规范化发展的环境下，物权众筹以产权清晰、手续简单、项目资金灵活、资金用途明确等特点成为投资人追捧的对象。其中，房产众筹和汽车众筹是最典型的物权众筹。

众筹发展到今天，已经显示出其顽强的生命力和强大的适应性，它与许多行业、许多商业模式都可以很好地融合，形成独特的众筹模式。一般而言，基于投资者的支付和获得回报的方式，可把众筹模式分为两类：购买模式和投资模式，如图 3－7 所示。所谓购买模式就是投资者不会获得金钱回报，而只能获得相应的产品或者精神回报，具体又分为捐赠众筹和奖励众筹。所谓投资模式是投资人支付后，可以获得投资回报，具体分为债权众筹、股权众筹和物权众筹。

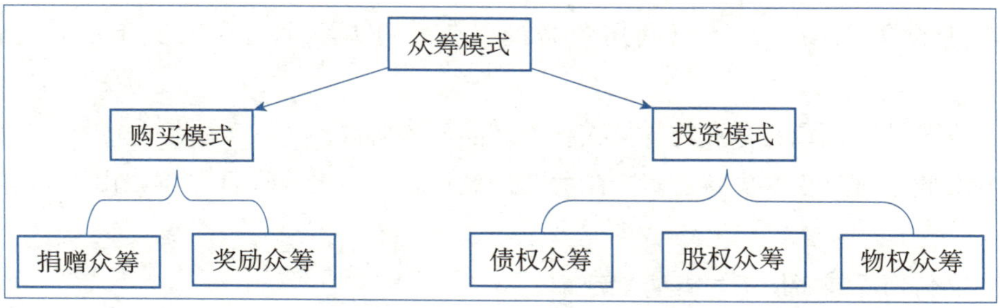

图 3－7　众筹模式

现实中，还存在混合众筹的形式，即投资者对项目或公司进行投资，并获其债权、股权、收益权等两种及以上回报的众筹模式。一些平台将一定比例的资金作为回报利息，把剩余的资金作为产品或者服务的生产性预融资。对于企业家而言，混合众筹是有好处的，例如通过众筹预售产品，以完成市场验证和细分，进而获得收入，并且为其后续或者并行的天使投资项目进行定位。

第三节　众筹的业务流程

通过上节的内容，可以了解到众筹有多种模式，不同的众筹模式具有不同的特点和流程。本节以奖励众筹和股权众筹为例，介绍众筹的业务流程。

一、奖励众筹的业务流程

奖励众筹既可以降低融资门槛，有效促进微创业，也可以激发“草根”创新，拉近供需双方的要求。其业务流程如下：

（1）团队产生一个既有趣又容易实现的商业创意或样品。

（2）由专业众筹导师做众筹设计。众筹导师需要熟悉金融逻辑、法律逻辑、商业逻辑、心理逻辑，对要素做分层设计，包括纵向分层与横向分层。同时，签订委托设计合同。

（3）与未来能实现该商业创意的生产单位签订合作意向书。例如图书需要和出版社签订出版发行意向书，智能硬件需要和电子生产企业签订委托加工意向书等。

（4）与传媒机构签订合作协议。编写一个打动人心的故事作为文案，由传媒机构负责众筹产品上线后的宣传推广。

（5）与众筹平台签订合作协议，产品上线。既可以找京东众筹、淘宝众筹、众筹网这样的专业众筹网站，也可以利用免费的微信、QQ 等社交网站发布众筹产品进行众筹。

（6）众筹达到预定目标后与支持人签订产品预购协议。

（7）吸收众筹过程中支持者对产品的改进意见，得出最终设计方案，由生产单位生产出产品。

（8）交付产品或者服务，并听取反馈。

二、股权众筹的业务流程

股权众筹以其低门槛、无差别的特点，以及可以解决初创企业融资难问题的优势，得到了广泛关注。股权众筹的业务流程主要分为四步：

（1）发起人在众筹平台上发布创意项目，投资人在平台上选择感兴趣的创意项目，达到项目匹配的目的。

（2）发起人在众筹平台上设定筹资目标，投资人开始进行投资。

（3）众筹中项目发起人与投资人进行有效沟通，继续完善项目创意，以达到筹资的目标。

（4）项目达到筹资目标后，发起人使用资金运营实施项目，而投资人可以监管项目资金的使用情况。

在这个过程中，众筹平台对筹资人提交的项目策划或商业计划书进行审核，审核的范围具体包括但不限于真实性、完整性、可执行性以及投资价值。众筹平台审核通过后，在网络上发布相应的项目信息和融资信息。筹资成功的，投资人与筹资人签订相关协议；筹资不成功的，资金退回各投资人。

更详细的流程见图 3－8。

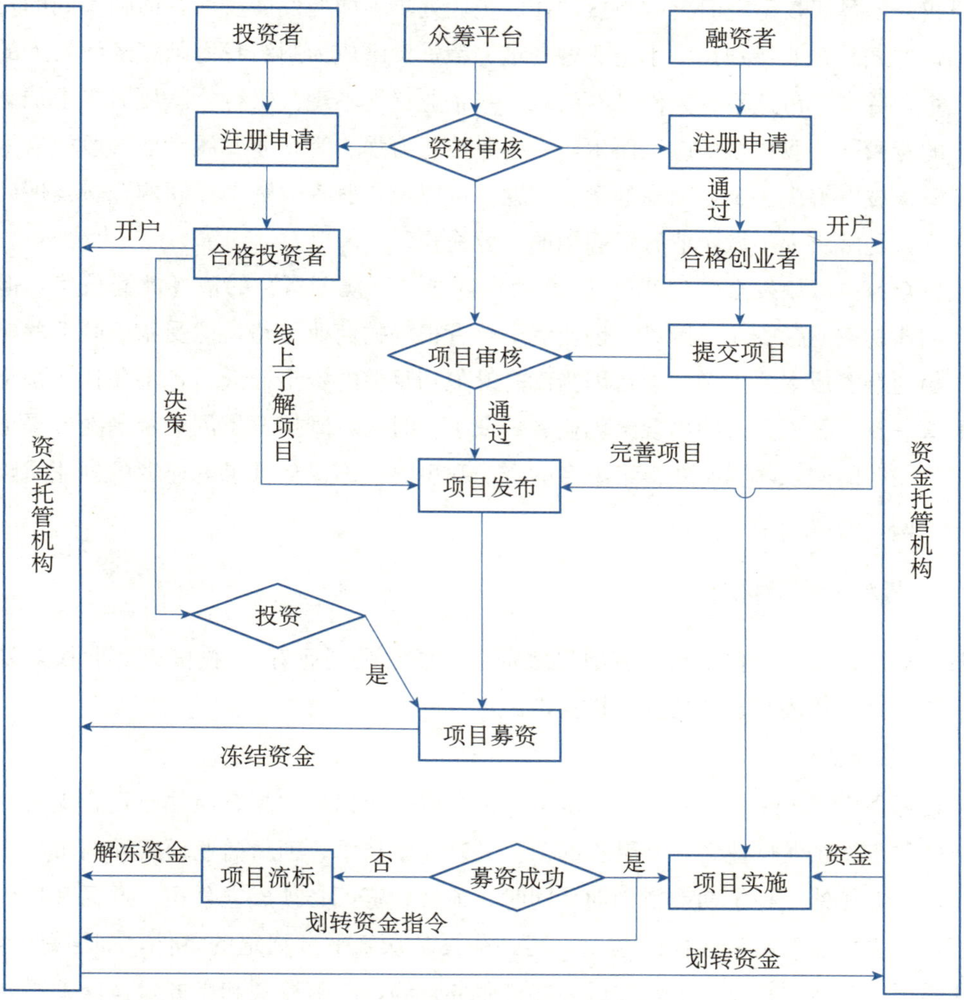

图 3-8　股权众筹的业务流程

第四节　股权众筹

一、股权众筹的意义

股权众筹（Equity-based Crowdfunding）融资模式起源于美国，是互联网金融八大核心模式之一。作为一种新兴的融资模式，它完全打破了传统的证券融资体系和流程，普通民众可以通过众筹平台直接参与初创企业的股权投资，与企业共担风险、共享收益。

股权众筹是股权融资时代的必然选择。企业处于不同的发展阶段，面临不同的资金需求和融资方式。企业特别是中小企业融资难、融资贵已成为制约我们国家经济发展的重要因素。企业寻求上市达不到条件，券商对这些企业置之不理，银行贷款压力雪上加霜……在这样的背景下，股权众筹应运而生，一些风控能力强、为企业发展考虑的股权众筹平台伸出了橄榄枝，解决了企业面临的融资问题。可以说，股权融资是互联网金融发展到新阶段的产物，是解决中小微企业融资问题的有效途径。

股权众筹可以激发全民创新创业。"大众创业、万众创新"的浪潮此起彼伏，但是创业者在创业初期的融资尤其困难。创业者虽然有很好的商业思路，但受制于匮乏的融资渠道和高额的融资成本，许多好项目因为没有筹集到足够的资金而夭折，不免让人惋惜。股权众筹这一新兴融资方式的出现给创业者带来了及时雨，既拓宽了创业者的融资渠道，又解决了"钱"的问题，同时获得了更多的资源和思路；不仅降低了创业者的创业风险，而且提高了创业的成功率。

二、股权众筹的架构

股权众筹在运营过程中至少有项目融资人（通常是创业者）、投资人和股权众筹平台三个主体，大多数还有资金托管机构参与。

（一）项目融资人

项目融资人（Financier）一般是试图通过众筹平台为自主具有但缺乏资金支持的项目进行融资的小微企业创业者，其融资的项目具有高新技术、创新商业模式和高市场成长预期等特征，但还处于种子期或初创期。同时，项目融资人必须成立公司，遵循现代公司治理制度，建立可对外出售股权的制度，还必须具备众筹平台规定的条件，如国籍、年龄、资质和学历等，必须在众筹平台注册并签订服务合约，明确权利和义务，经众筹平台审核通过后才能进行项目融资。

（二）投资人

投资人（Investor）是在众筹平台上注册的众多的"草根天使"，他们通过众筹平台选取项目。但是投资之前，他们必须通过众筹平台的资格审核，成为合格的投资者后，才能对中意的项目进行规定额度内的投资并获得项目公司的对应股份，享受普通股东的权利，甚至对创业者的决策施加影响。公司如盈利，他们就能获得回报。

（三）股权众筹平台

股权众筹平台（Intermediary Institution）既是平台的搭建者和运营方，又是项目融资人的审核者、辅导者和监督者，还是投资人的重要利益维护者，同时为投融资双方提供如财务审核、技术咨询、法律文档、交易撮合等各种支持性服务。因此，股权众筹平台的多重身份特征决定了其运营复杂、功能全面、责任重大。

（四）资金托管机构

资金托管机构（Third-party Funds Custodian）是众筹平台的战略合作伙伴，其功能类似于第三方支付机构，全程对投资人的资金进行第三方托管及分期支付，保障投资者的资金安全。目前，股权众筹资金托管机构的主要工作还是第三方支付资金存管。根据中国互联网金融协会 2017 年对 40 个股权众筹平台的专项调查，60％的股权众筹平台通过资金托管机构进行资金存管，28.6％的股权众筹平台通过传统银行业金融机构进行资金存管，11.4％的股权众筹平台还未实施资金存管。

三、股权众筹平台的盈利模式

（一）中介费模式

中介费模式是目前较为常见的盈利模式。在此模式中，平台在项目融资成功之后，向融资者收取一定比例的成交中介费（或称为佣金、手续费等），通常是融资额的 3％～5％，视各家平台实际情况而定，没有固定比例。这种盈利模式的典型代表平台有京东东家、36 氪、原始会、大家投、人人投。中介费模式的优点是能够获得现金回报，收益明确；而缺点是由于现阶段众筹的项目数量和融资规模都十分有限，仅仅依靠收取佣金、中介费，平台的收益很少。

（二）股权回报模式

股权回报模式是众筹平台获得在其平台上成功融资的项目的部分股权作为回报收益，实际上是股权投资行为。有的平台不仅收取融资顾问费，还要求获得融资项目的部分股权。也有平台仅仅获取股权回报，而不收取其他中介费用。大部分服务于种子期、天使期的平台往往采取这种模式，如天使汇、创投圈等平台收取融资项目 1％的股权作为回报。股权回报模式的优点是不仅能够在佣金之外增加回报收益，而且能以此分析企业的预期，项目一旦成功，平台获利空间会更大；缺点是由于采用此模式的平台多是类似初创型的公司，出售股权获得收益往往无法在短期内兑现。

（三）增值服务费模式

增值服务费模式是股权众筹平台为众筹融资方提供各项创业的增值服务并对这服务收取费用，主要包括创业孵化、财务、法律等服务。增值服务费模式的优点是能够真正解决创业企业和项目的痛点；缺点是创业孵化服务的成本较高，现阶段大多数平台难以支持。目前，足以支撑此成本的也就只有京东等资本雄厚的大平台。

（四）后端收费模式

后端收费模式是股权众筹平台通过分享投资人的项目增值收益来盈利。典型的代表平台是投壶网。后端收费模式的优点是平台能将生存及发展支点放在“服务盈利”上，而非

“流量盈利”上，平台的利益与投资人的利益绑定，促使平台在项目选择和投融资服务上不遗余力；缺点是初创型企业股权退出的周期较长且不确定性大，需要平台自身有较强的资本实力。

四、影响股权众筹成功的因素

（一）股权众筹平台

1. 股权众筹平台必须具备识别好项目的能力

项目发起人通过股权众筹平台发布的以股权融资为目标的众筹项目才是股权众筹。股权众筹平台需要平台团队依靠自身的优势，在众多的项目中挖掘发展潜力大、筹集资金快和价值回报高的项目。那么，在判断一个股权众筹项目是不是属于好项目时，通常要把握以下 4 点：

（1）融资项目是不是政府鼓励发展或者政策支持的项目；

（2）融资项目的商业模式是否具有创新性或者清晰的可行性；

（3）创业团队的结构是否合理，能力是否出色；

（4）融资项目的融资估值是否合理。

为了平台的可持续发展，股权众筹平台要有“宁缺毋滥”的心态，不是所有的项目都值得投资，而是要从专业的角度对项目进行严格的审查及筛选，维护好平台发展的良好生态。

2. 股权众筹平台必须保障投资人的合法权益

股权众筹平台要树立“投资人就是上帝”的思想，因为投资人是股权众筹平台赖以生存和发展的基石。众筹平台只有维护好投资人的利益才能吸引更多的投资人，也才能为平台找到更多优质的项目来融资。为了保障投资人的合法权益，需注意以下 3 点：

（1）设置好合格投资人的注册及认证门槛，严格准入；

（2）对投资资金进行第三方托管和结算；

（3）严密监督投资人的资金流向。

3. 股权众筹平台必须具有快速撮合投融资意向的模式

基于互联网平台的股权众筹的特点就是股东分散、投资小额，且投资人之间多数是不认识、不熟悉的，投资素养、风险偏好、投资能力也不尽相同。所以，如何提高融资人与投资人之间的投融资意向并快速进行撮合就非常关键，这就涉及投融资模式的设计与安排。

4. 股权众筹平台必须具有清晰可行的运营规则

清晰可行的运营规则不但是股权众筹平台平稳持续运行的制度保障，也是投融资双方义务和权利的准则，一旦平台与投融资任意一方或投资方和融资方双方发生民事纠纷甚至法律纠纷，运营规则是重要的权利主张依据。因此，股权众筹平台必须设立明确的运营规则，该规则一旦确立，就不得随意改动。

（二）项目融资人

与传统融资项目不同的是，股权众筹项目是面向大众募集资金，需要站在大众投资者的立场来思考问题，因此在信息披露方面须更加完整、更加规范。因此，项目融资人要想顺利地进行股权众筹融资，可以从 7 个方面来考虑：项目是否具有闪光点足够引人注意；自己的管理团队是否具有丰富的经验；公开的财务数据是否详实；是否设定合理的融资期间和融资额范围；领投人和跟投人的准入是否严格；诚信管理机制是否透明；是否优先认筹投资人的权益。

（三）投资人

1. 投资人是否准确把握融资项目的行业前景

投资人必须准确把握融资项目的行业前景，并针对不同情况给出相应的投资策略。在判断上，既要重视行业前景，也必须关注企业素质。

2. 投资人是否深刻认识融资项目的商业模式

一般而言，投资人应尽可能投资那些用一句话就能说明白商业模式的项目，然后进一步分析企业在不同阶段的商业模式，与竞争者的关键区别是什么，哪些是最有定价权的企业以及原因，企业与客户的关系是否具备很强的黏性……这些决定了该商业模式的成功与否。

3. 投资人是否准确把握融资项目的核心竞争力

核心竞争力是一个企业最为看重的战略资源，关系着企业的成败。核心竞争力的内容主要表现在 3 个方面：专一性决定了企业的主攻方向和发展战略；创新能力可以让企业获得技术优势；管理者的素质和团队精神是企业的无形资产。

4. 投资人是否全面了解融资项目的市场壁垒

要抵御竞争者，必须采取诸多保障措施，需要设置市场壁垒。投资人一般通过回报率、转化成本、网络效应、成本等多个因素来确定一个企业市场壁垒的强弱。

5. 投资人是否合理采用融资项目估值方式

一般而言，市值是一个企业最有效的估值方式。采用不同的估值方式对融资项目的评估结果不一致，而且有可能产生巨大的差异。

五、国内外股权众筹的发展

（一）我国股权众筹的发展

在“大众创业、万众创新”相关政策的指引下，股权众筹在我国不断升温，成为互联网金融的另一个“风口”，同时为创业者带来一种新型的融资渠道和融资方式。2010 年天使汇的成立，拉开了国内股权众筹行业的序幕。经过多年的孕育和培养，股权众筹行业在 2014 年迎来了井喷式的增长，2015 年也被誉为股权众筹“元年”，京东、阿里巴巴、360 等行业巨头也纷纷开始布局股权众筹，行业竞争更加激烈。

根据中国互联网金融协会、清科研究中心、人创咨询三家机构发布的众筹行业相关数据统计，2011—2013 年，中国股权众筹还处于萌芽起步阶段，共上线股权众筹平台 12 家。2014 年，互联网金融快速崛起，股权众筹行业也得到迅猛发展，2014 年和 2015 年的股权众筹平台上线数量开始爆发，京东、阿里巴巴都在 2015 年加入了股权众筹行业的市场争夺。2015 年，股权众筹平台累计上线数量达到 125 家，正常运营的股权众筹平台数量达到 111 家，正常运营平台占总上线平台的 88.8%。截至 2015 年年底，中国股权众筹平台累计成功众筹项目数达 2 338 个，其中 2015 年成功众筹项目 1 175 个，占全部众筹项目数的 50%；股权众筹累计成功等集金额近百亿元，其中 2015 年成功众筹金额为 43.74 亿元，约占全部众筹金额的一半。

2015 年下半年，我国互联网金融风险开始逐步暴露并出现频发的势头，监管部门开始收紧对互联网金融的监管。证监会在 2015 年下半年，针对股权众筹行业印发了《关于对通过互联网开展股权融资活动的机构进行专项检查的通知》，加强对股权众筹的监管。股权众筹行业开始进入行业整理期，新增股权众筹平台数量和股权众筹正常运营平台数量在 2016 年下半年开始快速减少，截至 2018 年年末，新增股权众筹平台基本暂停，正常运营的股权众筹平台数量为 35 家，占总上线平台之比大跌至 18.32%。

据人创咨询的统计，2018 年上半年共有股权众筹项目 875 个，其中有 253 个项目众筹成功，45 个项目众筹失败，577 个项目仍在众筹中。股权众筹的成功项目的预期总融资额约 9.53 亿元，实际总融资额约 12.99 亿元，总投资人次约为 1.52 万人次。与 2017 年上半年相比，2018 年上半年股权融资总项目数有所增加，不过成功项目数、实际总融资额、总投资人次均有所减少。成功项目数减少了 181 个，同比下降 41.71%；成功项目实际总融资额减少了 2.51 亿元，同比下降 16.19%；成功项目总投资人次减少了 1.84 万人次，同比下降 54.74%。

（二）美国股权众筹的发展

美国是众筹模式的发源地，这与美国的创新文化和冒险文化息息相关。美国的股权众筹的产生要晚于奖励众筹，金融危机是美国股权众筹迅速发展的推动力。2008 年全球金融危机爆发后，美国金融市场动荡，市场风险加剧，资金成本上升，小微企业特别是初创企业，由于种种条件限制无法从公开的资本融资。随着互联网技术的普及和金融科技的应用，股权众筹就成为小微和初创企业获得资金的新模式，股权众筹成为美国传统融资渠道的有益补充和多层次资本市场的一个重要组成部分。因此，美国较为知名的股权众筹平台都成立在全球金融危机之后，例如：2010 年成立的开创“领投＋跟投”模式的股权众筹平台 AngelList；2011 年成立的采用机器学习算法对融资方进行估值和面向平台合格投资者进行融资的股权众筹平台 CircleUp；2012 年成立的依托于创业孵化器和创业者同伴社区来保证投资者和融资方质量发展模式的 Wefunder 股权众筹平台；同样 2012 年成立的践行平台自身严选融资方和吸引天使投资、风险投资为投资方的股权众筹平台 SeedInvest；2014 年成立的吸引融资方为公司自由女性或少数族裔主导，融资方基本上是来自各国非合格投资人的股权众筹平台 StartEngine。

为了保护投资人的利益和规范股权众筹的发展，2012 年 4 月，美国出台了包含股权众筹相关监管的法律《JOBS 法案》（Jumpstart Our Business Startups Act），在法律层面上明确了股权众筹的合法定位。2013 年 10 月，美国证券交易委员会发布了关于落实《JOBS 法案》的具体监管草案。

（三）英国股权众筹的发展

英国的股权众筹早于美国，这主要是因为英国监管机构对投资类众筹融资平台的审批是根据现行投资公司的相关规定进行特例审批，特别是股权众筹平台等新兴金融科技公司通过批准后，将其加入英国金融服务补偿计划项目（Financial Services Compensation Scheme，FSCS）。FSCS 相当于投资人的一个保险机制，一旦金融科技公司出现倒闭、违约、欺诈等情况，投资人可以通过 FSCS 申请获得补偿。在此背景下，英国股权众筹获得了有利的发展条件，也涌现了一批较为知名的股权众筹平台，例如：2010 年 10 月在埃克塞特大学创新中心成立的股权众筹平台 Crowdcube，在 2013 年被评为欧洲最热门的金融科技公司；2011 年 4 月成立的股权众筹平台 Crowdfunder UK，采用多元融资项目和灵活的投资模式，是目前英国股权众筹成交规模排名第一的平台；2011 年 12 月成立的专门向大众提供赛马活动的股权众筹平台 Crowd Racing；2012 年 5 月在东伦敦科技城成立的股权众筹平台 Seedrs，是一家定位于投资欧洲初创企业和后期企业的股权众筹平台，2017 年 5 月，Seedrs 推出了二级市场，在平台中每月开放一周时间，使投资者可以在市场中交易私人股份。

随着股权众筹在英国的迅速发展，英国进一步加强了对股权众筹的监管。在英国，股权众筹由金融行为监管局（FCA）监管，FCA 于 2014 年 3 月连续颁布了《关于众筹及类似行为的监管方法》与《关于互联网众筹及通过其他媒介发行不易变现证券的监管方法》两部法律，与美国一样在法律层面上再次明确了股权众筹的合法定位，使英国股权众筹的持续健康发展具备了良好的制度保障。

实训练习　众筹电影

一、背景知识

众筹顾名思义就是大众筹资或群众筹资，众筹电影 2009 年在国外兴起，2011 年进入中国，2014 年在中国诞生第一案例，为往后中国众筹电影发展开启了新模式。

国家开始支持大众参与电影投资之后，众筹电影也随之而来，其中知名度最高的非《西游记之大圣归来》莫属。没错，这是一部关于众筹投资的电影，参与众筹的有 89 位投资人。在 2015 年该电影上映后口碑与票房都获得不错的成绩，总计投入 780 万元，累计票房 9.56 亿元，豆瓣评分为 8.3，这 89 位众筹投资人成了“人生赢家”。

《西游记》对中国人来说就是家喻户晓的存在，而《西游记之大圣归来》这部电影是以《西游记》的人物背景为基础进行的改编。作为一部喜剧类型的动画电影，一开始没有人看好它，但当那 89 位众筹投资人成了热榜人物的时候，公众就不再以原来的眼光看待这部电影，也开始对电影投资有了新的认识。影片里欢笑中带着些许的温暖，每个主角在发挥着角色特点的同时也用行动告诉大家人与人之间的温情。对于小孩子来说这是一部搞笑的动画电影，而对于大人来说，搞笑之余这部电影也给人带来了感动，或许这也是这部电影成功的原因吧！

除了《西游记之大圣归来》，《魁拔 3》《叶问 3》等也是众筹电影。

相信有了解的朋友也都知道 2016 年暑期档电影《大鱼海棠》也是众筹的，该制作团队在众筹网站上发布消息，并且获得了 3 000 多人的支持，原本目标金额是 120 万元，结果超出了目标金额筹到了 158 万元。

《大鱼海棠》制作成本 3 000 万元，最终票房为 5.65 亿元，算是一部低成本高票房的电影，最终参与投资的人也都因为这部电影成了赢家。电影中的人物名字都具有中国文化特色，人物角色为爱愿意牺牲自己去守护对自由的向往，发扬知恩图报的精神，充满着正能量，而对主角之间情感的意难平，也牵动着观众们的内心。

电影众筹或者电影投资已经给当今大众带来了一个便利的投资渠道，也有越来越多的人看好电影市场，成功的例子比比皆是，想参与的人离机会也仅一步之遥，最终的回报都是大家共同努力的结果。

在看到电影众筹成功案例的同时，也要清醒地认识到，如今有很多众筹骗局是将电影包装成一种高收益的理财产品，并以高收益作为噱头招揽投资者，以上映电影的票房表现作为分红标准，如对外声称“年息6%加50%的分红，上映结束后统计票房将分红打入账户，稳赚不赔”等，这种行为是典型的诈骗手段。除诈骗外，这种行为也扰乱了金融秩序。

2018年，市场上出现了一种名为“电影版票”的产品，声称只要购买电影版票，就拥有了占有相关电影版权的凭证，即可享有电影公映后的国内院线票房分红、电视台版权分红、网络版权分红、海外版权分红。如果运气好，投资到一匹“小成本高票房”的黑马，将得到颇丰的回报。

事实上，电影制作属于长周期、高风险项目，票房不确定性很大是业内共识。每年投资拍摄的电影只有少部分能上电影院线，最后真正能盈利的少之又少。投资者必须明白，无论是以什么名义发起的众筹都会存在一定风险，如果能够保证投资者100%获利的，肯定就是骗局。

二、实训操作

(1) 任选一家众筹网站，进行注册，进一步了解其业务模式。

(2) 登录平台，了解近一年众筹成功的案例。

(3) 查询近三年我国的众筹月报，分析我国众筹的现状及发展前景。

思考练习

1. 简述众筹的发展历程。
2. 简述众筹的主要模式。
3. 简述什么是股权众筹。
4. 简述股权众筹的业务流程。
5. 结合股权众筹成功的核心因素，尝试分析《流浪地球》票房大卖的原因。

第四章

互联网基金

知识目标

1. 投资证券基金的概念；
2. 投资证券基金的特点；
3. 互联网基金销售的监管。

能力目标

1. 能够区分互联网基金销售的风险类型；
2. 能够区分互联网基金销售的监管类型。

情境导读

互联网基金的兴起

一、余额宝的兴起

余额宝，是由第三方支付平台支付宝为个人用户打造的一项余额增值服务。2013年6月17日，余额宝正式上线；2014年底余额宝规模达5 789亿元，成为当时国内规模最大的公募基金。

余额宝的前端是一个标准的货币市场基金，投资操作层面与其他货币市场基金没有特别大的不同。余额宝的后端是互联网渠道，这是它与传统货币市场基金的重大差异。互联网渠道实现了交易费用的下降。

二、谷歌钱包难推广

谷歌钱包推出于2011年，采用NFC技术，用户可以通过谷歌钱包绑定信用卡的功能，直接刷手机消费。谷歌钱包出现之初看上去确实很方便，但一年以后这款移动支付产品的推广却相当不顺利，支持的运营商和手机机型寥寥无几。

三、PayPal货币市场基金清盘

1999年美国支付企业PayPal设立了账户余额的货币市场基金，用户只需简单地进行设置，存放在支付账户中不计利息的余额就将自动转入货币市场基金，从而获得收益。当时PayPal货币市场基金堪称互联网金融的创举，其规模在2007年达到巅峰的10亿美元。2008年全球金融危机后，美国实行了超宽松货币政策，将利率降低至零水平，PayPal货币市场基金的收益优势丧失，规模逐步缩水，最终在2011年清盘。

深度分析

余额宝兴起的背景是国内大量的小投资者缺乏低风险投资渠道，同时2013—2014年市场资金利率走高，货币市场基金火爆。余额宝具有互联网金融渠道低成本、交易便捷的优势，是互联网思维“得‘屌丝’者得天下”的典型运用。其主要用户为熟悉网络操作的淘宝客户以及传统银行不关注的低净值用户人群。随着各类“宝宝”理财产品的兴起，当前余额宝的资金收益率已经不具备吸引力，但淘宝的交易便捷性还是存在的。

从表面看，谷歌钱包难推广是因为上下游产业链不配合，信用卡巨头VISA想推出自己的移动支付端等。但根本原因在于谷歌未能成为客户消费的资金清算中心，缺乏交易数据，难以绑定客户，而在移动支付领域作为渠道提供商，谷歌话语权太弱。在美国，消费领域资金清算中心是VISA、MasterCard等信用卡机构，不具备这一能力的电商，很难参与移动支付领域的竞争。

PayPal失败原因有如下三个：一是金融市场环境变化，零利率导致无收益优势；二是美国利率市场化程度高，套利空间较小，以至于资金规模难以做大；三是美国投资者拥有广泛的投资渠道，货币基金优势不明显。

第一节　证券投资基金的含义及特点

互联网基金是对传统金融理财服务的延伸和补充，因此，不可避免地带有传统金融理财的各种风险，同时又具有不同于传统金融理财的新特性。现代网络信息技术使金融理财服务变得更加便捷、高效和人性化，但是也加速了风险的积聚过程。一旦某种潜在风险爆发，即便是很小的问题都很可能通过网络迅速扩散而传递到互联网金融的方方面面，从而引发连锁效应，很可能来不及采取补救措施就已经导致了一连串的损失。因而，互联网在风险发生的可能性和作用范围上产生了扩大效应。

在不同的国家，证券投资基金的称谓有所区别。英国和中国香港称之为“单位信托投资基金”，美国称为“共同基金”，日本和中国台湾则称为“证券投资信托基金”。这些不同的称谓在内涵和运作上无太大区别。证券投资基金在西方国家早已成为一种重要的融资、投资手段，并在当代得到了进一步发展。20世纪60年代以来，一些发展中国家积极效仿，越来越多地运用投资基金这一形式吸收国内外资金，促进本国经济的发展。

1997年11月14日，我国颁布《证券投资基金管理暂行办法》，2004年6月1日颁布了《证券投资基金法》。以这两部法律为界点，我国的基金行业的发展主要分为三个阶段，即早期探索阶段（20世纪70年代至1997年11月）、试点发展阶段（1997年底至2004年5月）、快速发展阶段（2004年6月至今）。

证券投资基金不仅支持了我国经济建设和改革开放事业，而且也为广大投资者提供了一种新型的金融投资选择，活跃了金融市场，丰富了金融市场的内容，促进了金融市场的发展和完善。

一、证券投资基金的含义

基金（Fund），广义是指为了某种目的而设立的具有一定数量的资金，主要包括信托投资基金、公积金、保险基金、退休基金，以及各种基金会的基金。

证券投资基金，是指通过发售基金份额募集资金形成独立的基金财产，由基金管理人管理、基金托管人托管，以资产组合方式进行证券投资，基金份额持有人按其所持份额享受收益和承担风险的投资工具。

二、证券投资基金的特点

根据证券投资基金的含义，可以看出其特点体现在以下几个方面：

（1）证券投资基金是一种集合投资制度。

证券投资基金是一种积少成多的整体组合投资方式，它从广大的投资者那里聚集巨额资金，组建投资管理公司进行专业化管理和经营。在这种制度下，资金的运作受到多重监督。

（2）证券投资基金是一种信托投资方式。

证券投资基金与一般金融信托关系一样，主要有委托人、受托人、受益人三个关系人，其中受托人与委托人之间订有信托契约。但证券投资基金作为金融信托业务的一种形式，又有自己的特点。如从事有价证券投资主要当事人中还有一个不可缺少的托管机构，它不能与受托人（基金管理公司）由同一机构担任，而且基金托管人一般是法人；基金受托人并不对每个投资者的资金都分别加以运用，而是将其集合起来，形成一笔巨额资金再加以运作。

（3）证券投资基金是一种金融中介机构。

证券投资基金存在于投资者与投资对象之间，起着把投资者的资金转换成金融资产，通过专门机构在金融市场上再投资，从而使货币资产得以增值的作用。证券投资基金的管理者对投资者所投入的资金负有经营、管理的职责，而且必须按照合同（或契约）的要求确定资金投向，保证投资者的资金安全和收益最大化。

（4）证券投资基金是一种证券投资工具。

证券投资基金发行的凭证，即基金券（或受益凭证、基金单位、基金股份），与股票、债券一起构成有价证券的三大品种。投资者通过购买基金券完成投资行为，并凭之分享证券投资基金的投资收益，承担证券投资基金的投资风险。

案例分享

被勒令整改的蚂蚁基金

2018 年 3 月，经浙江证监局核查发现，蚂蚁基金“财富号红包活动”存在以送现金红包方式销售基金的行为。

浙江证监局指出，上述行为违反了《证券投资基金销售管理办法》（证监会令第91号）第八十二条第二项的规定。根据规定，“基金销售机构从事基金销售活动，不得采取抽奖、回扣或者送实物、保险、基金份额等方式销售基金”。

对此，浙江证监局决定对蚂蚁基金采取责令改正的监督管理措施。要求该公司应严格对照《证券投资基金销售管理办法》等法律法规，全面开展自查自纠，进一步提高对违规销售行为的认识，提升合规管理水平，切实将投资者适当性管理工作落实到位。

资料显示，蚂蚁（杭州）基金销售有限公司成立于2007年8月，原名为“杭州数米基金销售有限公司”，其股东包括恒生电子股份有限公司、浙江蚂蚁小微金融服务集团股份有限公司，上述两家公司的实际控制人均为马云。

四大基金第三方代销机构之一的数米基金，被恒生电子收购部分股权之后，2015年更名为蚂蚁基金。恒生电子目前持有蚂蚁基金约24%的股份，而恒生电子是马云旗下上市公司。恒生电子2017年半年报显示，恒生电子参股的蚂蚁（杭州）基金销售有限公司总资产15.15亿元，净资产为3.26亿元，营业收入2.07亿元，净利润−1 204.14万元。

根据相关公告，数米基金2016年5月30日起停止移动端的认申购、定投等功能，且移动端服务全部迁移到蚂蚁财富App，数米基金网自2017年5月24日起停止认申购等服务。从半年报数据来看，全面入驻蚂蚁财富App的数米基金并没有在基金销售方面为股东贡献利润。

根据恒生电子2017年3月27日晚间公布的年报显示，旗下蚂蚁基金2016年净利润比2015年下滑近三分之二。2016年蚂蚁基金净利润1 386.16万元，营业收入2.7亿元。2015年，还没被蚂蚁金服控股的数米网，净利润为3 982万元，营业收入1.69亿元。业绩不好，蚂蚁金服的口碑也在不断下滑中。

案例分析

一些互联网基金销售产品在宣传时期盲目夸大产品收益、淡化风险，频繁使用低门槛、超短期收益高、有保底等宣传用，导致市场间一时乱象频现。新的发展模式对互联网基金的有效监管提出了新的挑战，如无限夸大的宣传用语、第三方平台出现风险等，都要求监管部门正视互联网基金蓬勃发展的现状，以开放的态度，研究分析互联网对基金行业的冲击，并通过制定相关制度办法加以有效的引导和规范。

第二节　证券投资基金的分类

一、证券投资基金的不同种类

由于证券投资基金产品的不断创新，基金的分类也日益复杂。根据不同标准可将证券投资基金划分为不同的种类。

（1）从基金的运作方式来看，根据基金份额是否可增加或减少，证券投资基金可分为开放式基金和封闭式基金。开放式基金设立后，投资者可以随时申购或赎回基金份额，因此基金规模不固定；封闭式基金的规模在发行前已确定，在发行完毕后的规定期限内，基金规模固定不变。

（2）根据组织形态的不同，证券投资基金主要分为公司型基金和契约型基金。公司型基金依据公司章程设立，基金投资者是公司的股东，按照其所持股份分享投资收益，承担有限责任。公司型基金具有独立的“法人”地位，一般设有董事会，代表投资者的利益行使职权。公司型基金虽在形式上类似一般的股份公司，但不设经营管理层，而委托投资顾问（基金管理公司）管理基金资产。契约型基金依据投资者、基金管理人、托管人之间所签署的基金合同而设立，基金投资者的权利主要体现在基金合同的条款上。

（3）根据投资对象的不同，证券投资基金可分为股票基金、债券基金、货币市场基金、混合基金等。股票基金是指主要以股票为投资对象的投资基金；债券基金是指主要以债券为投资对象的投资基金；货币市场基金是指以国库券、大额银行可转让存单、商业票据、公司债券等货币市场短期有价证券为投资对象的投资基金；混合基金是指同时投资股票、债券或者其他投资对象的基金。

（4）根据投资理念的不同，证券投资基金可分为主动型基金和被动型基金。主动型基金是力图超过业绩比较基准的基金；被动型基金则不主动寻求超越市场的表现，一般选取特定的指数作为跟踪的对象，试图通过复制指数来跟踪市场的表现，因此也通常被称为指数型基金。

（5）根据基金的资金来源和用途的不同，证券投资基金可分为在岸基金和离岸基金。在岸基金是指在本国募集资金并投资于本国证券市场的基金，在岸基金的投资者、基金管理人、基金托管人及其他当事人均在本国境内，因此监管比较容易。离岸基金是指在一国发行基金，并将募集的基金投资于其他国家市场的基金。

二、封闭式基金与开放式基金的区别

（一）存在形式不同

开放式基金规模可变，投资者可以随时申购和赎回基金单位，也就是说基金规模可变，只要投资者热衷，开放式基金可以规模不断扩大。当然有的时候也可能受到监管层出于风险考虑的调控，例如余额宝出现限售。

封闭式基金规模不可变，且均有明确存续期限，在此期限内已发行的基金份额不能被赎回，投资的资金只能通过二级市场进行交易。当然，封闭式基金也有开放的时候，一般开放时间是1周，而封闭时间是1年。在开放的时候，投资者可以提出和投入资金。

（二）交易方式不同

对开放式基金而言，投资者可以通过基金管理公司或销售机构进行基金份额申购和赎回，不受时间限制。例如通过支付宝或第三方支付平台购买的基金，只要赚钱或需要资金，都可以进行基金份额赎回变现。

封闭式基金发起设立时，投资者可向基金管理公司或销售机构认购，但在存续期，投资者不能进行基金份额赎回，只能通过二级市场像股票竞价一样进行交易。

（三）基金份额价格形式不同

开放式基金份额价格由其净值决定，例如当日基金投资股票平均收益1%，那么净值就增长1%。假如原先为1元，那么基金份额净值就增长1%为1.01元，当日下午三点之前申购或赎回则于1.01元确认基金份额。

封闭式基金份额价格直接由市场供求关系决定，跟股票交易一样，有人买又有人卖，那么便形成了新的价格，相对应的基金份额价格就随着变化。

（四）基金的投资策略不同

开放式基金由于可以随时申购和赎回，那么其就必然要保持较多的现金资产，以备人们随时赎回，那么必然会影响其投资收益和基金经理的操作策略。

封闭式基金不能被随时赎回，也因此封闭式基金属于信托基金，其资金可以进行全部中长期投资，取得中长期经营绩效，为投资者带来更高的收益。

（五）所在的市场条件不同

开放式基金体制较为完善，适合广大投资者，同时也比较灵活多变，人们可以随时将基金份额进行变现，开放程度较高。

封闭式基金适用的金融制度尚不完善，开放程度较低，规模较小，同时也适合一般较有投资经验的投资者进行投资。因为不能通过基金净值直观地表现其自身价值，封闭式基金一般存在折价现象，而普通的投资者可能无法计算并识别封闭式基金的好与劣。

两种基金的更多对比可见表 4－1。

表 4－1 封闭式基金、开放式基金对比

类别	封闭式基金	开放式基金
交易场所	深、沪证券交易所	基金管理公司或代销机构网点
基金存续期限	有固定期限	没有固定期限
基金规模	固定规模，一般不能再增加发行	没有规模限制
赎回限制	在期限内不能直接赎回基金，需通过上市交易套现	可以随时提出申购或赎回申请
交易方式	上市交易	基金管理公司或代销机构网点
价格决定因素	交易价格主要由市场供求关系决定	价格依据基金的资产净值而定
分红方式	现金分红	现金分红、再投资分红
费用	交易手续费	申购费、赎回费
投资策略	封闭式基金不可赎回，无须提取准备金，能够充分运用资金进行长期投资，取得长期经营绩效	必须保留一部分现金或流动性强的资产，以便应付投资者随时赎回；进行长期投资会受到一定限制，随时面临赎回压力；必须更注重流动性等风险管理，要求基金管理人具有更高的投资管理水平
信息披露	基金单位资产净值每周至少公告一次	单位资产净值每个开放日进行公告

三、货币市场基金

货币市场基金（Money Market Funds，MMF）是指投资于货币市场上短期（一年以内，平均期限 120 天）有价证券的一种投资基金。该基金资产主要投资于短期货币工具如国库券、商业票据、银行定期存单、银行承兑汇票、政府短期债券、企业债券等短期有价证券。货币基金只有一种分红方式——红利转投资。货币市场基金每份单位始终保持在 1 元，超过 1 元后的收益会按时自动转化为基金份额，拥有多少基金份额即拥有多少资产。而其他开放式基金是份额固定不变、单位净值累加的，投资者每年可以得到基金分红。

货币市场基金除具有收益稳定、流动性强、购买限额低、资本安全性高等特点外，还有其他一些优点，例如可以用基金账户签发支票、支付消费账单。货币市场基金通常被作为进行新的投资之前暂时存放现金的场所，这些现金有可能获得高于活期存款的收益，并可随时撤回用于新的投资。一些投资者大量认购货币市场基金，然后逐步赎回用以投资股票、债券或其他类型的基金。许多投资者还将以备应急之需的现金以货币市场基金的形式持有。有的货币市场基金甚至允许投资者直接通过自动取款机提取资金。货币市场基金主要具有以下特点：

（1）货币市场基金与其他投资于股票的基金最主要的不同在于基金单位的资产净值是固定不变的，通常是每个基金单位 1 元。投资该基金后，投资者可利用收益再投资，投资收益就不断累积，增加投资者所拥有的基金份额。例如某投资者以 100 元投资于某货币市场基金，可拥有100个基金单位，1年后，若投资报酬率是8%，那么该投资者就多了8个基金单位，总共108个基金单位，价值108元。

（2）衡量货币市场基金表现的标准是收益率，这与其他基金以净资产价值增值获利能力衡量不同。

（3）流动性好、资本安全性高。这些特点主要源于货币市场是一个低风险、流动性高的市场。同时，投资者可以不受到期日限制，随时可根据需要转让基金。

（4）风险性低。货币市场工具的到期日通常很短，货币市场基金投资组合的平均期限一般为4～6个月，因此风险较低，其价格通常只受市场利率的影响。

（5）投资成本低。货币市场基金通常不收取赎回费用，并且其管理费用也较低，货币市场基金的年管理费用大约为基金资产净值的0.25%～1%，比传统的基金年管理费率1%～2.5%低。

（6）货币市场基金均为开放式基金。货币市场基金通常被视为无风险或低风险投资工具，适合资本短期投资生息以备不时之需，特别是在市场利率高、通货膨胀率高、证券流动性下降、可信度降低时，可使本金免遭损失。

案例分享

货币市场基金的兴起

美国第一家货币市场基金作为银行存款的一个替代物创建于1972年，是在市场变化环境下金融创新的一个最好例子。20世纪70年代初，美国对商业银行与储蓄银行提供的大部分存款利率均进行管制，出台了《Q项条例》，而货币市场工具则是浮动利率，但许多中小投资者无法进入货币市场（因有最低交易额规定），货币市场基金利用这一事实，将许多投资者的小额资金集合起来，由专家操作，这也表明追求利润的企业家能够发现设计不严密的政府法规的漏洞。但由于当时市场利率处于存款机构规定能支付的利率上限以下，货币市场基金因其收益并不高于银行存款利率而难以发展，总股份在几年中非常有限。

1973年美国仅有4家基金，资产总额只有1亿美元。但到了20世纪70年代末，由于连续几年的通货膨胀导致市场利率剧增，货币市场工具如国库券和商业票据的收益率超过了10%，远远高于银行与储蓄机构为储蓄存款和定期存款所支付的5.5%的利率上限。随着储蓄机构的客户不断地从储蓄存款和定期存款中抽出资金投向收益更高的货币市场基金，货币市场基金的总资产迅速扩大，从1977年的不足40亿美元急增到1982年有200多家基金持有2 400亿美元的资产，并在总资产上超过了股票和债券基金。因此，货币市场基金的迅速发展是市场利率超过银行和其他存款机构管制利率的产物。同时货币市场基金能迅速发展并且能保持活力的原因还在于管制较少，货币市场基金没有法定的利率上限，而且对提前取款也没有罚款。

货币市场基金迅速发展，引起了商业银行和储蓄机构的强烈不满，它们要求国会对货币市场基金附加储备要求和其他限制，国会虽然最终没有批准存款机构的要求，但允许商业银行和储蓄机构发行一种新型的金融工具即货币市场存款账户（MMDAS），它与货币市场基金相似，也提供有限的支票签发而且没储备要求，而且收益率几乎与货币市场基金一样高。

在银行和其他存款机构凭借超级 NOW 账户和 MMDAS 的反击下，1982 年末和 1983 年初，美国货币市场基金的总资产开始下降。商业银行和存款机构的这些创新金融工具暂时阻止了资金从银行向货币市场基金的流动。但商业银行与存款机构无法承受提供高收益的成本，不久以后，降低了 MMDAS 的利率，其结果是货币市场基金再次迅速发展，在 80 年代末和 90 年代创造了极大的收益。1987 年美国股市大崩溃，导致大量的资金流入货币市场基金，其资产总额突破 3 000 亿美元。1989 年和 1990 年的储蓄和贷款协会危机引起商业银行突然增加它们的存款保险，来保护它们的存款，同时监管当局更加关注存款机构已经出现的高利率。所有这些变化都有利于货币市场基金的快速发展，其资产在 1991 年达到 5 000 亿美元。1996 年大约有 650 家应税基金，250 家免税基金，总资产大约为 7 500 亿美元，80%以上为纳税的资产。其股份大约占所有金融中介资产的 4%，而且在所有基金（股票基金、债券基金、货币市场基金）总资产中占 25%以上。1997 年美国的货币市场基金资产达到 1 万亿美元。

案例分析

在当前环境下的金融危机中，流动性已经成为一个大问题。即使金融工具，例如信用良好的银行发行的存单（一般也是完全流动的），也已经变得很难交易了。事实上，这一市场有时甚至停业了。在美国，联邦储备委员会曾宣布，第 2a－7（国债式）货币市场基金提供流动性以达到现金流出额，特别是如果这些现金额是异常大的。英国央行也致力于提供类似的设施，且欧洲央行可能做同样的事情。

作为一种防御性的举动，在 2008 年 9 月下旬，大部分基金增加了它们的隔夜流动资金（在英镑基金中，其范围大概是在 200 亿到 300 亿英镑之间，或者 300 亿到 450 亿美元之间），这更打乱了银行同业拆借利率市场，加剧了隔夜利率和伦敦银行同业拆借利率之间的差距。不过，这种方式是以基金表现为代价的，特别是对于那些较高比例的流动性较差的流动证券基金，例如浮动利率的债券和商业票据，其管理人因此会认为，在发生隔夜拆借利率崩溃时，他们管理的基金在隔夜投资中不得不占有更大比例。

英镑货币市场基金和欧元货币市场基金似乎已经经受住了暴风雨的考验，但后期不同基金的表现差距已经远远大于往常的差距，因为各种基金都有各自的基准。这是一个值得探索的领域，因为它可以告诉投资者很多关于如何管理基金以及出现了什么问题的信息。了解基金如何抵抗全球利率低迷时期，将会是十分有趣的。通常情况下，在利率下降时，基金处于最有竞争力的状态。

很显然，无论是美国的还是欧洲的监管机构都将被审查是否以及应该如何对货币市场基金进行具体管理。但是在关注这方面的同时，基金管理人预计会更谨慎地管理和经营基金。

第三节　互联网基金的兴起与发展

一、互联网基金兴起的原因

2013 年被称为中国互联网金融的元年，这一年，支付宝与天鸿基金跨界合作的余额宝，抓住各阶层群体不同用途的闲置资金，进行细分市场的短期理财。余额宝不但降低了基金投资门槛，而且在用户体验上做了很大优化，满足了人们多元化的支付、消费、财富增值的需求场景。

根据相关报告显示，2013 年我国网民规模达 6.18 亿人，互联网普及率为 45.8%，较 2012 年年底提升了 3.7 个百分点，而我国电子商务交易额则已超 10 万亿元。同时，随着我国信息技术的不断创新，产业跨界融合发展态势良好，这为互联网基金提供了必要的生长和发展土壤。“余额宝们”脱颖而出，成为我国互联网金融增长最迅猛的产品。目前，依托阿里巴巴、腾讯、百度、天天基金强大的平台，华夏、天弘等基金公司的货币市场基金产品快速发展，天弘基金的余额宝规模已达 4 000 亿元以上，腾讯理财通规模也在 500 亿元以上。通过借助互联网平台，快速汇聚数量庞大的微小客户资金，“余额宝们”逐渐形成了一股推动我国金融改革的强大力量。就此，互联网基金销售平台进入人们的视野，越来越多的人脱离线下进行线上基金购买。

目前，我国公募基金销售呈现以商业银行为主导，基金管理公司、证券/期货/证券投资咨询机构、保险机构和第三方独立基金销售机构为辅的格局。但是，随着互联网的快速发展与普及，第三方独立销售机构通过网销平台线上化，没有第三方基金销售牌照的平台通过与基金公司或者第三方基金销售机构的合作，也在开展基金销售业务，这使得越来越多的人开始认识基金、了解基金、购买基金。

目前，中国互联网基金销售相关机构主要有：

（1）传统基金销售机构互联网化。

传统基金销售机构互联网化主要是指具有基金销售资格的银行、证券公司、保险机构等传统基金销售机构开展网销，或者是基金公司本身开展网上直销的业务。这种模式只是把自身业务与互联网技术相结合，模式本身并未呈现突破性创新。

（2）独立基金销售机构的网销平台。

这种模式也可以称之为基金代销模式（B2C），独立基金销售机构凭借已取得证监会颁发的基金销售牌照，能够合法合规地开展非金融机构的基金销售业务，最典型的案例就是天天基金、数米基金及前段时间刚有业务合作的好买基金。这类模式主要的盈利方式就是分取佣金，与基金管理公司谈基金管理费分层。

（3）基于互联网平台的基金销售。

这种模式是针对不具有第三方基金销售牌照，但又想开展此类业务的互联网平台，例如阿里巴巴的淘宝、腾讯的理财通，这类模式也可以称之为引流模式（就是帮基金公司或第三方基金销售平台引流，自身不触碰用户资金，也不处理相关业务）。

二、互联网基金的优势

（一）操作快捷方便

方便快捷的操作是互联网基金最大的特点及优势。相比于银行代销和证券公司代销等传统的基金购买方式，开联网基金按照现代管理模式，充分利用计算机和手机的优势，将流程的每个环节尽量简化。从客户申请转入资金到资金到账，全程采用网络化、无纸化操作。

（二）互联网平台与基金公司高度融合

稳定而庞大的客户群是众多金融机构不懈追逐的目标。互联网基金最显著的特点是实现了互联网平台与基金公司的高度融合，拥有规模庞大的客户群。以余额宝为例，它的一个很大的大优势就在于依托支付室，与支付宝紧密地捆绑在起，具有规模化的客户资源，同时在客户发展方面具有可持续性。

（三）满足了新兴客户群体特殊的投资需求

还是以余额宝为例，其通过支付宝这个平台发掘出银行尚未重视的一个新兴客户群体。这个群体大致满足三个条件。第一，客户在支付宝中的资金或闲置资金达不到银行理财要求的门槛。第二，客户对于基金及理财产品没有清晰的认识，很多余额宝用户把购买的货币基金看作一种高收益的活期存款。第三，客户没有投资需求，希望闲散资金可以保值增值，对理财产品有很大的兴趣。

（四）更好的客户体验

互联网基金采用互联网技术，进行了许多人性化设计，用互联网将信息与客户连在一起，给客户带来的使用体验超过了任何一种传统投资理财产品，这也是互联网金融得天独厚的优势。余额宝每天都有收益提示，既增加了透明度，也让投资者得到了良好的客户体验。投资者任何时候都可以查询余额宝的资产，这种体验是传统投资模式所不能比拟的。

三、互联网基金销售现状

自 2012 年 2 月中国证监会首次批准 4 家独立基金销售机构以来，独立基金销售机构发展迅猛，已成为基金销售的重要力量。截至 2020 年 3 月 31 日，全国已发公募产品的基金管理公司达 140 家，管理基金数量共 6 359 只，管理规模总计 16.73 万亿元，规模较上年亿元（2019 年末）增加 19 255 亿元。截至 2020 年 3 月末，公募基金市场规模 167 335 亿元，较上年末增加 19 255 亿元，增幅为 13％。2020 年 3 月末，债券基金规模继续领跑非货币市场基金，规模较上年末增长 14％，数量净增 104 只，规模达44 374 亿元，说明机构特别是养老金/委外资金扎堆债券基金。货币市场基金受政策及市场收益走低影响，数量呈现下降趋势。2020 年一季度共成立 293 只基金，合计募集资金5 163 亿元，低于 2019 年四季度，数量与规模分别下降了 6.69％和 18.22％。

四、互联网基金的影响

（一）对银行产生影响

与传统银行业的市场营销相比，互联网基金具有信息量大、交易成本低、效率高等特点，因此虽然起步时间较晚，发展时间较短，但互联网基金出现后，给传统银行业造成强大的冲击，带来了深远的影响。

1. 对银行存款业务产生冲击

存款始终是银行赖以生存的根本，也是目前银行经营过程中最重要的负债业务。在银行利率水平对存款几乎没有吸引力的情况下如果出现更好的投资渠道，存款流出是必然的，互联网基金产品对银行存款造成了持续分流的压力。即使有互联网基金通过货币市场进入银行机构，但客观上也推高了存款利率，银行的盈利空间也被极大地挤压了。从美国的经验来看，20 世纪 60 年代美国商业银行活期存款占比约为 50％，但 70 年代初期货币市场基金的出现，分流了大量活期存款，特别是经历了 80、90 年代基金的飞跃发展之后，银行活期存款占比已降至 10％，而同期美国货币市场基金规模年均增速则达 33％。

2. 对银行贷款业务产生冲击

贷款始终是银行主要的盈利手段，也是目前银行经营过程中最重要的资产业务。自2011年以来，为了有效防范金融风险，商业银行缩小了信贷规模，加大了对小微企业的审核力度，小微企业往往难以获得商业银行的贷款支持，不少中小企业发展举步维艰。互联网基金的最终使用方向，除了投资货币市场外，还有部分基金投向了实体经济，特别是一些新兴的互联网基金直接将资金投向了企业，在供应链、小微企业融资等方面与商业银行进行了直接竞争。例如阿里信贷将重心放置于小微企业融资服务，淘宝商户申请贷款不需要进行任何人工审批，整个贷款流程只需要三分钟，贷款即时到账。

3. 对银行的金融中介功能产生冲击

金融中介的存在主要有以下两个原因：一是通过规模经济效应和专门的产品技术设计，降低交易成本；二是提高信息处理效率，缓解资金供需双方的信息不对称及由此引发的逆向选择和道德风险问题。在互联网基金模式下，新信息技术的开放性和共享性显著降低了资金供需双方的信息不对称水平，提高了资金融通中的参与度和透明度。其中，互联网企业为交易双方提供了平台，发挥了信息中介的作用。从融资角度看，资金供需双方利用互联网平台确定交易对象，而交易过程由互联网基金公司完成；从支付角度看，第三方支付平台为客户提供收付款、转账、汇款等结算和支付服务。由此可见，在互联网基金模式下，资金供需双方通过互联网平台交易，实现了与直接融资和间接融资相同的资源配置效率，有效节约了双方的交易成本，接近一般均衡定理中的无金融中介的市场状态，对银行中介功能的发挥产生明显影响，使商业银行的金融中介功能被边缘化。

（二）有利于发展和推进普惠金融

互联网基金借助互联网技术支持扩大金融服务的覆盖面和渗透率，为中小零售客户提供更加便捷、高效的金融服务，体现了包容性金融的发展思路。以余额宝为代表的金融服务创新使得更多寻常百姓能够以“标准化、碎片化”的方式获得原来主要面向高端客户的理财服务，其出现和发展符合发展普惠金融的理念。在余额宝的示范效应带动下，商业银行开始关注用户的体验与感受，部分商业银行着手细分理财业务的用户市场，提升服务质量，重视投资者权益保障。

（三）推进了利率市场化进程

互联网基金争夺活期存款带来“鲶鱼效应”，推动商业银行与金融市场的变革与创新，各类互联网基金产品分流存款、客户需求不断变换、外部竞争日益加剧的新形势，促使商业银行转变经营理念和发展方式。在利率市场化改革的大背景下，互联网基金利用开放共享的平台化运营、大数据挖掘分析方法和高度注重客户体验的理念，加剧了零售客户市场竞争的激烈程度，客观上倒逼传统商业银行自我变革。同时互联网基金崛起将使得目前货币市场以银行为主的交易结构更加多样化，使得短期货币市场交易更加活跃，促进货币市场短期投资标的的发展，完善金融市场体系和价格形成机制，对于进一步形成有效的市场化利率水平具有积极意义。

（四）存在监管套利，不利于金融市场完善和发展

余额宝另一个突出特点是所募集的客户资金绝大多部分投向银行协议存款。2014 年 2 月末这一比例约为 95%，根据我国目前的监管政策，这部分协议存款属于同业存款，不同于一般工商企业和个人在银行的存款，没有利率上限，也不受存款准备金管理。这部分协议存款的利率，由银行参照银行间市场利率与客户协商定价，通常远超过一般存款利率，并且多数签订了提前支取不罚息的保护条款。对于一般单位或个人存款，不仅有不超过基准利率 10%的利率上限，而且要缴存法定存款准备金，同时定期存款提前支取只能按活期存款计息。同业存款的这种优势在流动性紧张时期尤其明显。2013 年末，我国银行间 7 天同业拆借利率一度高达 8.84%，余额宝存放银行的协议存款利率也水涨船高。银行能够支付高利率的原因是该笔存款不缴存准备金，给予了余额宝类互联网基金套利空间。货币市场基金的本质是通过市场进行直接投融资，因此，在美国等发达国家货币市场基金主要投资于短期债券，而在我国，余额宝等货币市场基金主要投资于银行存款，资金并未真正“脱媒”，这在一定程度上影响了金融市场的效果。

案例分享

互联网“宝宝”类基金仍未打破平均收益率不足 2.5%的“魔咒”

据融 360 大数据研究院监测，2019 年前 5 个月“宝宝”类理财产品平均七日年化收益率呈现出逐步走低的趋势，分别是 1 月份的 3.008 8%、2 月份的 2.776 5%、3 月份的 2.672 5%、4 月份的 2.539 2%、5 月份的 2.435 9%。6 月份以来，“宝宝”类理财产品平均七日年化收益率年内首次出现探底回升，为 2.475 3%，但仍未打破平均收益率不足 2.5%的“魔咒”。

对于近期互联网“宝宝”类理财产品收益率的回升，融 360 也表示，“近期同业存单收益率出现波动，暂时走高。货币市场基金主要配置资产为同业存单，所以上周货币市场基金及互联网“宝宝”类理财产品的收益率也随之上升。对于同业负债依赖度较高的银行来说，近期或面临一定的流动性压力。但此现象仅为短暂现象，未来或会回归低收益率。”

据《证券日报》记者观察，以 2019 年 6 月 4 日最新数据为例，七日年化收益率在 3%～4%的产品仅有 1 只，来自广发银行的“慧存钱”（对接国寿安保鑫钱包货币），七日年化收益率为 3.039%，位列第一。其余产品的七日年化收益率均在 3%以下，蝉联多周互联网“宝宝”类理财产品收益率榜首的“微众银行活期＋”（微众银行旗下，对接国金通用众赢货币）目前未能持续登顶，七日年化收益率为 2.96%。前

期表现较好的产品如博时基金“博时现金宝”（对接博时现金宝货币 A）、广发基金“钱袋子”（对接广发钱袋子货币）、腾讯（国金证券）“佣金宝”（对接国金通用金腾通货币）的七日年化收益率分别为 2.622%、2.79%、2.538%，较上周均有所回升。

同时，从四大类型的互联网“宝宝”类理财产品收益率来看，2019 年 6 月初时仍然是银行系产品收益率最高，平均七日年化收益率为 2.57%；收益率均值最低的仍然是基金系产品，收益率均值仅 2.36%。值得一提的是，券商系互联网理财产品腾讯（国金证券）“佣金宝”（对接国金通用金腾通货币）表现依旧亮眼，七日年化收益率达 2.93%，位列第七。

案例分析

银行类货币产品同样使用摊余成本法，同时久期、投资范围和杠杆方面的约束较少，在收益率上有较大的优势。随着 2019 年一季度市场利率的下行，银行类货币产品的相对吸引力大大增强，银行类货币产品规模快速增长。

在腾讯理财通货币基金产品分类中，包括招商基金、平安基金、易方达在内的 14 家基金旗下 21 只产品，全部为灵活申赎，近七日年化收益率跨度较大，在 1.94%～3.215%之间浮动；其中，仅一只产品的近七日年化收益率超过 3%，万份收益为 0.717 7 元，累计成交 1 459 万笔。同时，也仅有一只产品的近七日年化收益率不足 2%，为 1.94%，万份收益为 0.475 2 元，累计成交也有 58 万笔。

当然，相较于差异并不明显的收益率，投资者更喜好一些“宝宝”类理财产品，腾讯理财通中，一只近七日年化收益率表现并不突出，在 2.5%左右徘徊的产品，却累计成交近 2 000 万笔。

对于未来货币市场基金的转型，在传统摊余成本法货币监管趋严的情况下，浮动净值型/市值型货基转型有望成为货币市场基金转型的方向。短期理财基金转型进程有所放缓，市场保持观望。摊余成本法下的定期开放债券基金或成新增长点。

第四节　互联网基金销售的风险与监管

一、互联网基金销售面临的主要风险

对于基金而言，风险即为实际收益对预期收益的偏离和基金资产价值的损失。而互联

网基金，不但面临传统基金本来具有的风险，还面临由互联网基金运行机制引起的流动性风险、由虚拟金融服务引起的业务风险、由法律法规滞后引起的法律风险、由互联网信息技术引起的技术风险等。

（一）与传统基金共有的风险

1. 信用风险

互联网理财门槛低、管理松，其业务参与者和服务提供者都具有显著的虚拟性，增加了确认交易者身份、信用评价等方面的信息不对称性，在现实业务中难以全面了解借款人信息。客户可能利用他们的隐蔽信息做出不利于互联网金融服务提供者的决策，而从事互联网金融业务的机构也无法在网上鉴别客户的风险水平，导致其在选择客户时处于不利地位，从而诱发诈骗犯罪活动。

2. 利率风险

只有在社会资金偏紧，整体利率水平偏高的情况下，货币市场基金才有机会博取较高的利差收益。如果利率实现了市场化，在利率波动较大时，一旦利率水平下降，货币市场基金就难以获得利差收益。此时，规模庞大的互联网基金将无法应对广大的用户群体。换言之，如果出现利空因素，互联网基金的用户将大量赎回，而基金公司一旦没有大量的准备金，就有可能引发巨大的赎回风险。

3. 市场风险

在信息不对称的情况下，互联网基金市场可能成为“柠檬市场”。而且互联网基金销售服务是一种虚拟的金融服务，加之我国的互联网基金销售还处于起步阶段，客户不了解各机构的服务质量，这就有可能导致价格低、服务质量相对较差的互联网基金销售者被客户接受，而高质量的互联网基金销售者却因价格偏高被排挤出互联网基金市场。

（二）互联网基金特有的风险

1. 流动性风险

目前规模较大的互联网基金大多采用联合第三方支付平台进行销售，其资金来源与支付平台的资金流量密切相关。例如：余额宝的投资门槛几乎为零，若不能妥善处理交易量剧增、收益率下降的问题，就会使投资者的信心受损，会导致基金折价兑现。

2. 法律风险

我国目前互联网金融机构监管法缺失，立法尚不完备，监管主体、职责和标准不明确。此外，由于互联网基金的快速发展，客户将大量的资金储存于基金账户中，大量的资金处于银行体系之外，使中国人民银行对其失去足够的控制力，对于货币流通速度、货币流通量等无法准确估测。

3. 技术风险

互联网金融依托发达的计算机网络，相应的风险控制需要由计算机程序和软件系统完成。因此，计算机网络技术是否安全与互联网金融能否有序运行密切相关。目前，我国互联网安全技术的应用缺乏统一的标准，金融系统平台经常匆忙上线，配套措施跟不上，系统维护、技术保障和应急管理投入相对不足，抵御黑客攻击和防范突发事件能力较差。由于互联网传输故障、计算机病毒等因素，计算机系统极有可能面临瘫痪风险。进一步而言，互联网基金背后的网络技术公司和基金公司是否有足够完善的规章制度和系统，保证客户的个人信息、资金信息以及交易记录的安全，仍有待考证。技术风险将成为互联网基金所面临的特有风险中，极为重要且难以解决的风险问题。

二、互联网基金销售的监管政策

关于基金销售业务，证监会一直有明确的基本监管原则，即一是要确保投资人资金安全，防止投资人资金被挪用或者侵占；二是要防止欺诈、误导投资人行为的发生；三是要严格落实销售适用性原则，充分关注投资人风险承受能力与基金产品风险收益特征的匹配。为规范基金销售业务、维护投资者合法权益，证监会先后制定完善了《证券投资基金销售管理办法》《证券投资基金销售结算资金管理暂行规定》《证券投资基金销售机构内部控制指导意见》《证券投资基金销售适用性指导意见》《证券投资基金销售业务信息管理平台管理规定》和《开放式证券投资基金销售费用管理规定》等法规体系。针对互联网基金销售业务，还有《证券投资基金销售机构通过第三方电子商务平台开展业务管理暂行规定》和《网上基金销售信息系统技术指引》等规范，确立了基金销售业务的相关规范和监管要求。整体上看，基金销售业务监管的相关法律法规和机制已基本建立健全，投资人权益可以得到有效保护。互联网基金销售属于基金销售业务的一种业态类型，应遵循现有基金销售业务规范。

2015 年 7 月 18 日，中国人民银行等十部委联合印发《关于促进互联网金融健康发展的指导意见》，结束了互联网基金销售的无法管时代。2015 年 12 月 18 日，中国证监会联合中国人民银行发布的《货币市场基金监督管理办法》，自 2016 年 2 月 1 日起施行。该办法被业界誉为货币市场基金发展的“及时雨”，针对货币市场基金与互联网深度融合发展的新业态，对货币市场基金的互联网销售活动与披露提出针对性要求。基金管理人、基金销售机构、基金销售支付结算机构以及互联网机构在从事或者参与货币市场基金销售过程中，向投资人提供快速赎回等增值服务的，应当充分揭示增值服务的业务规则，并采取有效方式披露增值服务的内容、范围、权利义务、费用及限制条件等信息，不得片面强调增值服务便利性，不得使用夸大或者虚假用语宣传增值服务。从事基金销售支付结算业务的非银行支付机构应当严格按照《支付机构客户备付金存管办法》有关要求存放、使用、划转客户备付金，不得将客户备付金用于基金赎回垫支。

2020 年 8 月，证监会发布《公开募集证券投资基金销售机构监督管理办法》（简称

《销售办法》）及配套规则，自2020年10月1日起施行。本次《销售办法》的颁布将进一步完善基金销售行为规范、加强基金销售机构合规内控，对于强化投资者权益保护、优化基金市场生态、促进基金行业良性发展具有积极意义，主要涉及以下内容：

首先，随着金融科技和互联网的快速发展，基金销售业务也日益呈现互联网化趋势，此前不少非持牌机构通过多种方式涉足基金销售业务，助推一些基金销售乱象产生。此次修订厘清了基金销售机构与非持牌互联网平台合作的业务边界和底线要求，支持基金管理人、基金销售机构规范利用互联网平台拓展客户。

其次，优化基金销售机构的准入管理和退出安排，并首提续展机制。此次修订调整优化资格注册程序，实行“先批后筹”；改变分散的准入管理体例，整合各类金融机构注册条件；完善独立基金销售机构及其股东准入要求，防控牌照炒卖、内部控制不足等问题风险，禁止同一控制人控制两家及以上独销机构，实行“一参一控”。

最后，夯实业务规范与机构管控，推动构建以投资者利益为核心的体制机制，推动长期投资。坚持并完善客户识别、适当性管理、反洗钱、销售结算资金安全等基础业务规范；完善细化禁止性规定内容，严禁销售误导、挪用销售资金、排他销售等行为，明晰业务底线，强化利益冲突管理；在原办法规范基金宣传推介材料基础上，严禁宣传预期收益率、片面宣传过往业绩等行为，尤其是针对可能存在的问题，强调不得“饥饿营销”，杜绝“诱导频繁申赎”等。

针对行业反映的客户维护费不断攀升、侵蚀行业持续发展基础的问题，此次《销售办法》对客户维护费占基金管理费的比例（尾随佣金）设置差异化的上限：对于向个人投资者销售所形成的保有量，客户维护费占基金管理费的约定比率不得超过50%；对于非个人投资者，客户维护费的约定比率则不得超过30%。由于与强势渠道的博弈能力不足，部分中小基金公司为冲规模而支付的尾随佣金可能高达70%～80%，同时新发基金尾随佣金较高，收取比例一般在60%以上。居高不下的客户维护费问题一直为行业所诟病，设定上限可能在一定程度上抑制赎旧买新、频繁申赎等问题，市场竞争格局或出现新变化。

实训练习　识别金融理财风险

一、背景知识

金融理财产品是商业银行在对潜在目标客户群体进行全面分析研究的基础上，针对特定目标客户群所开发设计的，具有资金投资和管理计划功能的各项金融产品组合。金融理财产品可看作投资者联合商业银行进行金融投资的一种方式，在此过程中银行需要依照客户的具体授权对其投资金额进行有效管理，同时依照具体的合同约定与客户共享金融理财产品所带来的收益与风险。目前我国范围内金融理财产品包括保证收益类的理财产品、保本浮动收益类的理财产品、非保本浮动类的理财产品三种类型。由于我国金融理财产品市场发展起步较晚，导致目前我国金融理财产品虽然类型众多，但总体的市场规模仍然有待扩大。另外市场的供需均衡始终没有得到根本性的规范与提升。因此，金融理财产品市场中的产品提供者在理财产品的设计、开发、管理、销售等一系列服务中仍然存在较大的优化空间。同时投资者本身的理财观念、专业水平、理解程度以及概念认知、风险预防等意识也需要不断优化。金融理财产品的风险原因主要如下。

第一，由于价格而引发的金融理财产品市场风险。当前我国的金融理财产品收益模式存在一定的差异性，但整体产品类型仍然隶属于保证收益类、保本浮动收益类、非保本浮动收益类三种类型，导致整个金融理财产品市场的发展过程中逐渐暴露出同质化的发展趋势。也正因这样，虽然金融理财产品的管理方式与收益模式各不相同，但相关金融机构为了追逐产品销量以及市场收益，在金融理财产品市场中大量使用价格竞争的方法争取获取最多的产品销售数量，例如当前金融理财产品市场中部分理财产品的销售数量不断提升，而当前市场上缺乏合适的投资组合，使得投资者最终确定的投资产品均会随大流进入当前类型的金融理财产品群体中，致使整个市场的资金投入方向受到限制，进而使整个市场的收益风险不断增高。

第二，由于操作而引发的金融理财产品收益风险。当前我国金融理财产品的研发、设计、销售、管理等诸多操作已经形成了固定的服务流程，上述环节在互相关联的同时也存在多项问题。例如金融机构为了追逐产品销量而对营销人员下达相应的销售任务，在销售压力下难免会引发各种销售操作，如夸大金融理财产品的收益，或只谈收益不谈金融理财产品的风险等。另外，部分销售人员缺乏相应的金融专业素养和职业技能，容易误导客户盲目购买金融理财产品，对金融理财产品操作的规范性、合法性、秩序性等均造成严重伤害，同时也对投资者造成不良影响，致使相应的金融理财产品最终产生种种风险。

第三，由于政策而引发的金融理财产品监管风险。政府政策的发布必然会造成金融市场的变化乃至动荡，也由此会对金融理财产品的收益产生相应的影响。结合当前全球经济的发展局势来看，在全球范围内经济发展速度仍然十分突出的情况下，金融危机所造成的损害仍然存在。且当前我国政府部门与美国政府部门在具体的经济沟通、对外贸易上也存在一定的冲突现象，因此我国政府部门很可能因与美国的冲突，在战略应对上重新颁布相应的金融管理政策，这些都会对金融投资市场的行情发展产生相应的影响。此外，近年来我国政府部门对金融理财产品以及理财投资企业的监管力度逐渐提升，政策影响引发的外汇理财产品组合的最终收益很有可能发生变化，因此政策性风险也是投资者在购买金融理财产品时必须考虑的重要内容。

第四，由于管理而引发的金融理财产品技术风险。我国目前在金融理财产品的管理与监控工作开展过程中，信息化水平虽然不断提升，但具体的深入程度、普及程度仍然有待提升。少部分已经完全实现金融理财产品信息化监管的企业，在具体的产品监管过程中也仍然面临多项问题。如企业整体信息化水平较低而不适应金融理财产品的信息化管理需求，企业产品类型众多导致不同类型产品的信息化管理水平与管理标准不一致等，均对金融理财产品的监管服务效果造成不利影响，也由此对金融理财产品的风险预防效果及最终理财收益造成不利影响。

二、操作演练

如何识别金融理财产品风险？判断金融产品宣传是否违规主要有两个关键点。

（一）是否承诺收益

《基金法》规定，公开披露基金信息不得有违规承诺收益或者预测承担损失等行为。2013 年 10 月 21 日，百度宣布推出目标年化收益率 8%的理财计划“百发”，媒体和公众对“8%”非常感兴趣。在百度官方微博等渠道上，“目标年化收益率”被写成“年化收益率”，并没有强调“预期”或“目标”，随后被网民理解为“保本保收益 8%年化收益率”。这种说法，引发业内人士质疑。证监会随后明确表示，保本保收益不符合法律法规要求，会对“百发”的合规性予以核查。

（二）是否涉及虚假宣传

在互联网金融时代，金融理财产品宣传时需要注意的内容有两项：（1）广告主资格是否合法；（2）广告内容是否真实。在银保监会明令禁止金融理财产品承诺收益的情况下，金融主体进行这种宣传需要承担责任。

三、实训内容

（1）用所学知识，收集互联网基金理财产品的投资对象，例如分析百度百发、网易添金理财、东财活期宝、数米胜八百等互联网基金产品。

（2）收集 10 条互联网基金宣传违规信息，分析它们为什么违规。

思考练习

1. 简述货币市场基金的特点。

2. 简述互联网基金销售的优势。
3. 简述互联网基金兴起的原因。
4. 简述互联网基金销售的趋势。
5. 简述互联网基金有哪些特有的风险。

第五章

互联网保险

知识目标

1. 互联网保险的概念；
2. 互联网保险的发展历程；
3. 互联网保险的业务流程及运营模式；
4. 互联网保险的发展现状、存在的问题及发展趋势。

能力目标

1. 能够比较分析互联网保险和传统保险的异同点；
2. 能够熟练掌握互联网保险的业务流程；
3. 能够区分不同互联网保险的产品结构、渠道结构；
4. 能够分析互联网保险的未来发展趋势。

情境导读

互联网保险战争打响

2000 年 8 月，国内两家知名保险公司——太平洋保险和中国平安几乎同时开通了自己的全国性网站。其中，太平洋保险的网站成为我国保险业界第一个贯通全国、联接全球的保险网络系统。中国平安开通的全国性网站 PA18，因其网上开展保险、证券、银行、个人理财等业务被称为“品种齐全的金融超市”。同年 9 月，泰康人寿也在北京宣布“泰康在线”开通，在该网站可以实现从保单设计、投保、核保、交费到后续服务全过程的网络化。2018 年 10 月 16 日上线的“相互保”是由蚂蚁保险、芝麻信用、信美相互联合发布，第 3 天用户突破 330 万，第 8 天用户突破 1 000 万，第 18 天用户突破 1 500 万，成为 2018 年互联网时代的又一现象级爆款。与此同时，由网络公司、代理人和从业人员建立的保险网站也不断涌现，如保险界等。当前，互联网保险新的趋势又有出现，互联网保险开始市场细分。在风险投资的推动下，互联网保险将取得更大更快的发展，竞争也必然加剧，一场互联网保险的市场争夺战在全国范围打响。

深度分析

面对互联网保险，各家公司都有不同的出发点：中国人寿可以通过庞大的线下客户群快速搭建新型业务进而实现业务转型；中国平安可以通过互联网方式整合人身险相关在线业务；众安在线可以通过互助形式尽快触达人身险业务。多样化的需求引发了互联网保险公司争夺市场的战役。

第一节　互联网保险的概念及发展历程

一、互联网保险的概念

随着电子商务平台的兴起，互联网市场迎来了新一轮的发展热潮，互联网保险作为一种便捷的投保渠道逐步进入人们视野。与传统保险渠道对比来看，互联网保险具有产品场景化、销售成本低、信息透明、便于互动、打破上门销售的限制等优势。

（一）互联网保险的基本概念

根据《互联网保险业务监管办法》规定，互联网保险业务，是指保险机构依托互联网订立保险合同、提供保险服务的保险经营活动。其内涵包括：

（1）保险机构通过互联网和自助终端设备销售保险产品，消费者通过保险机构自营网络平台的销售页面独立了解产品信息，并自主完成投保行为；

（2）保险机构及其从业人员通过线下面对面、在线交流、语音通话、电话销售、媒体宣传等方式开展保险咨询和销售活动，向投保人提供互联网投保链接的，属于互联网保险业务。

总之，互联网保险是新兴的一种以互联网为媒介的保险营销模式，有别于传统的保险代理人营销模式。保险公司或新型第三方保险网以互联网和电子商务技术为工具来支持保险销售的经营管理活动，实现了保险信息咨询、保险计划书设计、投保、交费、核保、承保、保单信息查询、保全变更、续期交费、理赔和给付等保险全过程的网络化。

（二）互联网保险与传统保险的区别

1. 选购体验不同

传统保险大多是保险业务员或客服人员向消费者推销或者介绍相关保险产品。消费者自主选择性不仅受限，还存在被保险业务员“忽悠”的风险，因此常常可以在网上看到“某某保险产品骗局”之类的帖子，大多是因为部分业务员不够专业而导致信息不对称，消费者遇到了退保损失。

互联网保险更加侧重自主选择。一方面，用户可以在慧择网、希财网、开心保等知名的第三方保险电子商务平台进行综合搜索保险产品；另一方面，包括中国平安、中国人保、泰康人寿、华泰保险、太平洋保险等在内的大多数正规的大型保险公司也都在官网上开设了保险产品的在线销售渠道。因此，在线上购买保险时消费者只需要按提示输入相关信息便可投保成功，实现了产品更自主选择，还能货比三家。

2. 产品价格、优惠不同

传统保险由于中介渠道占比高、宣传营销成本高和人力增多等问题，保费算下来要比互联网保险贵一些。例如：在网上投保车险能享受20%～30%的优惠，而在4S店或者传统渠道投保就可能只有15%～25%的优惠。因此，同等保险产品，从保费来看，互联网保险比传统保险更加优惠。

互联网保险享受更优惠的价格。互联网保险是通过网络自助订购，中间省去了代理人、宣传营销等多项成本，因此多数产品通过网络购买的价格确实要比传统渠道同类型产品优惠不少。据有关数据统计，通过互联网向客户出售保单或提供服务要比传统营销方式节省58%～71%的费用。

3. 险种结构不同

传统保险对专业性要求较高，产品多为寿险、健康险、养老、医疗和教育等长期大额险种；互联网保险则多为个性化、创新化和定向化小额险种，一般为意外险、旅游险、车险、账户安全险、保险责任比较简单的重疾险等。

4. 问题处理流程不同

互联网保险保单丢失可找回。如果保单不慎丢失，可以利用“重新找回保单”功能，随时获取新保单。如果用户习惯了纸质保单，也可以打印出来妥善保存。传统保险保单丢失，客户需亲自到保险公司办理合同补发的申请手续，也可以全权委托代理人办理，但需要注意的是，即使委托代理人办理，补发的保单仍需要客户本人亲自领取，拿到补发的合同以后才可以按照程序申请理赔，过程比较复杂且耗时。

5. 经营方式不同

互联网保险使用“保险＋互联网”的模式，加上保险风险评估精算定价，放到互联网上大范围快速试错、不断迭代，进而取得新的数据，使其产品质量和服务水平快速上升。传统保险公司的业务决策依据，基本上都是“内循环”，即在行业内取得经验，不断优化升级。此外，大型传统保险公司具备产品开发设计能力，可以根据消费者需求开发出合适的产品，这也是其核心竞争力的体现。

二、互联网保险的发展历程

作为一项新兴事物，互联网保险在我国发展的历史只有二十多年时间，在过去这二十多年里经历了兴起、发展以及不断成熟的过程。从宏观的角度看，可以分为以下几个阶段。

（一）萌芽阶段

1997—2007 年为我国互联网保险发展的萌芽阶段。1997 年，我国第一家保险门户网站——中国保险信息网成立，标志着我国的保险行业正式开始了基于互联网模式的探索。2000 年 9 月，泰康人寿开通泰康在线网站，实现了保险服务的全程网络化，此后，几家大型传统保险公司也都陆续开通了全程网络化的互联网保险业务。2005 年，《中华人民共和国电子签名法》的实施进一步促进了互联网保险的发展。但此阶段由于互联网的普及程度不高，国家层面也没有相应的法律法规出台，因此互联网保险的发展较为缓慢。据保监会官网数据，1999 年全年保费为 1 393 亿元，2000 年为 1 609 亿元。而从互联网发展背景看，2000 年年初，我国共有 890 万上网用户，其中 666 万用户用拨号上网。这一阶段互联网在我国普及度并不高，互联网保险也仅仅刚刚萌芽，诞生了互联网保险网站和第一份保单。随着互联网发展升温，互联网保险的建设更显平稳与稳定，保险公司的官网升级也从产品、支付与承保优化等方面对保险在线购买进行了有效改善，从而诞生了保险超市。

（二）探索阶段

2008—2011 年为我国互联网保险发展的探索阶段。在淘宝、易趣和京东的推动下，网购在我国兴起，互联网保险也开始了新一轮的深入发展。在此阶段，风险投资加大了对互联网保险的投入，在风投资金的推动下，定位于保险中介和保险信息服务的机构开始出现。但此时互联网保险的保额规模相对较小，互联网渠道的价值尚未体现，并且仍然缺少相应的政策支持。这一阶段的保费规模从 9 000 多亿元增长到 1.4 万亿元。这一阶段互联网普及度从 2.1 亿人增长到 5.13 亿人，手机网民规模达到 3.56 亿人，占整体网民比例为 69.4%。电子商务用户逐步显现出年轻化、知识化的特征，且有一定的消费能力。在中国上网用户稳步增长的基础上，在线购物人群呈几何级增长。在该阶段，互联网保险开始出现市场细分，保险中介服务类的网站开始发展。统计数据显示，当时我国共有 50 余家保险企业涉足互联网业务，2012 年我国保险网销保费收入规模达到 39.6 亿元，较 2011 年增长 123.8%。中国保险报业股份有限公司董事长赵健曾公开表示，2006 年中国的互联网保险市场规模还不足 2 亿元，而 2011 年中国的网络保险已有 300 多亿元的规模，年均增速超过 200%。

（三）全面发展阶段

2012—2013 年为我国互联网保险的全面发展阶段。2012 年，我国的互联网保费规模突破百亿元，互联网保险在线产品超过 60 种。2013 年，众安在线获得我国第一张互联网保险牌照，标志着互联网保险已经得到政府的认可。在此时期，各保险机构纷纷依托保险超市、官方网站和第三方电子商务平台等开通互联网保险业务。经过多年的探索和发展，我国的互联网保险行业终于建立起较为成熟的业务模式。网民人数方面，互联网从 5 亿人发展到 6 亿人，移动互联网从 3 亿人发展到 5 亿人，移动支付也得到了快速发展。2012 年，我国全年保险电子商务市场在线保费收入规模达到了百亿元，在线销售险种多以短意险为主，部分寿险公司也尝试销售定期寿险、健康险、投连险和万能险，共有 60 多种互联网保险产品。各保险企业依托官方网站、保险超市、门户网站、O2O 平台、第三方电子商务平台等多种方式，开展互联网业务，逐步探索互联网业务管理模式，包括：成立新渠道子公司开展集团内部代理；成立事业部进行单独核算管理；通过优势网络渠道获客，实现线上、线下配合；在淘宝、京东等第三方电子商业平台建立保险销售网络门店；成立专门的互联网保险公司等。其中，第三方电子商务平台凭借其流量、结算和信用优势，日益成为推动互联网保险快速发展的中流砥柱。业界逐渐认识到了互联网保险绝不仅是传统保险产品的互联网化，而是一种商业模式的改进，是保险公司对商业模式的创新。像首家互联网保险公司“众安在线”的成立，就是一种新的商业模式的探索。

（四）爆发阶段

2014 年至今为我国互联网保险的爆发阶段。多年的积累，加上近年来互联网技术、电子商务、第三方支付的成熟和庞大的网民数量，都促使我国互联网保险行业爆发式发展。2015 年我国互联网保费的规模超过 2 000 亿元。未来，移动互联网将会推动互联网保险行业的新一轮发展，智能移动终端将使得投保、理赔等保险业务的开展更加方便、快捷和高效。

电子商务、互联网支付等相关行业的高速发展为保险行业的网络化奠定了产业及用户基础，越来越多的保险公司意识到互联网保险不仅是销售渠道的变迁，还是依照互联网的规则与习惯，对现有保险产品、运营与服务模式的深刻变革。未来随着移动产业的成熟，传统保险的产品销售、保费支付、移动营销、客户维护服务等都将围绕移动端展开，互联网保险将打破时间和空间的限制迎来全面爆发。

纵观互联网保险发展历程，虽然其保持着高速发展，但在整个保险市场中所占的比重还很低，不足 3%，这和欧美发达国家相比还有着巨大的差距。美国独立保险人协会预测，今后 10 年内，全球保险业务中将有近 30%的商业险种和 40%的个人险种交易通过互联网进行。

案例分享

国外保险知几何

国外发达国家保险业发展现状如何？历史上，伦敦是全世界保险业的发源地。1688 年，世界第一家保险公司——伦敦劳合社宣布诞生。英国保险市场是世界第四大非寿险市场，是世界第三大非寿险再保险市场。英国保险公司业务主要分为两大部分：寿险和非寿险。寿险业务包括人寿、养老金、长期健康保险；非寿险业务包括航海、航空、车辆、地产、意外事故及健康、债务保险等。按照英国保险业协会的说法，伦敦是国际保险和再保险交易的领先市场，航空和海上保险业务已成为伦敦市场上的强势险种，约占全球同类保险业务的 30%。从公司数量上看，根据公开资料整理可知，截至 2015 年，英国有 379 家寿险公司，其中 200 家为英国寿险公司，179 家为总部在其他欧洲国家但取得英国寿险业经营资格的寿险公司。全球市场份额排名第一的美国近两年由于低利率外加新冠疫情，寿险行业整合和重新洗牌加剧。据美国寿险协会（ACLI）统计报告显示，过去 5 年，美国寿险公司数量虽然从 814 家减少至 761 家，但 2020 年美国 761 家人身保险公司合计实现总承保保费 10 095.09 亿美元，从保险规模上来看，仍是全球保险业务规模最大的国家。

从我国情况看，近日中金公司发布研究报告，预计 2030 年保险行业互联网渗透率有望达到 20%，代销保险佣金收入将达到 4 040 亿元，相当于 2020 年规模的 8 倍。中金公司预测，保险销售端创新或迎来较大发展机遇。据中保协数据，2011—2020 年互联网保险总保费实现 65%的复合增长率，但互联网渗透率仍仅为 6.4%。截至

2020年6月底，目前已经在银保监会注册，并且有相关信息公开的正规保险机构一共有235家。可以看得出，目前而言，我国的保险公司跟保险经纪公司数量，还远远达不到发达国家的水平。

案例分析

相比于国际互联网保险创新实践的活跃，目前，我国互联网保险的业务模式和其他电商类似，更主要的是作为一种销售渠道来发展，其营销过程依然是野蛮式的推送营销，和线下销售本质上差别不大，商业模式没有突破创新。在产品方面，同质化问题较为严重，市场结构单一。同时，缺乏运用大数据等新技术来挖掘互联网保险产品和服务的附加价值。我国互联网保险行业的创新迫在眉睫。

第二节 互联网保险的运营模式及业务流程

一、互联网保险的运营模式

（一）互联网保险 1.0

互联网保险1.0的特点是，直接将保险产品放到一个大流量平台上（如淘宝），有一个专门的保险销售网店，客户可以自行选购中意的保险产品。比较有代表性的，像蚂蚁保险（支付宝平台）、微保（微信平台）、京东保险、小米保险等。依靠这些平台巨大的流量，可以带动保险的销售。

这种模式简单方便，适应了移动互联网时代的需求，但也存在一些问题。保险销售的第一个门槛就是保险产品的复杂性。买保险就是买条款，就是买保险合同中所约定的权利与义务，通常最简单的一个意外险，合同拿出来也是厚厚的一本，这让一个没有专门研究过保险条款的人去看条款，是不合适的。另外，由于保险中各项权利义务都是用文字描述去界定的，几字之差，涉及的权利义务可能就相差千里，很多保险理赔纠纷就是因为对保险条款理解的差异造成的。

正是基于上面的原因，互联网平台上卖得最多的是意外险、旅行险等一些短期的、低价的产品。那些长期的、产品设计相对复杂的、价格相对较高的险种，例如寿险、健康险、年金险等，一直以来在网上卖得不是很好。

由于线下传统代理人渠道一直以来被诟病太多，那些害怕被误导，害怕被推销，同时学习能力又很强的一些人，开始主动去网上找资料，去学习了解保险知识，想通过自身的学习去正确地配置保险，正是这种需求催生出了互联网保险 2.0 的销售模式。

（二）互联网保险 2.0

用数字化技术和云平台来升级互联网保险的思维，就是未来互联网保险 2.0 的开始。数字化技术和云平台的意义在于通过减少壁垒、提升数据接触面带来更多的流量，从而让大量的客户需求来推动商业模式的发展。

互联网保险 2.0 的特点如下：

（1）将客户交易流程的效率最大化，加深与客户的交互和认知；

（2）用数字化技术提升业务运营效率，提升客户体验；

（3）分析数据，获取内在观点，并据此来观察客户的需求，做出更好的运营决策；

（4）拥有产品快速迭代的能力，以及快速开发新地区市场的能力。

互联网保险平台底层的关键技术是云平台。这一技术已经存在十余年了，但如今正是其大展身手的时代。云平台也成为 Lemonade、Slice 和 TROV 这类创业公司用来为传统产品赋能的工具。云平台可以为场景险和按需保险这类新时代的产物提供强大的技术支持。

二、互联网保险的业务流程

（一）互联网保险的投保流程

1. 浏览产品信息

保险人通过各种图片、文字、视频在网站上展示保险产品的相关信息，消费者或主动或被动地浏览这些保险产品的信息。

银保监会 2020 年 12 月 7 日发布的《互联网保险业务监管办法》中第十三条写道：保险机构应在开展互联网保险业务的自营网络平台显著位置，列明以下信息：

（1）保险产品名称（条款名称和宣传名称），审批类产品的批复文号，备案类产品的备案编号或产品注册号，以及报备文件编号或条款编码。

（2）保险条款和保费（或链接），应突出提示和说明免除保险公司责任的条款，并以适当的方式突出提示理赔条件和流程，以及保险合同中的犹豫期、等待期、费用扣除、退保损失、保单现金价值等重点内容。

（3）保险产品为投连险、万能险等人身保险新型产品的，应按照银保监会关于新型产品信息披露的相关规定，清晰标明相关信息，用不小于产品名称字号的黑体字标注保单利益具有不确定性。

（4）投保人的如实告知义务，以及违反义务的后果。

（5）能否实现全流程线上服务的情况说明，以及因保险机构在消费者或保险标的所在地无分支机构而可能存在的服务不到位等问题的提示。

(6) 保费的支付方式，以及保险单证、保费发票等凭证的送达方式。

(7) 其他直接影响消费者权益和购买决策的事项。

2. 选择保险产品

消费者在对保险产品进行初步了解的基础上，选择需要购买的具体险种。

保险公司开展互联网保险销售，应在满足《互联网保险业务监管办法》规定的前提下，优先选择形态简单、条款简洁、责任清晰、可有效保障售后服务的保险产品，并充分考虑投保的便利性、风控的有效性、理赔的及时性。

保险公司开发互联网保险产品应符合风险保障本质，遵循保险基本原理，符合互联网经济特点，并满足银保监会关于保险产品开发的相关监管规定，做到产品定价合理、公平和充足。不得违背公序良俗，不得进行噱头炒作，不得损害消费者合法权益和社会公共利益，不得危及公司偿付能力和财务稳健。

3. 填写保单

消费者按照网页提示，以投保人的身份填写保单上的各类信息。在这个操作环节，一般还可以看到"重要提示""产品条款"等链接。点击链接将可以看到关于要求如实告知、免除责任、产品具体条款等相关重要信息。

《互联网保险业务监管办法》要求保险机构应提高互联网保险产品销售的针对性，采取必要手段识别消费者的保险保障需求和消费能力，把合适的保险产品提供给消费者，并通过以下方式保障消费者的知情权和自主选择权：

(1) 充分告知消费者售后服务能否全流程线上实现，以及保险机构因在消费者或保险标的所在地无分支机构而可能存在的服务不到位等问题。

(2) 通过互联网销售投连险、万能险等人身保险新型产品或提供相关保险经纪服务的，应建立健全投保人风险承受能力评估及业务管理制度，向消费者做好风险提示。

(3) 提供有效的售前在线咨询服务，帮助消费者客观、及时了解保险产品和服务信息。

(4) 通过问卷、问询等方式有效提示消费者履行如实告知义务，提示消费者告知不准确可能带来的法律责任，不得诱导消费者隐瞒真实健康状况等实际情况。

(5) 在销售流程的各个环节以清晰、简洁的方式保障消费者实现真实的购买意愿，不得采取默认勾选、限制取消自动扣费功能等方式剥夺消费者自主选择的权利。

4. 预览并确定保单

消费者按要求填写保单后，勾选"已阅读投保提示"或"信息确认无误"等确认选项。购买网站上一般会显示"预览保单"，消费者点击后可以预览保单的详细内容。

《互联网保险业务监管办法》规定，保险机构开展互联网保险业务，可通过互联网、电话等多种方式开展回访工作，回访时应验证客户身份，保障客户投保后及时完整知悉合同主要内容。保险机构开展电子化回访应遵循银保监会相关规定。

5. 支付保费

消费者确认保单信息无误后，就可以采用在线支付的方式支付保费。

《互联网保险业务监管办法》要求保险公司通过自营互联网平台开展互联网保险业务的，应通过自有保费收入专用账户直接收取投保人交付的保费；与保险中介机构合作开展互联网保险业务的，可通过该保险中介机构的保费收入专用账户代收保费。保费收入专用账户一般是指保险机构依法在商业银行及第三方支付平台开设的专用账户。

6. 查看保单并下载

缴费完成后，消费者可以直接查看和下载保单，有些网站会通过电子邮件发送保单。

《互联网保险业务监管办法》规定，保险机构开展互联网保险业务，应向客户提供保单和发票，可优先提供电子保单和电子发票。采用纸质保单的，保险公司或合作的保险中介机构应以适当方式将保单送达客户。采用电子保单的，保险公司或合作的保险中介机构应向客户说明，并向客户提供可查询、下载电子保单的自营互联网平台或行业统一查验平台的访问方式。

（二）互联网保险的投保注意事项

（1）网上投保比较适合对保险有一定认知的消费者。虽然互联网保险的信息比较透明，但是信息量大且专业性较强，消费者理解起来仍可能有一些障碍。

（2）投保前要注意查看各项告知，在明确了解了保险产品的情况下再投保，避免投保信息和保险公司的规则冲突。

（3）在网上填写信息的时候，一定要注意区分投保人信息、被保险人信息，若要确保填写的信息证实有效，这样才能查收到保单，若发生险情也能及时得到保险赔付。

（4）拿到保单或保单号后需及时验真，通常可以在保险公司网站，或通过拨打保险公司客服电话查询和验证投保情况。如果没有在约定时间内收到保单，要及时向客服人员反馈，避免因为系统或邮箱原因造成的保单缺失。

第三节　我国互联网保险的发展及政策

一、我国互联网保险发展现状

2016 年互联网保险迎来元年，互联网金融浪潮席卷着保险行业。虽然我国互联网保险起步较晚，但现在互联网保险规模急速扩大，正在成为互联网金融领域的一个新风口。

2016 年上半年，互联网保险保费收入高达 1 431.1 亿元，是上年同期的 1.75 倍。互联网保险产品逐渐丰富，已经从最初的车险、意外险等条款、费率标准化程度较高的险种，逐步扩展到货运险、信用险、万能险、健康险等一系列条款相对复杂的险种。线上渠道正以其低成本、高保障、场景化、高频化、碎片化的独特优势强力冲击着现有格局。

中国已是世界第二大保险市场，近十年来超过 20%的年均增速也使得保险业成为中国增长最快的产业之一。但放眼世界，不可否认的是，我国保险业还处在发展的初级阶段，与发达国家的保险市场还存在不小的差距。

保险深度是当地保费收入与国民生产总值之比，反映了该地区的保险业在当地 GDP 中的地位；保险密度是指区域内常住人口的人均保费额，反映了该地区保险业务的发展程度以及人们保险意识的强弱。2019 年中国行业保险深度为 4.3%，低于全球、亚洲均值水平。近年来，中国居民人均可支配收入平稳增长，2013 年至 2019 年期间保险费额增长率达 9%，居民保险资产配置步入新周期。

（一）互联网保险产品结构

按照产品结构划分，互联网保险主要包括互联网财产险和互联网人身险两种。

1. 互联网财产险

传统财产险公司中 70%以上的保费来自车险，车险的 70%都在三大保险公司手上（中国人保、太平保险、中国平安）。通过互联网的手段，用户可以在互联网上进行车险比价，自主购买。在互联网财产险领域，随着商业车险定价改革的推进，网销车险的价格优势慢慢消退，加上银保监会对第三方车险网络平台的监管逐渐加强，互联网车险当前发展陷入困境。与之相反，互联网非车险业务保持了快速增长。在第三方平台的科技驱动下，场景化、碎片化互联网非车险业务高速发展。根据保险业协会数据监测，2014—2019 年，互联网非车险业务年复合增长率高达 90.8%，呈现明显的快速增长态势。2019 年，互联网非车险保费收入为 564.09 亿元，业务占比高达 67.26%，同期增长率为 72.69%。这很大程度上得益于互联网财产险向更多场景进行渗透以及人身险和健康险高速增长。

案例分享

2020 年中国互联网财产险市场现状与竞争格局

随着互联网财产险市场的发展，市场除了最开始批准的 4 家专业互联网保险公司之外，其他如中国人保、大地保险等纷纷涉足互联网财产险业务。2020 年上半年，互联网财产险保费规模位居前八位的公司分别为众安在线、泰康在线、中国人保、大地保险、太平洋保险、国泰保险、太平保险和中国平安，合计保费收入共 277.28 亿元。众安在线保费规模位居第一，占 18.22%。

互联网车险市场中大地保险位居第一

车险是财产险领域第一大业务，2015—2020 年上半年我国车险占财产险比重虽然不断下降，但是仍然占比 50%以上。而我国互联网车险保费收入占互联网财产险保费收入的比例下降迅速，从 93.2%下降至 30.1%，下降了 63.1 个百分点。

互联网非车险市场中众安在线位居第一

随着互联网车险在财产险市场份额中占比不断下降，非车险市场开始不断拓展业务。在互联网非车险市场中，众安在线是唯一一个市场份额超过 20%的公司，达到 24.3%。其次为泰康在线，市场份额超过 10%，达到 16.4%。其余公司市场份额均低于 10%。

案例分析

随着互联网的发展，互联网保险业务也不断发展。作为保险市场的重要险种，互联网财产险市场不断发展，行业内布局互联网财产险市场的保险公司不断增多。另外由于当前国家对于互联网保险市场监管趋于加强，并倡导保险改革，未来只有规范化、规模化、创新领先的保险公司才能在市场上生存。未来行业结构趋于优化，市场竞争趋于激烈。

2. 互联网人身险

受益于城镇化率提升、“健康中国”战略、科技创新周期共振等多种向好因素，保险业正进入追求高质量发展和注重提供有效保障的时代，疫情影响下催生了更多的短期健康险需求。2021 年，中国人寿规模保费 253.2 亿元，中邮人寿保费 334.8 亿元，国华人寿保费 254.8 亿元。

2018 年起，互联网人身险连续两年保费负增长，原因在于发展初期互联网人身险险种结构过于单一，主要由理财型保险构成，面对行业政策变化时更容易受到影响。细分险种来看，寿险业务逐年下降，健康险呈现逆势高速增长态势。以短期医疗险为主，终身重疾险、定期寿险等更有利于保险公司长期发展的险种难以在互联网渠道打开市场。

（二）互联网保险渠道结构

互联网保险业不仅开发了丰富的产品线，而且推动构建了多样化的销售渠道。目前，互联网保险渠道主要包括保险公司官网、保险公司自营移动端、第三方渠道（本书包括第三方网络平台、保险专业中介机构）。渠道与产品的关系如图 5－1 所示。

图 5－1 渠道与产品关系图

运用互联网思维构建保险的网销渠道以实现流量变现是互联网保险最初的商业逻辑，然而由于保险产品具有低频、非刚需属性，单一的流量模式并不能完全发挥互联网的优势，而依托于特定的互联网场景能够一定程度上激发用户的保障需求，保险的需求度相对较强。因此，拥有优质场景的第三方平台开展保险经纪代理业务具有天然优势。

若将互联网保险销售渠道分为官方自营渠道和第三方渠道，从财产险和人身险的渠道角度来看，第三方渠道成为互联网保险的主要保费收入来源。2015—2018 年财产险第三方渠道的占比和收入总额增势迅猛，2018 年占比超过 54%，开始占据主导地位。而人身险第三方渠道保费收入有所下降，原因是传统保险公司开始重视互联网渠道，官方自营渠道占比迅速增长，但第三方渠道占比仍然高达 80%以上。2019 年第三方渠道依托其流量、结算和信用优势，实现规模保费累计 1 619.8 亿元，较 2018 年同比增长 63.3%，占互联网人身险总规模保费的 87.2%；人身险通过自营渠道累计实现规模保费 237.9 亿元，同比增长 18.2%，占互联网人身险总规模保费的 12.8%。财产险方面，2019 年财产险公司通过第三方渠道合作的规模保费累计 383.9 亿元，占比 45.8%。双方合作的主要保险产品为信用保证险、意外健康险和退货运费险等。财产险公司通过保险专业中介机构合作的规模保费累计 193.8 亿元，占比 23.1%。保险公司官网的互联网车险业务断崖式下跌造成自营平台业务快速持续下跌，2018 年 4 月首次被第三方渠道超过。2019 年保险公司自营平台财产险规模保费累计 260.9 亿元，占比 31.1%。2021 年，中国互联网人身保险业务通过渠道累计实现规模保费 2 529.4 亿元。

案例分享

互联网销售、电话销售“冰火两重天”

据中国保险行业协会披露的2019年度互联网人身险市场运行情况分析报告和寿险电话营销行业发展形势分析报告显示，互联网人身险保费增速自2014年开始下滑，2017年、2018年跌入最低点，增速分别为－23%和－13.7%。同时，互联网人身险规模保费也在2016年达到1 796.7亿元的峰值后持续走低，2017年、2018年规模保费分别为1 383.2亿元、1 193.2亿元。2019年互联网人身险不仅保费增速大幅逆转，规模保费也触底反弹，一举超越2016年的峰值水平，创历史新高。

与互联网人身保险的热火朝天不同，2019年寿险电话营销渠道的日子并不好过。报告显示，2019年该渠道规模保费出现下滑，保费增速也跌入历史最低点，同比下降17.8%。通过梳理发现，寿险电话营销渠道式微早现端倪。虽然2014—2018年该渠道规模保费一直是平稳增长的状态，甚至在2018年达到峰值213.6亿元，但是自2017年增速达到20.4%后，寿险电话营销渠道的保费增速就开始逐渐放缓，2018年保费增速就已经同比下降约13个百分点。

案例分析

相对互联网渠道，寿险电话销售成本高、人均产能低。一般而言，寿险产品相对复杂，电话难以解释清楚，销售误导难以禁止，客户有抵触心理。近年来，互联网渠道提供了更丰富的产品，更便于消费者选择。而电话销售方面，对消费者权益保护力度的不断加强，限制了电话销售的沟通时间和内容。

在疫情影响下，两渠道前景如何？近年来，各大保险公司在互联网渠道投入更多资源，越来越多的互联网平台参与保险的场景化销售。在前期中短存续期产品销售政策的不利后果逐步释放完毕的情况下，互联网保险市场迎来恢复。在疫情阶段，互联网人身险领域的竞争更加激烈。保险公司需要进一步提升产品的定制化水平，通过产品的竞争力赢得市场。

（三）互联网保险市场竞争格局

1. 互联网保险市场规模

由图5-2可知，近年来，互联网保险市场实现高速增长，参与主体从2011年的28家增至2019年的133家，规模保费从2011年的32亿元增至2019年的2 696亿元；同期，互联网保险的渗透率也从2011年的0.2%提升至2019年的6.3%，高峰时甚至达到9.2%。

年份	保险公司数量			互联网保险参与数量		
	产险	寿险	合计	产险	寿险	合计
2011	60	62	122	12	16	28
2012	63	69	132	12	22	34
2013	65	70	135	16	44	60
2014	65	71	136	33	52	85
2015	73	75	148	49	61	110
2016	81	77	158	60	61	121
2017	85	86	171	70	61	131
2018	88	91	179	69	62	131
2019	88	91	179	71	62	133

图 5-2　近年来我国互联网保险市场规模

（数据来源：中国保险行业协会）

以人身险为例，截至 2019 年，有 62 家保险公司开展互联网寿险业务。其中国人寿以累计 379.8 亿元的规模保费位列首位。此外还有中邮人寿、工银安盛人寿、建信人寿、平安人寿、中国人寿、弘康人寿、人保健康、人保寿险等互联网人身保险领先保费收入领先企业。2019 年我国互联网人身险市场 CR3 为 53.5%，CR8 为 80.1%。

财产险方面，2019 年共计 71 家保险公司开展互联网财产险业务。互联网财产险企业竞争趋于充分，市场集中度逐步下降。据统计，2019 年我国互联网财产险市场 CR3 为 56.4%。互联网保险业务渗透率存在较大的可提升空间。

其中 CR3 是指业务规模前三名的公司所占的市场份额；CR5 是指业务规模前五名的公司所占的市场份额；互联网保险业务渗透率是指互联网保险业务保费收入与保险公司全渠道原保险保费收入的比值。

2. 主要第三方保险网站

国内主要的第三方保险网站有中民保险网、保网、优保网、e 家保险网等。

中民保险网总部在深圳，是国内领先的第三方保险电子商务网站，是包含意外险、旅游险、健康险等多种保险产品在线销售的综合型保险电子商务网站。

保网总部在深圳，是国内较早、较有影响力的保险门户网站，网站大但比较杂。2010 年 7 月 29 日，保网与泛华保险服务集团签约成立泛华保网电子商务公司。

优保网总部在厦门，其母公司 eHealth 是美国最大的健康险在线投保平台，其在中国地区的技术支持为翼华科技（厦门）有限公司。

e 家保险网于 2006 年 1 月推出，主要险种为旅游交通保险——国内旅行保险、境外旅行保险、航空意外保险、交通意外保险、出国签证保险等。

第三方保险网站的业务流程具体可见图 5－3。

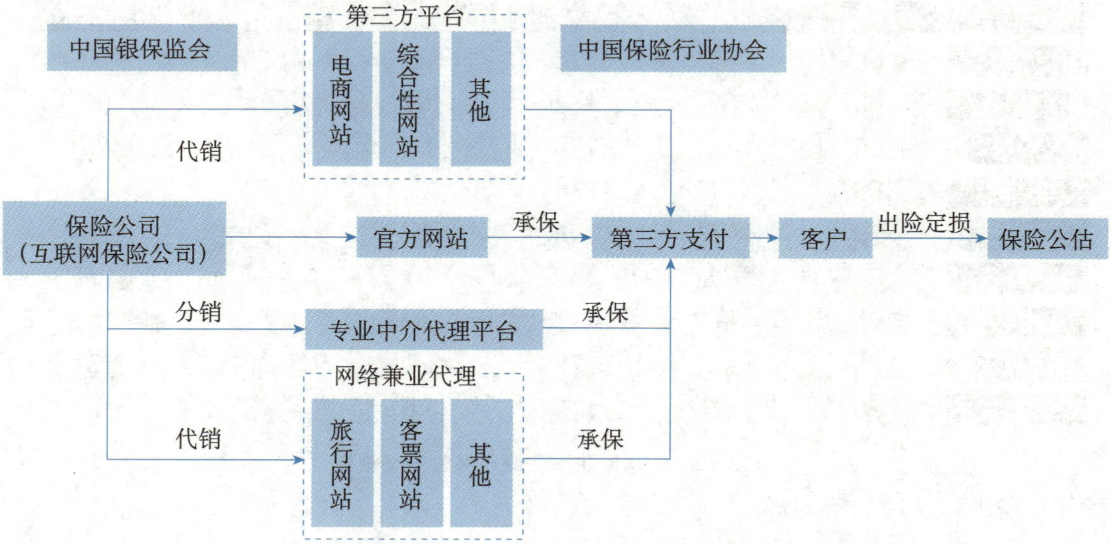

图 5－3　互联网第三方保险网站业务流程

总体来讲，近年来中国互联网保险取得了巨大成就，赢得了良好开局，但与此同时也存在一系列问题。一是产品结构单一化现象依然严重，保障型产品开发不足。二是互联网保险的成熟商业模式尚未形成，线上线下资源整合不足，渠道冲突现象比较严重。三是售后服务不够完善，客户体验有待提升。

案例分享

新付费模式的运动健康保险——步步保

众安在线财产保险股份有限公司（简称众安在线）成立于 2013 年 11 月，是国内首家拿到保险执照的互联网财产险公司，由蚂蚁金服、腾讯、中国平安等企业发起设立，并于 2013 年 9 月 29 日获中国保监会同意开业批复。公司总部位于上海，是中国最大的互联网保险公司。近年来，顺应时代发展潮流，众安在线的保险业务重心从原有的 B 端，如依靠资方背景及强大的第三方平台合作方，正在逐步向 C 端转移。2015 年众安在线为获取更大的 C 端用户规模，积极推出保险新品种，如新付费模式的运动健康保险——步步保。

目标用户：C 端，上班族及运动达人（18～55 周岁）。

保险期限：1 个月。

保险付费方式：

(1) 每天目标步数 5 000 步，保额 10 万元；

(2) 每天目标步数 10 000 步，保额 15 万元；

(3) 每天目标步数 15 000 步，保额 20 万元。

自上线 2 年内累计授权用户数已达 1 000 万，投保用户数超过 130 万，其中男女比例 7∶3。

图 5－4 为步步保手机端详情页面。

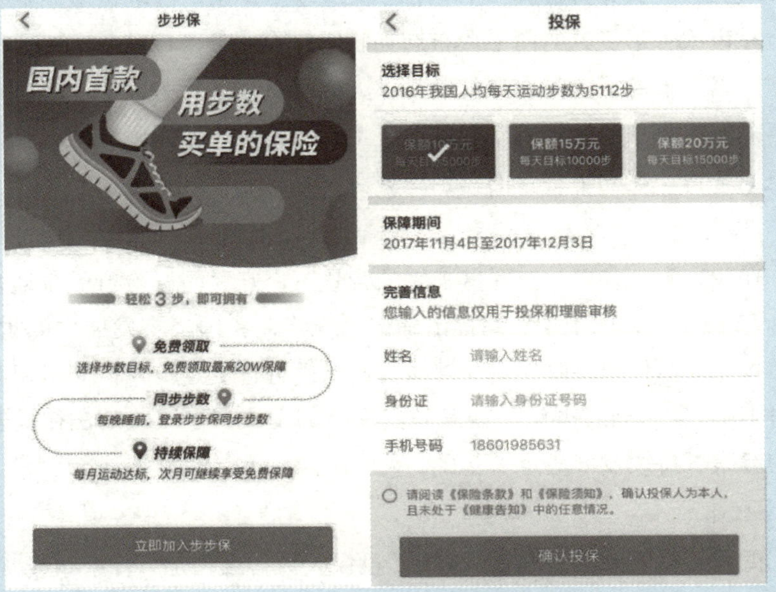

图 5－4　步步保手机端详情页面

案例分析

从众安在线的产品形态可以发现，众安在线的保险业务重心从原有的 B 端，如依靠资方背景及强大的第三方平台合作方，正在逐步向 C 端转移。从众安在线网页端和手机端交叉对比以及其他互联网保险公司的产品端（悟空保、海绵保、保险极客等）不难看出，随着移动互联网取代 PC 端互联网，移动端正一步步成为 C 端用户普遍必备的互联网使用场景。

（四）我国互联网保险行业特征

1. 行业规模迅速扩大

在互联网保险发展的前期，由于互联网覆盖率较低，整体商务环境也不成熟，互联网保险的发展较慢，运营模式也多为消费者在网上了解产品，具体的销售过程在线下实现。《中华人民共和国电子签名法》的实施，使得保险流程全程互联网化成为可能，中国人保也在 2017 年推出了我国第一款全程都在线上操作交易的产品。政策的不断完善、互联网在我国的不断普及以及第三方支付技术的成熟使得互联网金融在2013年开始爆发式发展，互联网保险也从这一年开始进入高速发展时期。

2. 第三方电商平台销售模式成为主流

互联网保险的迅速扩张使诸多传统保险公司看到机会，纷纷涉足互联网保险。2011年我国只有28家互联网保险机构，2015年已经超过100家。传统保险企业通常依托其官方网站、保险超市或者第三方电商平台布局互联网保险业务。近些年，由于我国消费者已形成网购习惯，以及电商平台具有超大流量、大数据、关联行为偏好等方面的优势，互联网保险依靠第三方电商平台销售的模式占据了主要地位，众多保险企业开始进驻淘宝、京东等第三方电商平台，建立了各自的营销旗舰店。

3. 互联网保险的监管政策日趋完善

近些年，在我国大力发展“互联网+”的背景下，互联网保险行业也迎来诸多政策利好，2014年保险行业“新国十条”的推出确定了保险在我国经济发展中的重要支柱地位。保险费率的市场化改革使得保险公司能够对其产品进行自主定价，扩大了保险行业的经营空间。《互联网保险监管暂行办法》使互联网保险的发展有了正式的法律监管和规范，为互联网保险的健康可持续发展奠定了基础。

4. 渗透率较低

近些年，我国互联网保险市场高速发展，投保人数持续增加，保险市场规模不断增大。保险行业协会发布的《2020年互联网人身保险市场运行情况分析报告》显示，2020年互联网人身保险业务累计实现规模保费2 110.8亿元，较2019年同比增长13.6%。截至2020年上半年，互联网保险规模保费收入达到1 766亿元，其中人身险保费收入为1 394.4亿元，占比接近80%，渗透率为6.6%；财产险保费收入为371.12亿元，渗透率为5.1%，两个险种保费收入在全球的排名分别排为第38位和第46位。这不仅远低于发达国家保险市场的水平，也低于全球保险业的平均水平。目前我国人均持有人身险保单数不足1张，仅为0.8张，而美国人均保单数量达到5张。由此可见，我国互联网保险仍有较大的发展潜力。

二、我国互联网保险现存问题

近些年来，虽然互联网保险在我国发展迅速，但在法律法规、道德风险、产品创新以及网络信息安全方面仍存在一定的不足。

（一）互联网保险相关法律法规需进一步完善

虽然国家出台了多部与互联网保险相关的法律法规，但总体来说，互联网保险相关法律法规仍不完善，互联网保险在交易过程中仍存在诸多违规行为。与此同时，我国还缺乏与网络消费者权益保护相关的法规。目前，规范和约束互联网保险运营的主要法律仍为1995年颁布的《保险法》，这部法律针对的主要是传统的线下保险业务，已经不能适应互联网保险的发展。2011 年以后，我国虽然相继出台了一系列针对互联网保险的法规，但是这些部门规章制度普遍缺乏权威性，且可操作性较差。此外，我国信息技术和互联网技术的发展速度过于迅猛，已远远超过了相关法律制度建设的速度，使得互联网保险交易过程容易出现漏洞。

（二）互联网保险业务存在较大的道德风险

互联网保险通过网络进行运营和销售，保险机构和客户之间缺乏面对面的交流，从而也无法通过直接接触和观察去了解投保人的风险情况。再加上当前我国信用体系不健全，保险机构在缺少客户信用信息的情况下，无法进一步了解客户所提供信息的真伪，这使得保险机构对于客户风险水平的评估变得困难且不准确。部分互联网保险机构为了做大自身规模，可能轻率做出承保的举动，给自身经营带来了一定的风险，也使得消费者权益得不到保障。

此外，互联网保险机构还会面临投保人的道德风险问题。传统保险中保险机构所面临的一个重要问题是交易双方信息的不对称。即使是在能够接触到投保人的线下交易过程中，保险机构也会面临投保人信息的真实性问题，互联网保险模式下更是如此。投保人在交易过程中利用拥有的信息优势，隐瞒于己不利的信息，用更低的价格去购买保险，这使得保险机构的风险加大。

（三）互联网保险产品创新不足且同质化严重

目前，我国互联网保险的业务模式和其他电商类似，多是在传统销售渠道之外增添互联网渠道，并没有形成一种新的业态，没有改变现有的运营模式，也并没有针对性地开发设计出大批量的新的保险品种，创新明显不足。

我国的互联网保险产品多以交通意外险和旅游意外险等短期意外险为主，这两类保险的保费收入超过整个互联网保险保费规模的四分之三。各保险机构的这两类产品也并无明显差别，同质化问题较为严重。创新不足和同质化严重使得这类保险产品缺乏竞争力，其营销过程变成野蛮的推送式营销，和线下销售本质上差别不大。互联网保险市场也呈现出结构单一、产品缺乏创新的特征，我国互联网保险行业的创新迫在眉睫。

（四）互联网信息安全仍需加强

由于互联网在信息安全和隐私保护方面的防范非常薄弱，互联网保险业务存在一定的安全隐患。虽然互联网保险机构长期以来都很重视信息安全，但其拥有海量的个人和企业隐私信息，因此成为不法分子进行网络攻击的目标，消费者和保险机构的信息存在泄露和被篡改的风险。除此之外，随着大数据分析在营销和商业决策方面的重要性加强，信息的商业价值也越来越高，使得保险机构的内部员工做出道德风险行为的可能性加大，部分员工窃取客户的私人信息并出售给不法分子用于非法行经。此外，我国目前针对互联网保险的非现场监管仍处于空缺状态，对于互联网保险面临的网络风险和市场风险，缺少有效的监管手段和措施。

三、我国互联网保险发展趋势

互联网保险从根本上改变了保险的定价、营销和服务方式，将传统保险产业难以实现的潜在需求由不可能变为可能，为保障型产品的长足发展破除瓶颈、开辟坦途，让保险保障功能得以更加充分地发挥。互联网保险发展前景广阔，未来竞争也将加剧，显然保险产品创新才是互联网保险安身立命的根本。互联网保险的本质应该是也必须是保险，互联网保险越发达，保险就越重要，所以更要推陈出新，革故鼎新。

（一）定价机制市场化

将保险经营的本质与互联网的特性进行深度融合，借助互联网平台，以及大数据、云计算等先进的技术和方法整合大量信用、交易、社交、生活习惯、公民身份等外部数据，通过计算拼接优化，使得对个人风险的精准识别成为可能，同时对识别欺诈行为和防范逆向选择都有积极意义。在产品设计方面，依托大数据、云计算、人工智能以及区块链等技术应用，保险公司在数据收集、客户画像、需求分析和策略设计等方面都获得了更进一步的能力提升。例如：保险公司通过对不同终端的数据进行归集整合，再通过机器学习等方法，能够更为精准地洞察被保险用户的真实需求，推出了一批保费低、保障高的重疾险、防癌险等个性化险种。在服务方面，借助创新技术，保险服务的运营方式、经营手段更为高效、多元化。如自助投保、手机投保、一键式投保等已经相当普遍，即使在人身险等比较复杂的领域，营销人员也可通过手机 App 或专用电子设备，实现快捷投保。针对“理赔难”这个行业痛点，加强保险科技应用，自助理赔、快赔、闪赔等服务逐渐普及。互联网销售的意外险和小额财产险，基本上都能够实现一站式自助理赔，90%以上的车险公司提供了线上理赔服务。

（二）产品创新智能化

当前数据科学、认知科学、生命科学对人类生活的影响日益深远，物联网、人工智能、无人驾驶、可穿戴设备、生物基因测序等多种技术方兴未艾，这将从根本上改变未来的产品设计。互联网保险突破了互联网技术的范畴，将人工智能、区块链等新兴技术应用于行业价值链的各个环节，推动创新不断深入，为行业发展带来更多的价值。未来的创新，不仅有来自渠道、产品的创新，更有大量与保险流程应用相结合的创新。如人工智能在保险业的创新应用，不仅体现在前端的语音智能交互，也有后端在核保或理赔环节实现的自动化智能作业。无论是提升行业效率，还是优化用户体验，互联网保险的各个技术应用点将为行业带来更深刻的价值。

（三）营销渠道数字化

正所谓渠道为王，随着数字化对人们生活的深度影响，现有的代理人渠道必然面临转型升级，未来必然实现线上线下资源整合、渠道联动、优势互补、协同发力。鉴于互联网保险具有场景化的特点，可在垂直业务上积累丰富经验和大量数据，以此设计并销售新型产品，开发新型保险市场。近年来，随着保险科技的快速发展应用，保险业在用户触达、客户服务和体验提升等方面都取得了进步。以 2017 年为例，全国互联网保险新增保单占保险业整体新增数 71%。科技的应用，降低了保险产品触达客户的门槛，有效地提升了保险的覆盖率，强化了整个社会的风险保障能力，也培养了用户的保险意识。未来，随着通信技术的升级，终端设备的多元化，科技将帮助保险业实现更广泛的客户群体连接。同时，在科技助力之下，保险业不仅能面向更多样化的客户需求、提供更高性价比的保险产品，其服务能力也将持续加强。

（四）服务模式创新化

随着产品和销售的互联网化，以客户为中心，围绕客户体验提升的运营服务模式也会逐步替代原有传统的、线下的方式，服务的便捷性、人性化和时效性必将大大提高。互联网保险的发展推动传统保险产业链逐步向保险生态演进。在传统保险公司和保险中介之外，专业互联网保险公司、互联网巨头、创新渠道等更多元的主体参与其中，共筑保险生态的市场活力。保险科技的萌芽与发展，将带来新的产业格局。随着互联网经济的快速发展，依托于互联网生态的一系列创新保险产品应运而生，以电商生态（退货运费险）为起点，围绕人们的日常生活需求，逐步发展到航旅、汽车、健康、数码产品等各类生态场景。在新技术的赋能下，各种场景的保险不仅实现了全流程在线操作，还通过持续打通数据资源、引入新技术，为用户带来了自动核保、自动理赔等一系列新的保险体验，为行业发展引入了新思维、开辟了新模式。互联网保险并不是简单的“保险上网”，而是通过对技术、产品与场景的系统性思考与搭建，实现了保险与互联网的融合。对人们的生活而言，互联网保险从生态、生活方式出发，挖掘了更生动的需求、设计出更“体贴”的产品形态，使保险从难获得变为易获得，从低频走向高频，扩大了保险覆盖的广度和深度，增强了广大保险消费者的安全感和获得感。

四、我国互联网保险业务发展政策环境

（一）宏观经济环境不容乐观

从保险周期和其他经济周期的关系来看，国内的保险周期呈现一种顺周期性，这说明我国的保险周期波动容易受到宏观经济的影响。

从 2018 年开始，全球经济复苏放缓，通货膨胀回升，货币政策收紧，贸易保护主义明显抬头，不确定因素增多。我国经济保持总体平稳、稳中向好的发展态势，结构调整深入推进，新旧动能接续转换，质量效益稳步提升，经济迈向高质量发展起步良好。但受中美贸易战和国内去杠杆、严监管等政策影响，经济下行压力较大，GDP 呈现逐季下滑趋势，这直接对我国经济增长造成压力。

在国内，我国的实体经济走势和金融市场的变化都会给保险需求、资产配置带来许多的不确定性。例如国内的汽车销售增幅下降、资产投资增速降低、出口退税力度减弱等情况，都会直接影响相关领域的需求。如果调整利率水平，就会对保险产品需求产生复杂的

影响，同时也会对保险资产配置的能力提出更高的要求。在汇率形成机制改革之后，人民币汇率的波动增大，保险公司所持有的外币资产就会受到汇率波动的影响。资本市场震荡，不仅增加了资产负债匹配难度，也给提高投资收益和防范投资风险带来了很大的压力。

从国际上来看，世界经济正在逐步繁荣，但是没有牢固的基础，存在很大的不确定性。全球金融危机的深层次影响还在，欧洲主权债务危机产生的影响应当引起重视，世界经济的结构性和系统性风险的问题仍然很突出。世界经济和国际金融市场的动荡会影响我国经济的正常运行，也可能通过外资保险公司在我国的分支机构，以及我国的保险公司在外的投资，对我国保险承保业务、投资业务产生影响。

案例分享

互联网保险迎来上升期

前几年，百度、阿里巴巴、腾讯以及京东等取得牌照资质的互联网巨头，在互联网保险市场酣战，而各大平台为了拔得头筹，争先开疆拓土，混战中互联网保险行业得以蓬勃发展。再有，监管政策从严走向从宽，给没有牌照的互联网平台，创造了继续深耕互联网保险行业的机会。2019 年 8 月，国家下发《关于促进平台经济规范健康发展的指导意见》，指出“允许有实力有条件的互联网平台申请保险兼业代理资质”。多方利好条件下，保险费用逐年递增，保险行业进入快速的发展期。数据显示，2014 年我国保险公司保费为 20 235 亿元，赔款及给付金额为 7 216 亿元；2019 年，我国保险公司保费已达到 42 644.75 亿元，赔款及给付金额则为 12 893.97 元。进入 2020 年，疫情影响下消费者买保险的意识提升，保险产品的消费增长速度也变得更快。网络数据显示，2020 年上半年，专业互联网保险公司业务增长强劲。众安在线、泰康在线、安心财险、易安财险 4 家专业互联网保险公司合计承保 43.54 亿单，累计保费收入 132.78 亿元，同比增长 44.22%，远高于互联网整体市场同期增速。这 4 家公司市场份额占比合计为 35.78%，相较 2019 年同期增长了 11.65%，且正在逐步发展壮大。

案例分析

胡润研究院发布的《2020 中国互联网保险中介服务平台 Top10》中，微保、蚂蚁保险、轻松保、慧择网、水滴保险、京东保险、苏宁保险、携程保险……赫然在列。以往，被调侃为“富人不需要，穷人买不起”的保险，长期不受普通消费者待见。现在，随着保险分类越来越多，人们愿意买了，也必须买了。例如：买车的人越来越多，车险必不可少；网上购买贵重物品，也会选择买运输险。利好政策加上资本布局，是加快互联网保险产业发展的助推引擎。

（二）金融监管环境从紧从严

2017 年以来，加强保险业风险防控、保障金融安全被提到了一个新高度，行业监管从紧从严思路进一步推进。中国银保监会成立以来，不断强调保险行业加强风险防控的重要意义，明确推进市场整治的路径举措，加速显现保险行业监管环境新特征。维护金融稳定和加强风险防范成为根本目标。近年来，互联网金融相关领域的监管文件及重要通知也密集出台。

2015 年《互联网保险监管暂行办法》（以下简称《暂行办法》）出台，要求互联网保险行业以规范发展为前提，以鼓励创新为基本原则，互联网保险行业逐渐由野蛮生长演变为在监管框架下的规范发展。

2016 年，银监会、工信部、公安部、国家互联网信息办公室联合发布了《网络借贷信息中介机构业务活动管理暂行办法》，网贷监管细则正式落地。

2017 年 12 月互联网金融风险专项整治、P2P 网贷风险专项整治工作领导小组办公室正式下发《关于规范整顿"现金贷"业务的通知》。该《通知》对现金贷的概念进行了界定，指出了现阶段现金贷存在的问题，并对潜在的金融风险和社会风险提出了警示。

2018 年 4 月，中国人民银行、中国银保监会、中国证券监督管理委员会、国家外汇管理局联合发布了《关于规范金融机构资产管理业务的指导意见》，对现阶段资管行业业务发展不规范、多层嵌套、刚性兑付、规避金融监管和宏观调控等问题进行了警示，进一步规范了金融机构资产管理业务，统一同类资产管理产品监管标准，以有效防控金融风险，引导社会资金流向实体经济，更好地支持经济结构调整和转型升级。

2018 年 5 月，银保监会又下发了《关于组织开展人身保险产品专项核查清理工作的通知》。本次整改将要求以全面规范人身保险产品开发设计行为，不断优化人身保险负债结构，提高行业产品供给质量，切实防控负债风险为总体目标，集中清理整顿一批行业历史遗留问题产品，严厉打击严重违法违规行为。根据该通知，各家保险公司对大量互联网在售短险产品做了下架停售处理，对行业整体互联网业务产生了较大影响。

2018 年 9 月，就在业界关注《暂行办法》是否将失效之时，银保监会于 9 月 30 日下发通知，称正加快修订监管办法，在新规定出台前，《暂行办法》继续有效。

2018 年 10 月，银保监会下发关于《互联网保险业务监管办法（草稿）》征求意见函，就互联网保险的相关监管办法征求行业意见。

2019 年 12 月 13 日，银保监会下发《互联网保险业务监管办法（征求意见稿）》。

为规范互联网保险业务，保护消费者合法权益，银保监会于 2020 年 12 月发布的《互联网保险业务监管办法》（以下简称《办法》）于 2021 年 2 月 1 日起施行。《办法》要求建立互联网保险营销宣传人员和行为管理制度。《办法》坚持"机构持牌、人员持证"原则，规定依法设立的保险机构是互联网保险业务的唯一经营主体，其他机构和个人不得开展互联网保险业务。《办法》全面强化持牌经营理念，严格定义自营网络平台，强调其“独立运营、享有完整数据权限”，明确“保险机构分支机构以及与保险机构具有股权、人员等关联关系的非保险机构设立的网络平台，不属于自营网络平台”。自营网络平台是保险机构经营互联网保险业务的唯一载体，客户投保页面必须属于持牌机构自营网络平台。同时，《办法》对非持牌机构的行为边界做了明确规定，规定非保险机构不得开展互联网保险业务，以负面清单形式规定五类禁止行为。对于消费者经常在社交平台上看到的保险机构从业人员的营销宣传，《办法》要求保险机构建立互联网保险营销宣传人员和行为管理制度，承担合规主体责任。《办法》对保险机构从业人员营销宣传和营销宣传内容做出针对性规定。从业人员发布的互联网保险营销宣传内容须由所属保险机构统一制作，营销宣传内容应清晰准确、通俗易懂，与保险合同条款保持一致。图 5-5 为《办法》的六大要点。

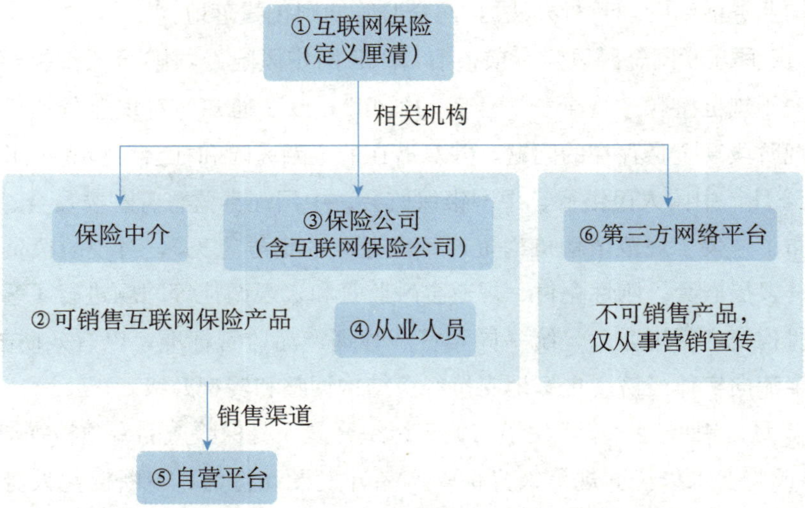

图 5-5 《互联网保险业务监管办法》六大要点

回顾我国互联网保险监管历程，每一个文件的出台都进一步厘清了互联网保险的业务和监管边界，完善了互联网保险监管措施，为精准打击非法经营和损害消费者合法权益的行为提供了制度保障。

案例分享

保险直播搅动风云

随着直播带货的走红，各行各业越来越多的商品开始走进主播们的直播间，从汽车到楼盘，不胜枚举。保险等金融产品自然也不甘落后，不仅有很多保险代理人在疫情防控期间上线做起直播销售，还有不少自媒体人现身网络直播平台，向用户推销保险产品。从越来越火的保险直播来看，保险产品正从小众商品成为大众商品。虽然疫情下，人们已经习惯了“万物皆可播”，但直播买保险还是让人觉得新奇，原因在于保险作为一种无形的契约产品，不确定性太大。不过，市场限制颇多的保险行业，能通过直播展示、销售产品且被大众接受，也说明了保险产业正加速线上化、数字化转型升级。对保险行业来说，突发疫情既是死路也是生路。一方面，线下渠道被堵，传统保险企业倚靠的线下营收损失惨重；另一方面，疫情激发了消费者买保险的意识，疫情过后保险成交量逐渐回升。有意思的是，在这场复工复产战役中，用线上直播的方式来拓展用户，成为众多保险平台复工的首选，水滴公司也不例外。水滴公司透露，2020 年 2 月起，水滴保险商城就开始尝试用直播的方式来卖保险，并且在公司内部选拔有潜力的员工，通过培训孵化，打造保险领域的网红。水滴第一次大规模的保险直播实践，是在水滴公司成立四周年之际。水滴公司创始人兼 CEO 沈鹏在快手和微信同步举办了线上用户见面会，介绍水滴公司发展史的同时，普及保险保障知识为水滴保带货。而此次保险直播效果显著，也给了水滴公司继续进行保险直播的底气。此次直播，在快手直播平台，累计观看人数超过 107 万，点赞有 6.4 万；在微信直播平台，累计有 3 万多用户在线观看；两个平台共计有超过 110 万网友参与。通过这场直播，水滴公司在快手的粉丝数量增加了 1 倍多，整场直播下来，沈鹏带货成果近 1 000 万元。其实，水滴保作为水滴公司主要的营收来源，水滴公司对其创新以求巩固保险业务实力，也是意料之中的事。近期，水滴公司对外宣布，公司已完成 2.3 亿美元 D 轮系列融资，由瑞士再保险集团和腾讯联合领投，IDG 资本、点亮全球基金等老股东跟投，最新估值为 40 亿至 60 亿美元。最引人关注的是，瑞士再保险集团目前市值约 1 600 亿元人民币，是全球第二大再保险公司。水滴公司壮大保险业务的野心路人皆知。不过，保险市场群雄逐鹿，水滴公司不是第一个进行保险直播的企业，也不会是最后一个。

值得注意的是，互联网保险行业的明星企业轻松保、水滴保，保费涨势惊人。水滴公司数据显示，2020 年上半年签单保费近 60 亿元，接近 2019 全年金额。轻松筹数据显示，轻松保在 2020 年 1—2 月，实现保费收入较上年同期增长近 10 倍的突破，一举夺魁。不仅如此，保险直播这样的新鲜玩法，也加强了消费者的消费欲望，互联网保险迎来上升期。

案例分析

作为一种较为新兴的营销手段，特别在代理人队伍转型阶段，保险直播在未来依旧会受到保险机构的高度关注，热度还将得以延续。不妨想一想，互联网直播保险还应注意哪些问题？

实训练习　互联网金融产品跨界营销策略

一、背景知识

跨界营销的出现意味着打破传统的营销思维模式，寻求非业内的合作伙伴，发挥不同品牌的效应。跨界合作的益处在于，通过行业与行业之间的跨界营销，品牌与品牌之间的相互映衬和诠释，实现了品牌认知从平面到立体、从表层到纵深、从被动接受到主动认可的转变，使企业品牌形象和品牌联想更具张力。跨界营销是在合作方式、用户体验上进行创新，而非诸如“赠送折扣券”等千篇一律的合作方式。举例来说，2015 年下半年，上海地区的优步用户登录优步 App，会看到“一个亿”专属按钮，点击按钮后，一辆专属的“壹钱包×Uber”运钞车将快速抵达，为用户赠送 1 亿元。用户扫描在运钞车上的二维码，登录壹钱包 App 后，会看到 1 亿元在账户上，瞬间体验亿万富翁的感觉。而事实上，1 亿元是壹钱包赠送的理财体验金，壹钱包的账户对接货币基金，按照 2015 年 7 月 9 日的当日收益，用户会取得 1 万元左右的理财收益。这是壹钱包通过与优步合作，跨界精准营销的一次有益尝试。搭着话题明星，壹钱包不仅扩大了知名度，而且向目标人群——那些希望通过理财增加收入，但总是没时间、没精力的普通大众，传递出壹钱包随时随地、简单理财的品牌形象。而优步与互联网金融产品壹钱包合作，也借助自身科技平台的力量，为大家带来一次理财酷感体验。

二、实训任务

假设腾讯金融计划上市一种互联网保险新产品，为了提升公司平台及产品知名度，增强平台和产品的推广力度，计划开展一次营销活动。请你运用跨界营销策略，制定线上活动计划和活动策略。

三、实训要求

（1）以小组形式开展合作探讨，每组以 4～6 人为宜。

（2）从互联网传播特点、跨界营销的关键要素出发，制定活动计划，形成活动策划方案，内容包括活动主题、活动时间安排以及内容。

思考练习

1. 简述互联网保险与传统保险的区别。

2. 简述互联网保险的优势和劣势。

3. 2020 年是保险业发展史上的重要年份，一场新冠肺炎疫情给正处转型关键期的保险业带来更多考验，开展线下业务受阻、保费增速承压、科技布局提速……试分析疫情之下，未来电销、网销两渠道的前景。

第六章

互联网信托和互联网消费金融

知识目标

1. 互联网信托和互联网消费金融的概念；
2. 互联网信托和互联消费金融的发展历程；
3. 互联网信托和互联消费金融的监管；
4. 互联网信托和互联网消费金融的发展前景。

能力目标

1. 能够比较分析传统互联网信托和互联网消费金融与传统信托和传统消费者金融的异同点；
2. 能够熟练掌握互联网信托业务模式；
3. 能够熟练掌握互联网消费金融业务模式；
4. 能够准确把握互联网信托和互联网消费金融的发展趋势。

情境导读

第一信托网——智能化的财富管理投资

北京钱景财富投资管理有限公司是一家创新型在线理财服务公司，证监会批准的独立基金销售机构。该公司位于国家互联网金融中心——北京中关村，注册资本2 000万元，目前在北京、上海、广州、深圳等10个城市设有15家分支机构。北京钱景财富投资管理有限公司成立了一家信托垂直门户——第一信托网，属于第三方信托销售平台。

该网站在线进行财富管理业务，服务高端人群，主要产品有信托和基金资管，并提供移动客户端和手机客户端。随着人们理财观念的改变，出于对实力雄厚的平台机构的信任，越来越多的客户开始接受在网上购买大额理财产品。第一信托网通过网络推荐信托产品，其承担的是营销中介的职能，运用互联网平台营销信托产品，提供专业理财服务。信托投资合同由投资者直接和信托投资公司签署，资金直接进入信托投资公司账户，风险由投资者自担，第一信托网不承担任何风险，也不承诺收益。

深度分析

信托公司的智能化配置模型通过对基金、信托等理财产品的全面评级系统，模拟真实私人理财师的服务。模型向用户收集简单的个人信息后，可以在几秒钟内给出适配用户年龄、财产、风险偏好的理财方案，并给出相应的资产配置理由，让用户了解自己的理财需求和最佳理财方案。理财知识较丰富的用户还可以自助修改方案，并得到相应的诊断信息。用户还可以随时联系理财师，通过视频、IM、电话等获得“类传统方式”的理财服务。如何焕发古老而灵活的信托的生命力，如何面对“互联网＋”时代是开放的新命题。从更深层次来看，互联网对信托公司的影响不应只停留在以互联网为工具的层面，而应该从互联网和信托的基础与本质出发，将第三方销售平台可以做的事，以合规的形式做得更好。

目前已经有部分像北京钱景财富投资管理有限公司的企业对互联网信托领域的创新展开了研究和布局，部分信托公司也已经成立专门的互联网业务团队或部门，旨在研发植入互联网“基因”的创新型信托产品。在“互联网＋”时代，信托业无论能否通过与互联网的结合实现转型升级，归根结底，都是值得尝试的。

第一节 互联网信托和互联网消费金融的定义

一、互联网信托的定义

（一）互联网信托的内涵

信托（Trust）是一种理财方式，是一种特殊的财产管理制度和法律行为，同时又是一种金融制度。信托与银行、保险、证券一起构成了现代金融体系。信托业务是一种以信用为基础的法律行为，一般涉及三方面当事人，即投入信用的委托人，受信于人的受托人，以及受益于人的受益人。在我国，受托人是特指经中国银保监会批准成立的信托投资公司，属于非银行金融机构。

互联网信托就是通过互联网平台进行的信托相关业务，如信托产品销售、获得信托产品收益权的转让、信托产品收益权的质押等业务。互联网信托平台为有资金需求的项目和有投资理财需求的主体搭建了一个安全、稳健、透明、高效的线上信托撮合平台。

互联网信托是近年来火热的互联网金融的一个全新模式，是 P2B（Person to Business）金融行业投融资模式与 O2O（Offline to Online）线下线上电子商务模式结合，通过互联网实现个人和企业之间的投融资。通俗地说，互联网信托的理念为互联网金融的安全性增加了一道保障，基于专业金融服务公司的眼光和高于金融行业的自创标准风控体系，为借款企业提供线下的信息核实、资产抵质押、信用评级等征信服务，实际确保出资人的资金安全。

（二）互联网信托与传统信托的差异

1. 商业价值观不同

传统信托关注的核心是金融产品的品质，即产品能否在风险可控的前提下获得较高的收益，风险和收益是其价值焦点。而互联网信托的核心价值是追求极致的客户体验，如何提供比竞争对手更加完美、更加贴合用户需求的服务是企业最关心的问题。

2. 盈利模式不同

传统信托以产品为中心，先销售产品，通过收益来巩固和扩展客户资源，从而达到盈利目的。但互联网信托的核心竞争力在用户流量，先通过免费或低收费的互联网平台聚集大量的客户资源，然后不断提升用户体验形成垄断的客户源，最后销售产品或服务，形成稳定的盈利模式。

3. 运营模式不同

互联网的介入彻底的颠覆了传统信托的运营模式，传统信托是纯线下的运营模式，受时间、空间、地域限制较多，模式单一但成本普遍较高，流程复杂，反应迟缓，而且缺乏与客户实时、有效的沟通平台，很难做到精准推介，容易失去客户。而互联网信托借助平台天然优势，随时随地的与客户互动交流、准确地满足客户需求：

（1）掌握平台的客户动态，利用大数据技术了解客户的真实需求，在后期实现精准营销。

（2）实时关注客户的体验反馈，通过不断地更新版本、推出新产品，改进和完善客户体验。

（3）PC 端和移动端可以提供 7×24 小时的服务平台、交易平台，不再受时间空间限制，能够最大限度地满足客户的理财需求。

二、互联网消费金融的定义

案例分享

我国首份《互联网金融消费白皮书》发布

伴随着互联网金融的不断发展，线上理财日益成为消费者的首选。为洞察互联网金融消费演进趋势，探索互联网金融营销模式，2015 年平安集团联合零壹财经研究院发布了业内首份《互联网金融消费白皮书》（以下简称《白皮书》），《白皮书》内容显示：

1. 互联网金融消费三大需求：操作简便、周期短、资金安全

《白皮书》显示，各收入阶层对互联网金融消费的需求特点几乎一致：首先是操作简便、用户体验好，其次是产品周期短、资金流动性强，最后是确保资金安全，在风险可控的情况下提供有竞争力的收益率。同时，调查发现，产生这种一致结果的原因在于安全性和流动性相对较高的“宝宝”类货币市场基金是各阶层最常购买的互联网理财产品。

2. 互联网金融消费“爆款”：货币市场基金、P2P、旅游险、意外险

《白皮书》指出，尽管线上投资者的“身家”不同，无论年收入是低于 5 万元，抑或 50 万元以上，选择货币市场基金的投资者比例均超过 30%。而近年来，P2P 平台虽质量分化加剧，风险事件频现，但凭借其收益率优势仍获得近 20%投资者的青睐。保险产品方面，额度较小、标准化程度高的旅游险及意外险产品成为销量最佳的保险产品，备受中青年男性投资者追捧。

3. 互联网金融消费人群特点：80、90 后最主力，“高管高知”最能赚

根据《白皮书》调研结果，参与互联网金融消费的人群从学历、职位、年龄三方面划分，也存在显著差异。以学历划分，曾进行过线上线下理财的本科及以上学历的投资者占比达到86%；从理财获益来看，投资收益超过16%以上的用户中，企业高管高达15%，而中层人员和普通职员比例仅为4%和3%，显示出职位高低与投资收益成显著正相关。除此之外，作为互联网“原住民”的80、90后尝试互联网金融消费的比例更是分别达到了83%和77%，堪称线上理财的主力军。该年龄段人群进行互联网金融消费的特点表现为偏好周期短、收益稳健、流动性高的金融产品，而对产品种类繁复、有资料信息泄露风险的理财平台表现出不满和担忧。

4. 互联网金融消费发展趋势：财富管理智能化，产品营销互动化

通过从多维度对互联网金融消费人群的年龄分布、行为偏好进行剖析，《白皮书》建议互联网金融平台未来的发展需着眼于优化顺畅、安全的使用体验，同时根据用户的个性化背景提供智能化、有针对性的资产配置建议。同时，在面向主要受众，即80、90后人群的产品营销中，需进一步加强对该年龄段人群互联网使用习惯的识别，以强互动的形式和娱乐化、趣味化的语境构建与受众沟通的全新纽带。

案例分析

本次《白皮书》的相关数据调查通过问卷网共收回有效问卷3 385份。这是在互联网金融的不断发展、线上理财日益成为消费者的首选，为洞察互联网金融消费演进趋势，探索互联网金融营销模式的背景下发布的业内第一份互联网金融消费白皮书。《白皮书》从互联网金融消费需求、产品等层面进行了调研，分析了投资者人群特点，并总结了互联网金融消费发展的几大趋势，从多维度对互联网金融消费人群的年龄分布、行为偏好进行剖析。

（一）互联网消费金融的内涵

传统消费金融，是指向各阶层消费者提供消费贷款的现代金融服务方式。所谓互联网消费金融，是以互联网技术为手段，向各阶层消费者提供消费贷款的金融服务，是将传统消费金融活动各环节电子化、网络化、信息化，其本质还是消费金融，但相较于传统消费金融，互联网消费金融大大提升了效率。

《消费金融公司试点管理办法》所称的消费贷款是指消费金融公司向借款人发放的以消费（不包括购买房屋和汽车）为目的的贷款。

如图6-1所示，完整的消费金融产业链包括上游的资金供给方、消费金融核心圈及下游的催收方或坏账收购方；消费金融核心圈又包括消费金融服务提供商、零售商、消费者和征信/评级机构4部分组成。

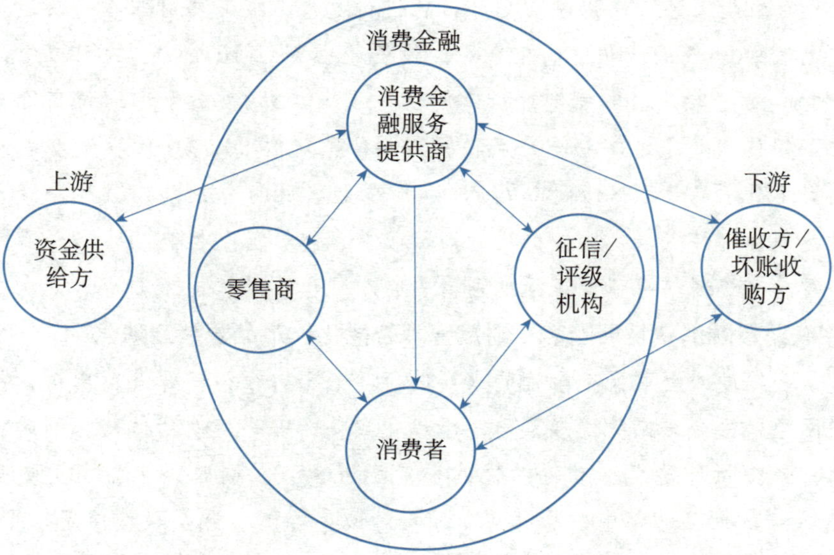

图 6-1 消费金融产业链

(二) 互联网消费金融的特点

(1) 在依托场景方面，互联网消费金融常常与各类商品、服务提供商合作，在大数据征信层面，也常常会有征信公司全程参与。

(2) 在资金端方面，有些互联网消费金融以自有资金或小贷公司的资金进行放贷，还有些通过 P2P 等理财平台进行融资后再进行放贷。

(3) 在支付方式方面，互联网消费金融也常常与第三方支付平台合作，通过其来放贷或资金回款，极大地提高了资金的流动效率；

(4) 在具体支付对象方面，有的互联网消费金融是将款项直接支付给消费者，有的是直接支付给产品、服务提供商。

(三) 互联网消费金融的重要作用

1. 互联网消费金融有助于银行开辟零售市场和中间业务

消费从家用电器、汽车、房子，到旅游、教育等，同时也相应拉动了票据承兑、代理收付、代客理财、信用卡、电子转账、担保承诺、代理融通、债务互换、信息咨询等银行中间业务的发展，增加了一定收益。

2. 互联网消费金融有助于改变银行资产负债结构失衡状况

从银行资产负债结构来看，以往金融业对储蓄这块负债，过多地运用在企业上，总认为贷国企放心、贷集体省心、贷个人担心。在经济成分发生变化后，尤其是县域经济民营化以后，基层金融业存贷款增幅亦重亦经，负债呈现刚性，资产运用弱化，贷存比逐渐拉大，信贷结构调整滞后，以致资产负债结构长期失衡，经营利润空间较为狭窄。

3. 互联网消费金融有助于完善货币政策传导机制和扩大内需

发展互联网消费金融有利于金融政策对国民经济运行的及时、准确调控，使银行拓展信贷投向领域，调整信贷结构，增强银行业务增长能力。从扩大内需的角度来说，消费对经济的发展有着重大的拉动作用。因为消费是生产的最终目的，在消费领域增加信贷投入，有利于社会再生产的健康运转，让城乡居民在货币拥有量不足的情况下，以个人信用与商品进行交换，从而以最终消费需求直接拉动经济增长。

根据经济学家的分析，居民消费每增长1%，可带动GDP增长0.5%。从国外的经验信息材料也可以看出，发展消费金融是刺激内需的一个关键。从国内市场来看，现在已进入买方市场，发展个人消费信用贷款的金融条件也相应成熟，即使是欠发达地区的家庭在住房、家电和教育等消费方面也需要消费金融给予支持。

第二节　互联网信托和互联网消费金融业务模式

一、互联网信托业务模式

（一）互联网消费信托

消费信托连接投资者与产业端，既为投资者提供消费权益，也对投资者的预付款或保证金进行投资理财，从而实现消费权益增值。互联网消费信托指借助互联网手段发售的消费信托。互联网消费信托的创新在2014—2015年较为活跃，2016年之后随着监管趋严，热度下降。互联网消费信托主要有以下两种形式：

一是信托公司与互联网平台合作推出互联网消费信托产品。2014年9月，百度联合中影股份和中信信托推出“百发有戏”，通过百度金融中心和百度理财App进行发售。2016年下半年，中信信托与蚂蚁金服合作推出消费信托产品“乐买宝”（目前已下架）。该产品当时在支付宝的界面中供消费者操作，依托网购平台与商家对接。

典型案例：继阿里巴巴推出“娱乐宝”之后，互联网巨头之一百度也于2014年9月推出“百发有戏”。“百发有戏”是百度金融联合中信信托、中影股份、德恒律师事务所联合推出的电影类消费金融项目。通过“百发有戏”，每个喜欢电影的人都可以成为电影制片人，参与电影制作和宣传，还能享受票房带来的回报，享受前所未有的“消费＋金融”新体验。首期推出的项目是电影《黄金时代》，该项目收益将根据电影的票房而定：如果票房低于 2 亿元，年利率不超过 8%；票房为 6 亿元以上，年利率为 16%。

二是信托公司打造消费信托产品，借助互联网手段进行发售。例如：2014 年 12 月，中信信托推出的线上消费信托产品“中信宝”（目前已下线），曾在微信公众号“中信消费信托”上发售；2017 年 3 月，华融信托推出消费信托产品“融华精选”，通过其微信公众号发售。

这些互联网消费信托产品与传统消费信托有较大差异（传统信托的私募特征明显，一般面向高净值客户，投资金额较大）。这些产品多未采用集合信托的结构，而是面向广大消费者，具有客户众多、小额分散等特点。这种产品结构可以回避《信托公司集合资金信托计划管理办法》关于“100 万投资门槛、投资期限至少为一年”，以及在宣传推介和发售等方面较为严格的限制规定。但由于目前尚未有针对消费信托的监管文件出台，这种在监管空白领域进行的业务创新，面临较高的合规风险。

典型案例：在目前经济转型的背景下，互联网消费信托日渐成为信托公司转型热点。2017 年，华融国际信托有限责任公司（下称“华融信托”）顺应时势推出“融华精选”消费信托服务。初期，华融信托选择的消费信托是在互联网渠道销售有机蔬菜、鸡蛋等生鲜产品，这是国内信托公司推出的首个互联网消费信托。

案例分享

互联网消费金融知几何?

所谓消费金融，就是向消费者提供消费贷款的金融服务方式，通俗点说，就是消费者缺钱消费的时候通过借钱，通过消费金融方式购买买不起的东西。依据贷款的用途，又分为汽车贷款、住宅贷款、住宅改良或修缮贷款、教育和学资贷款、小额生活贷款、度假和旅游贷款等。在互联网金融领域，P2P 行业频频面临信任危机。在整个行业监管加严的形势下，人们关注的焦点便投向了互联网消费金融。有基于消费场景的，如花呗、京东白条；也有纯借现金的，如支付宝的借呗、腾讯的微粒贷等。在互联网消费金融领域，每一笔都是用于个人消费的小额贷款，消费的去向非常明确。相关数据显示，2019 年我国消费金融市场总体信贷余额达 13.3 万亿元，同比增速 18.1%，其中互联网消费金融信贷余额达 2.27 万亿元，环比增长 51.1%。预计 2024 年中国消费信贷规模将超过 37 万亿元。

案例分析

互联网消费金融的发展，最主要的还是依赖于科技的进步和互联网的快速发展，尤其是电商平台和线上支付手段的发展。互联网消费金融与传统的消费金融最主要的不同点，就在于互联网消费金融可以充分利用互联网的技术优势，在“互联网+”的时代背景下，充分利用互联网软件开发消费者多种多样的消费需求，如装修、购物、校园、租房等，这些软件在便利人们生活的同时，也将消费与互联网变得密不可分，也就自然为消费金融公司提供了大量的客户资源和为客户提供金融服务的入口。不仅如此，互联网消费金融公司还可以通过这些入口打造情景化消费，提升客户黏性。随着大数据时代的到来、人工智能等技术的发展，消费者的线上消费和金融记录都在被用来做个人信用分析，为互联网消费金融产品的风控提供可靠的参考。

（二）互联网信托直销

互联网信托直销，即信托公司通过互联网渠道（包括官网、手机 App 等）销售信托产品。不同于银行及证券公司等其他金融机构，信托公司缺少营业网点，销售能力受限，搭建自己的直销平台则开辟了新的销售渠道并减少了对第三方平台的依赖，合规争议也不大。因此，互联网信托直销有望成为互联网信托的主流业务模式。互联网信托直销的兴起有很强的监管背景。2007 年，银监会《信托公司集合资金信托计划管理办法》禁止信托公司通过非金融机构进行产品推介。2014 年，银监会《关于信托公司风险监管的指导意见》重申禁止第三方理财机构直接或间接代理销售信托产品。信托公司纷纷自建互联网直销平台，例如建立互联网营销网站、开发手机 App、设立微信公众号等。

（三）互联网理财平台的信托拆分

信托持有人或受益人享有信托受益权。尽管信托受益权和信托收益权在法律上并没有具体界定，但一般认为，信托受益权是包括收益权等财产权利在内的综合权利。在 2014—2015 年的互联网金融热潮中，出现了多家涉足信托受益权拆分转让业务的第三方互联网理财平台，代表者是梧桐理财和信托 100。但信托受益权或收益权拆分从推出以来，一直备受合规争议。2016 年后随着监管趋严，这些平台在合规压力下纷纷转型，但目前仍然存在以信托收益权拆分及转让为名开展业务的互联网理财平台。互联网理财平台的信托受益权或收益权拆分最大的问题，很难符合《信托公司集合资金信托计划管理办法》的规定。根据《信托公司集合资金信托计划管理办法》，在信托计划存续期间，虽然受益人可以向合格投资者转让其持有的信托单位，但信托受益权进行拆分转让后，受让人不得为自然人，且机构所持有的信托受益权不得向自然人转让或拆分转让。另外，按照 2016 年互联网金融专项整治确立的穿透式监管原则，该类业务涉嫌违反集合信托“投资于一个信托计划的最低金额不少于 100 万元人民币，单个信托计划的自然人人数不超过 50 人”的规定。此外，还存在不少有待讨论的合规问题，例如：多盈理财就通过媒体表示，其业务是合规的，因为法律并没有限制信托收益权拆分转让。但该业务在风险内涵上与信托受益权拆分转让并无区别，所以仍有待监管层给出明确的意见。

二、互联网消费金融业务模式

消费金融的发展，是社会经济发展达到一定程度之后大概率会出现的消费和金融产品形式。在微观经济运行层面，大部分个体的持有货币与其消费需求之间都存在巨大的张力。在经济发展尚未实现大部分人拥有稳定的、有预期性的收入，且这项收入可以覆盖基本的生活成本的前提下，个人的购买力与消费需求之间的张力，是通过替代性产品或者干脆消灭需求来解决的。但是经济的发展使得大部分人都有可能实现在覆盖基本生活的基础之上有稳定的、有预期性的收入，那么解决短期供给张力的消费金融便会蓬勃发展起来。

与互联网消费金融发展相对成熟的欧美国家相比，我国的互联网消费金融在模式上依旧是延续欧美国家的类似模式。从本质上来看，互联网消费金融的核心是消费信贷，这是一切业务和交易结构设计的出发点和落脚点。按信贷的来源和担保措施来划分，互联网消费金融可以被划分为三种不同的模式，分别是：电商互联网消费金融、信贷互联网消费金融，以及 O2O 合作引流模式互联网消费金融。

（一）电商互联网消费金融

电商互联网消费金融运营模式是以电商平台为基础，通过为客户提供商品的分期服务促进其在平台上进行消费，并提供理财服务。此类模式最为熟知的便是支付宝的花呗和京东金融的京东白条。这种业务模式充分借助了电商平台的大数据优势。客户在购买商品的过程中，电商平台通过对大数据的分析，确定对特定商品的分期，并对海量客户进行分析，根据客户的消费能力和信用等级进行授信。当消费者完成商品消费后，由京东白条或花呗向供货商提供资金，最后由消费者按照贷款期数偿还借款。

（二）信贷互联网消费金融

信贷互联网消费金融采取手机 App 与场景相结合的运营模式，客户可以通过手机客户端填写个人资料申请贷款，得到现金后用于日常生活消费，但是资金的具体用途难以掌控。纯信贷互联网消费金融运营模式是将消费者的消费借款以未来应收账款的形式转让或出售给互联网理财平台，平台将其进行打包并包装成互联网理财产品，提供给投资人进行投资。该种模式下的互联网理财平台属于中介平台，将投资人的资金提供给消费者进行商品的分期支付，最后再由消费者按照规定的分期时间对投资人进行连本带息的借款偿还。从当前纯信贷互联网消费金融的发展情况来看，消费者的借贷风险主要是由互联网理财平台承担。而互联网理财平台则主要通过大数据与云计算等互联网技术创新金融场景，以最大限度地控制坏账风险。

在这样的背景之下，国内政府也适时出台相关政策进行鼓励。2016 年中国人民银行、银监会共同出台了《关于加大对新消费领域金融支持的指导意见》，表明要积极发展与培育互联网消费金融的组织与体系，对现有的消费借贷管理模式进行升级与创新，改善当前消费金融发展环境，加大对养老消费、信贷消费、绿色消费、休闲消费、教育文化消费、农村消费六大领域的支持。政府使用互联网消费金融的温和方式带动整体的消费转型与升级，利用互联网金融产品的创新性，谋求消费对经济增长的拉动力，再加上政府大力推行的“互联网＋”计划，可以预见互联网消费金融正面临前所未有的发展机遇。

案例分享

京东消费金融业务布局

京东金融基于京东这个多年来积累交易数据、物流数据和仓储数据的金融科技平台之上，目前已形成了支付、供应链金融、消费金融、众筹、财富管理、保险、证券七大业务板块。现在，其消费金融业务已经拓展到京东体系外，通过输出风控技术和风险定价等能力，为更多的线下消费场景提供产品、服务、资金融通解决方案，服务用户消费升级、财富增值以及企业资金管理等新生需求，助力创新创业，促进中国实体经济发展和结构转型。图 6－2 为京东生态布局。

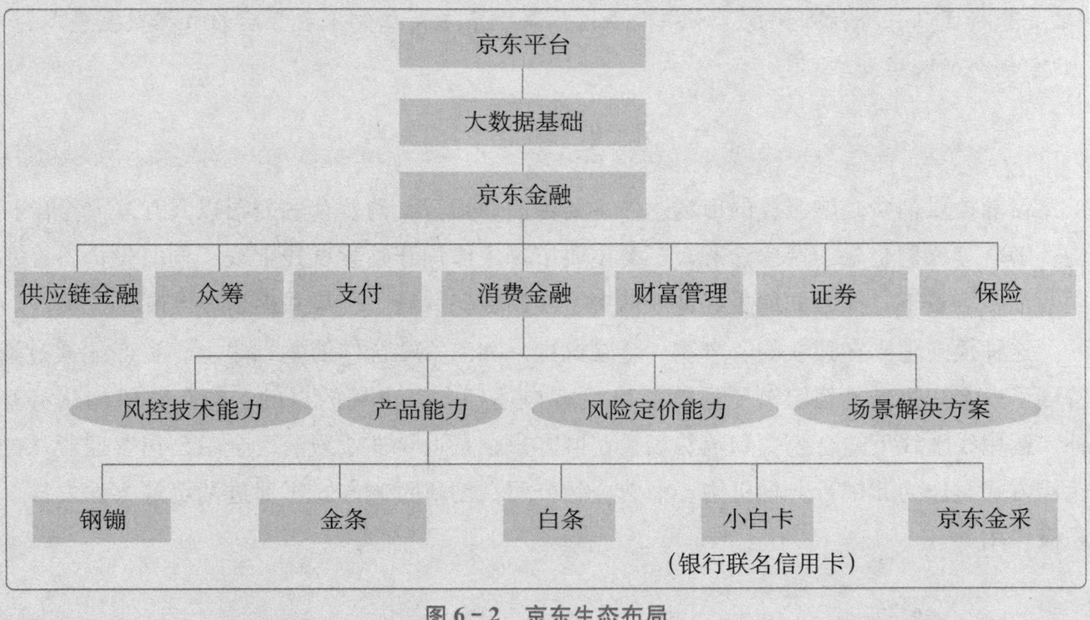

图 6－2　京东生态布局

作为消费金融第一品牌，京东金融除了提供众多创新产品，还对京东消费金融服务流程精细打磨，强化第一品牌内涵。例如：将京东白条的产品服务定义为“快消费”，实现“一分钟审批，一秒钟支付”快速便捷的消费体验。这样的“快”体验让业界同行望尘莫及，同时也为京东带来了月均25％的快速用户增长量，使京东白条成为名副其实的“快消品”。首款互联网信用支付产品京东白条，上线即取得令业界瞩目的成绩，京东金融立即趁热打铁，迅速与联合链家地产、远洋地产、中信银行、爱旅行等实力强大的合作公司或机构，创新性地推出一系列“白条”产品。京东“白条+”战略也已将消费金融业务拓展到京东平台之外的大学、农村、旅游、企业采购、租房、售房等领域，成为业内用户覆盖面最广的企业。

其中，校园白条将成为京东创业生态圈的重要部分，未来的发展规划包括为大学生提供助学贷款，给他们提供更好的学习条件；助力校园创业，校园招聘等。而另一个重要板块——农村金融目前已获得突飞猛进的发展，仅2015年服务于农村金融的物流配送体系就已在1 900个区县建立了配送点。

案例分析

做好消费金融，最大的难点就在于如何有效控制贷款的风险，随着市场的不断扩大，风险也会积聚。此时的消费金融市场正需要建立一个良性、可持续性的业态，做好风险防控，引导好市场的发展。京东生态大数据、京东用户信用等级体系和国际顶尖的数据分析团队三个核心构建了京东大征信体系。京东大征信体系背后的数据壁垒是取得竞争优势的关键所在。

（三）O2O合作引流模式互联网消费金融

目前提供消费金融服务的市场主体主要为商业银行、消费金融公司以及互联网金融机构。随着互联网金融的快速渗透，三类主要市场主体均开始尝试线上线下同时发力，在不同的消费场景下，探索如何更好地在消费金融领域保持竞争优势并逐步扩大市场份额。

这种模式建立在独立的资产端（金融机构）和消费端合作的基础之上。资产端通过消费端了解客户需求甚至定制专属产品满足客户达到占有市场的目的。与合作机构优势互补、运用线上线下结合模式和消费场景获取客户，是近年来新型消费金融公司普遍尝试的运作方式。作为非银行金融机构，消费金融公司在创新服务方式、促进消费等方面发挥了积极作用。

案例分享

O2O商业模式助力信用生活

中邮消费金融确立的是以线下邮政邮储网点为基础，线上“中邮钱包”App推广为引擎，与合作机构优势互补的O2O商业模式，其线下业务已从广东逐步拓展至全国。

苏宁消费金融挖掘苏宁线上线下近3亿名会员和1 600多家门店资源，同时还陆续开发了教育、旅游、家装、租房等应用场景，促进新消费持续升级。从经营战术而言，降价、免息、分期等通常是消费金融公司占领市场、获取用户采取的策略。数据显示，苏宁消费金融开业至2016年，通过“购物满减”“分期免息”等活动就向消费者让利合计超过6 000万元。仅当年“双11”当天，“任性付”免息分期贷款占比就超过96%，让消费者享受到了实实在在的优惠。

案例分析

消费金融的发展，离不开与消费场景的紧密结合，“场景化”是消费金融发展的重要方向。中邮消费金融通过一系列产品，有效触达更多的消费客群，让用户随时享受到更加优质便捷的支付体验。通过持续提升产品的便捷性和多元性，中邮消费金融目前已实现微信支付、消费分期、账单分期、交易分期等功能，未来将进一步挖掘场景资源，深化消费金融场景布局。

三、互联网消费金融合作资金模式

互联网消费金融正在成为一个快速膨胀的巨无霸，2019年互联网金融放贷规模已经突破10万亿元，这个庞然大物背后的资金来源就是其中非常关键的一环。目前市面上常见的互联网消费金融合作资金模式的形成，本质来源于2017年《关于规范整顿“现金贷”业务的通知》这份文件，其中重要的一条：“未依法取得经营放贷业务资质，任何组织和个人不得经营放贷业务”，将市场上可以从事贷款业务的主体基本确定为商业银行、信托公司、消费金融公司、小额贷款公司。上述所有机构在开展贷款业务时都需要遵守该文件中设立的共性监管要求，其中前三类机构需要遵守《个人贷款暂行管理办法》的规定，小额贷款公司则根据《关于小额贷款公司试点的指导意见》由各地的金融办进行属地监管，各地政策存在一定的差异但并不会很大。

在强监管下，互联网消费金融行业面临严峻的业务资金获取挑战，除小额贷款公司外，上述三类牌照直接归银保监会监管，新申请非常困难，设立后运营成本极高。与金融机构合作资金模式一般分为联合贷和助贷两种，再根据是否引入担保或保险公司，分为联合贷模式、联合贷+担保/保险模式、助贷模式、助贷+担保/保险模式4种模式。

（一）联合贷模式

联合贷模式指互联网消费金融平台与合作金融机构基于共同的贷款条件和统一的借款合同，按约定比例出资，联合向符合条件的借款人发放互联网贷款。由金融机构提供主要资金，互联网消费金融平台提供小部分资金，出现风险后双方共同承担。

这种模式的业务流程和交易结构如图 6－3 所示。

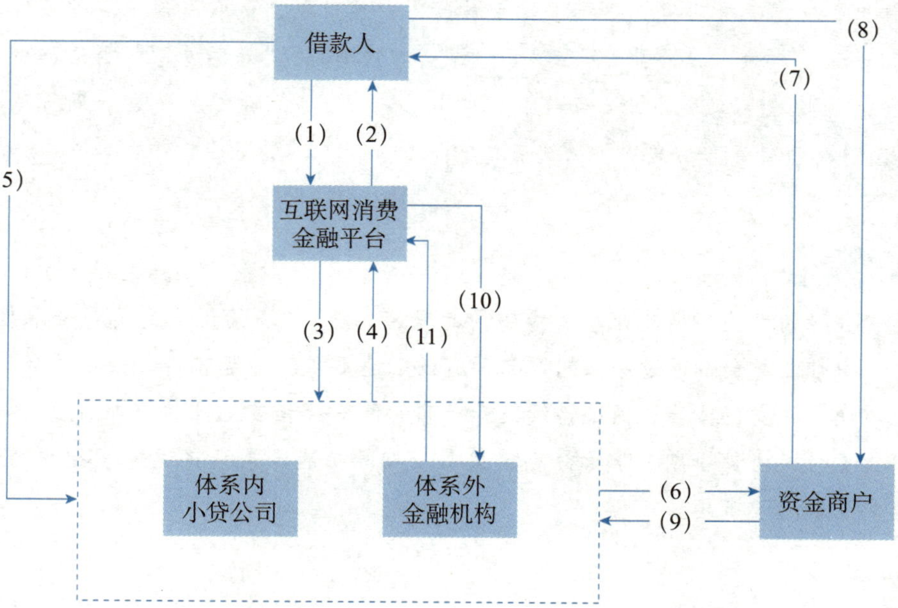

图 6－3　联合贷模式流程图

（1）借款人通过互联网消费金融平台获取信贷产品信息，提交借款申请；

（2）互联网消费金融平台对用户进行授信评估，将评估结果反馈给借款人；

（3）互联网消费金融平台通过资金路由机制将授信的用户进行分发，分发给联合贷资金方；

（4）出资方共同确定客户筛选标准，联合风控筛选出目标客户并进行联合授信；

（5）借款人与所有出资方签署借款协议；

（6）出资方归集放款资金到资金商户，并发送放款指令；

（7）出资方通过资金商户向借款人发放借款；

（8）按出资比例结算回款，回款通过资金商户至所有出资方；

（9）提现资金到对应银行账户；

（10）体系外金融机构与互联网消费金融平台进行每日对账处理；

（11）互联网消费金融平台与体系外金融机构进行导流服务费的结算。

（二）联合贷＋担保/保险模式

在上述的联合贷模式基础上，再引入担保公司或者保险公司，一般是将用户收益的一部分来购买保险公司的履约保证保险或者引入担保公司提供一般保证，例如用户利息的 3%。这种模式下的好处是可以更好地将坏账出表，坏处是对于互联网消费金融平台会损失一部分导流收益。

这种模式的业务流程和交易结构如图 6－4 所示。

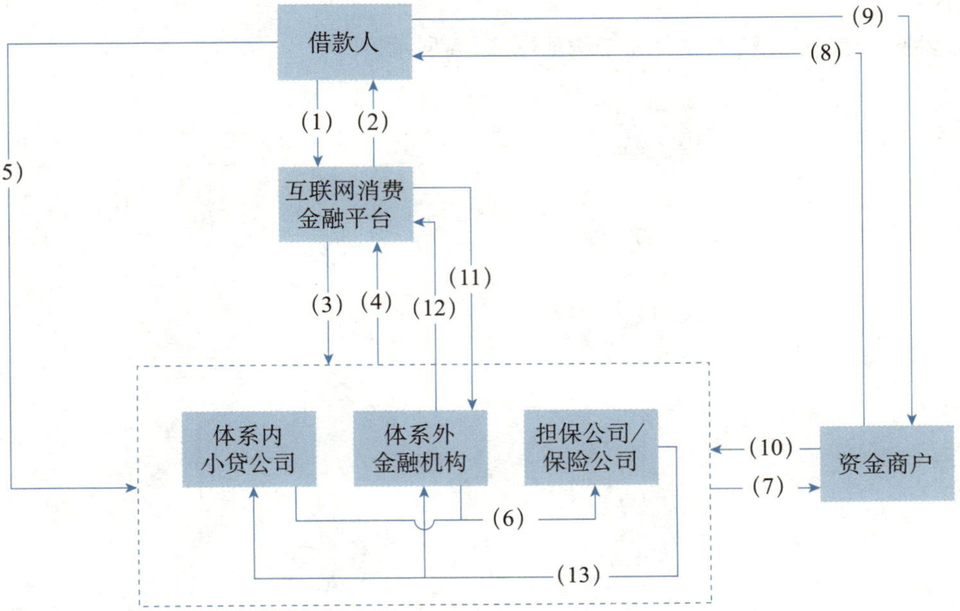

图 6－4　联合贷十担保/保险模式流程图

(1) 借款人通过互联网消费金融平台获取信贷产品信息，提交借款申请；

(2) 互联网消费金融平台对用户进行授信评估，将评估结果反馈给借款人；

(3) 互联网消费金融平台通过资金路由机制将授信的用户进行分发，分发给联合贷资金方；

(4) 出资方共同确定客户筛选标准，联合风控筛选出目标客户并进行联合授信；

(5) 借款人与所有出资方签署借款协议；与担保公司/保险公司签署担保协议/保险协议；

(6) 体系内小贷公司和体系外金融机构提供借款合同信息及用户信息给担保公司/保险公司；

(7) 归集放款资金到资金商户，并发送放款指令；

(8) 出资方通过资金商户向借款人发放借款；

(9) 结算回款通过资金商户至所有出资方和担保/保险资金商户；

(10) 提现资金到对应银行账户；

(11) 体系外金融机构与互联网消费金融平台进行每日对账处理；

(12) 互联网金融消费平台与体系外金融机构进行导流服务费的结算；

(13) 担保公司/保险公司履行义务，按照要求进行逾期回购或者赔偿。

(三) 助贷模式

助贷模式是通过互联网消费金融平台渠道获取符合金融机构标准的借款人，金融机构对借款人进行全方位风险识别与评估后，放款至借款人指定账户或委托信贷平台放款的业务模式。

这种模式的业务流程和交易结构如图 6－5 所示。

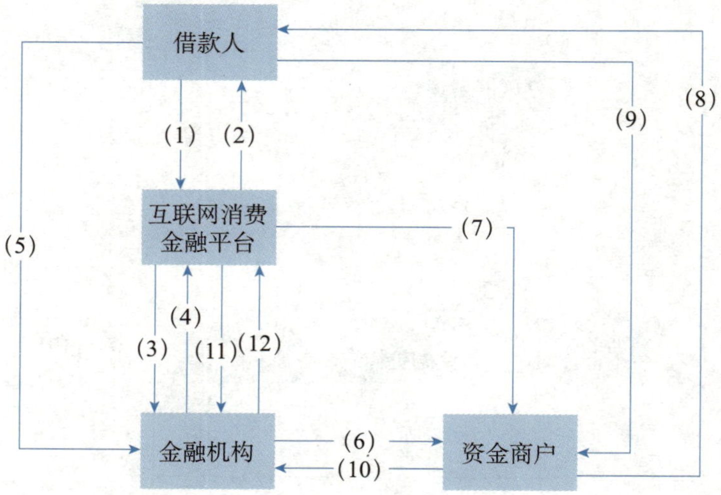

图 6－5　助贷模式流程图

（1）借款人通过互联网消费金融平台获取信贷产品信息，提交借款申请；

（2）互联网消费金融平台对用户进行授信评估，将评估结果反馈给借款人；

（3）互联网消费金融平台通过资金路由机制将授信的用户进行分发，分发给助贷资金方；

（4）金融机构对借款人进行风险识别与评估。

（5）借款人与金融机构签署借款协议；

（6）金融机构直接调用资金商户进行放款；

（7）金融机构委托互联网消费金融平台进行放款，互联网消费金融平台调用资金商户进行放款；

（8）资金商户放款给到借款人的银行账户；

（9）用户还款归集至资金商户；

（10）结算回款通过资金商户至金融机构；

（11）金融机构与互联网消费金融平台进行每日对账处理；

（12）互联网消费金融平台与金融机构进行导流服务费的结算。

（四）助贷＋担保/保险模式

在上述的助贷模式基础上，再引入担保公司或者保险公司。金融机构收取固定收益，剩余收益来购买保险公司的履约保证保险或者引入担保公司提供一般保证/连带责任保证。

例如用户一笔合同借款利率为16%，7%作为金融机构固定收益，剩余的9%交给保险公司或者担保公司。当发生约定情形时，担保公司或者保险公司向金融机构进行代偿，一般互联网消费金融平台会为担保公司或者保险公司提供反担保。

这种模式的业务流程和交易结构如图6-6所示。

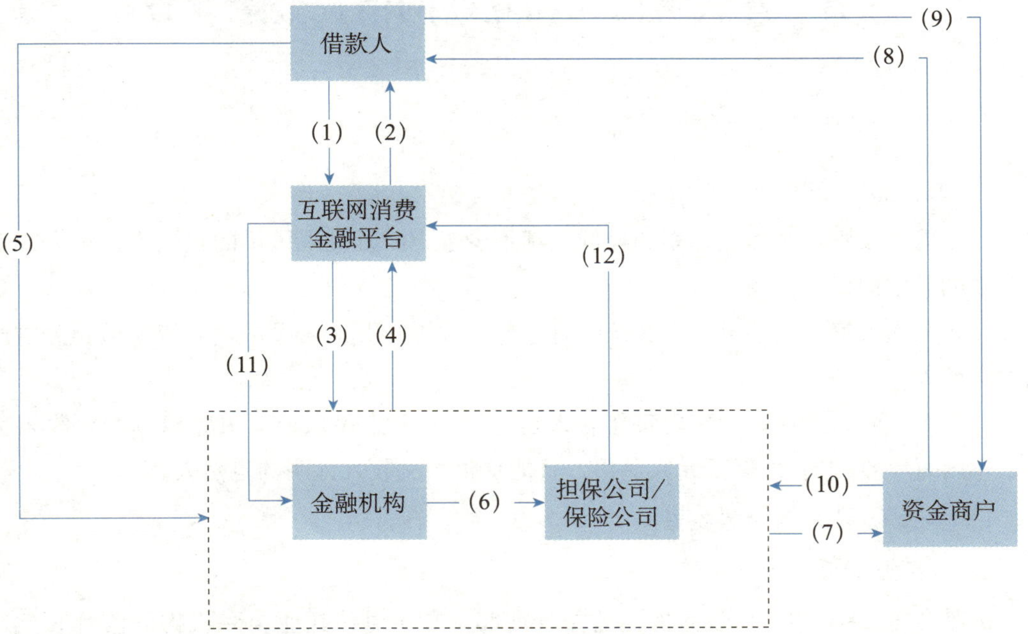

图6-6 助贷+担保/保险模式流程图

(1) 借款人通过互联网消费金融平台获取信贷产品信息，提交借款申请；

(2) 互联网消费金融平台对用户进行授信评估，将评估结果反馈给借款人；

(3) 互联网消费金融平台通过资金路由机制将授信的用户进行分发，分发给助贷资金方；

(4) 金融机构对借款人进行风险识别与评估；

(5) 借款人与出资方签署借款协议，与担保公司/保险公司签署担保协议/保险协议；

(6) 提供借款合同信息及用户信息给到担保公司/保险公司；

(7) 归集放款资金到资金商户，并发送放款指令；

(8) 金融机构或者互联网消费金融平台通过资金商户向借款人发放借款；

(9) 用户还款归集至资金商户；

(10) 结算回款通过资金商户至金融机构和担保/保险资金商户；

(11) 金融机构与互联网消费金融平台进行每日对账处理；

(12) 金融机构收取固定资金成本，超额利息收益归属到担保公司/保险公司，担保公司/保险公司扣除通道费后返还给互联网消费金融平台。

第三节　互联网信托和互联网消费金融业务监管

一、互联网信托监管

（一）互联网信托合格投资者

（1）能够投资一个信托计划的最低金额不少于100万元人民币的自然人、法人或者依法成立的其他组织；

（2）个人或家庭金融资产在其认购时总计超过100万元人民币，且能提供相关财产证明的自然人；

（3）个人收入在最近三年内每年收入超过20万元人民币或者夫妻双方合计收入在最近三年内每年收入超过30万元人民币，且能提供相关收入证明的自然人。

（二）互联网信托业务监管

1. 信托监督管理部

银监会于2015年1月设立信托监督管理部，专司对信托业金融机构的监管职责，将对信托的监管从非银行金融机构中独立出来，是对信托监管专业化和规范化的体现，部门之间的职责界定变得更清晰，监管力度以及监管效率有很大程度的提高，对信托业发展产生了很大的推动作用。

长期以来，信托业务一直由银监会（2018年以后的银保监会）非银部监管，同时非银部还管理着企业集团财务公司、金融租赁公司、汽车金融公司、消费金融公司等四类机构。信托行业发展迅速，如今规模庞大，业务多样且复杂，为了更好地促进行业发展，更好地把控风险，由更专业的人从事监管是必要之举。截至2020年三季度末，信托业受托管理的信托资产余额为20.86万亿元。但同时，信托业也面临增速放缓，牌照红利逐步消退的压力与尴尬。设立信托监督管理部是进行分类监管，可以提高对信托业监管的有效性和针对性。

2. “卖者尽责、买者自负”原则

信托公司应切实履行“卖者尽责”义务，坚持把合适的产品卖给适合的对象；投资者要仔细阅读认购风险申明书，遵循“买者自负”原则，自行承担风险损失。

现实中有不少金融机构和投资者未能充分理解“卖者尽责、买者自负”的内涵，相关措施有欠细致。以投资者适当性管理为例，“了解你的客户”（KYC）往往被大而化之地执

行。例如客户在银行开立如“纸原油”“纸黄金”等的交易账户时，所回答的风险测评问题大同小异，很少涉及具体金融知识。随着互联网技术的发展，很多银行代客业务账户实现线上开立，风险测评也搬到网上，几分钟就能完成格式化模板，KYC恐怕会流于形式。对于一些高风险投资业务，金融机构未能严格落实柜台开户审核。

切实有效的投资者风险测评，本身就是信息披露和风险揭示。以证券投资领域的开户为例，投资者在开通两融账户或者科创板、新三板账户之前，风险承受能力测评问题多涉及相关业务领域的具体交易制度、潜在风险等内容。投资者在回答问题时，可检视自己是否真正了解所投金融产品。风险厌恶型投资者面对不熟悉的领域，或许就会知难而退。

“看不懂产品说明书”是很多金融消费者最现实的困难。严谨的法律文书通常晦涩难懂，投资者经常面临两方面突出问题：一是银行客户经理在向投资者解释的过程中，有时存在避重就轻、忽视强调潜在风险的问题，甚至很多基层网点的客户经理自己都未真正了解所要推介的金融产品；二是一些代客业务已完全实现线上操作，投资者面对的信息披露和风险提示全部来自干巴巴的法律文书，凭借有限的专业知识有时很难读懂文义。

3. 净资产余额的1%认购保障基金

2014年中国银监会办公厅《关于做好信托业保障基金筹集和管理等有关具体事项的通知》要求各家信托公司于2015年4月1日前按去年净资产余额的1%认购保障基金，以信托公司自有资金进行认购。4月1日后新设立的信托计划将按照规模向信托公司或融资方征收保障基金。保障基金作为构建信托业风险的“安全网”，可将行业风险与政府有效隔离，通过保障基金的介入，换取风险缓释和化解的“时间窗口”，将单体项目和单体机构风险消化在行业内部，是逐步释放存量风险、减少对金融市场乃至社会负面冲击的关键手段，是信托行业的一项重要基础设施建设。

4. 信托公司行业评级

2015年12月16日，中国信托业协会组织制定的《信托公司行业评级指引（试行）》正式发布。该评级体系涵盖四大板块、11个指标的内容，包括资本实力板块（Capital Strength）、风险管理能力板块（Risk Management）、增值能力板块（Incremental Value）、社会责任板块（Social Responsibility），简称“短剑”（CRIS）体系。评级结果根据各项评价内容的量化指标得分情况综合确定，将信托公司划分为A（85［含］～100分）、B（70［含］～85分）、C（70分以下）三级。

信托评级对信托公司的影响是显著的，更好的评级对上意味着监管层对公司综合实力的认可，在项目审批时更容易获得通过；对下则意味着信托产品更受市场信任，能够更快更好地开展业务，有更低的交易成本和更高的利润空间。对于投资者来说，在选择信托产品时，A级信托公司的项目比C级信托公司的项目有更高的安全边际。尽管每个信托公司都有一定的不良率，但A级信托公司的风险管理能力更高，往往意味着风控措施更有效，投资者“踩雷”的可能性也就越小。

二、互联网消费金融监管

随着科技、经济、社会进步而快速发展，互联网消费金融日益成为金融市场中重要的发展趋势。与此同时，一大批违法经营金额较大、社会涉及面较广、社会危害性严重的互联网消费金融案件的发生，引发了社会各界的广泛关注，并对互联网消费金融监管提出了巨大挑战。与传统金融相比，互联网的涉众性、消费场景的复杂性以及金融的不确定性，必然导致互联网消费金融更具有风险扩大性、风险传染性以及风险隐蔽性。从风险防范角度来看，对互联网消费金融活动实施监管不仅必要，而且具有非同寻常的重要意义。无论是英国实施的宏观审慎与微观审慎结合的“双峰”监管，还是美国采取的以美联储为监管中心的统一监管，可以看出对金融活动实施审慎监管是大多数国家为防范金融风险所普遍采取的做法。

案例分享

美团金融投诉量持续攀升

根据消费投诉平台聚投诉统计数据，该平台 2019 年度投诉量排名前十的商家全部来自消费金融领域，累计有效投诉量达 13.53 万件。其中，两家为持牌消费金融公司（捷信消费金融、马上消费金融），其余八家均为互联网金融平台。由此可见，互联网消费金融问题颇为突出。近年来，互联网公司因拥有庞大的客户群及消费流量入口，纷纷试水消费金融业务，如阿里巴巴推出花呗、借呗，京东推出京东白条，美团也于 2017 年成立了美团金融，主要为包括美团合作商户在内的中小微餐饮企业提供金融服务。

据聚投诉数据，2019 年，聚投诉共接到全国消费者对互联网消费金融行业有效投诉量 61.3 万件，同比大增 190%，其中 30.13 万件获得解决，解决率 49.1%；超过 7 800 个互联网消费金融商家被投诉，其中有效投诉量超过 100 件的商家有 720 个，较 2018 年增加 416 个。以美团金融为例，聚投诉数据显示，截至 2020 年 3 月 12 日，美团金融累计获投诉量为 4 055 件，解决量 1 027 件，解决率仅 25.3%，远低于互联网消费金融行业平均 49.1%的解决率。同时，美团金融还存在暴力催收、拒开结清证明、放高利贷等嫌疑。

从单一年份看，2019 年，美团金融累计获投诉 2 141 件，解决量 760 件，解决率 35.5%。从月度走势看，如图 6－7 所示，自 2019 年 7 月，美团金融单月投诉量已超过 100 件，至 12 月达到顶峰，月投诉量为 685 件；而从投诉解决率看，如图 6－8 所示，2019 年 1 月和 6 月的单月解决率超 80%，但自 7 月开始就一路下滑，至 12 月达到最低，解决率仅20%，回落至历年平均水平以下。可见，随着投诉量的不断增加，美团金融投诉解决率却不增反降。面对持续攀升的投诉量，美团金融的处理效率与态度值得商榷。

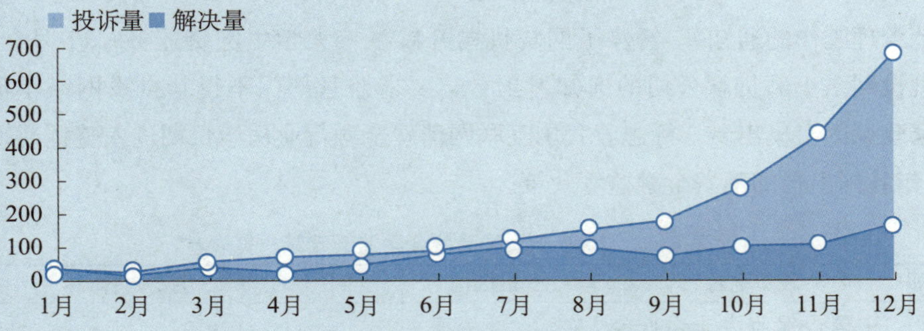

图6-7 2019年美团金融的投诉量与解决量走势

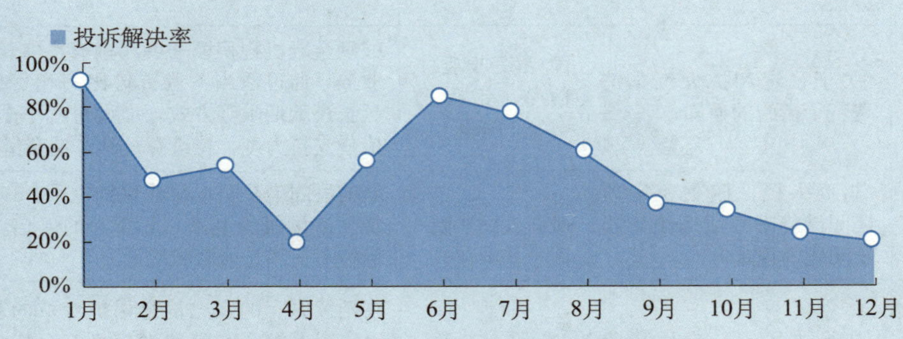

图6-8 2019年美团金融的投诉解决率走势

案例分析

在消费额逐年增长的中国，消费相关的纠纷也越来越多。在21世纪里，消费方式、内容、占比都发生了必然的改变。尤其是近两年，实物消费与服务消费并重，实物消费例如住房、车、食品、衣物等，服务消费如知识产权和代账服务、跑腿、小时工等。消费者对消费体验越来越追求与期待，体验包括过程以及售后。

信托公司、消费金融公司通过互联网开展业务的，其互联网信托业务、互联网消费金融业务由银保监会负责监管。这些公司应当加强风险管理，遵守合格投资者等监管规定，审慎甄别客户身份和评估客户风险承受能力，不能将产品销售给风险承受能力不相匹配的客户，还应当确保交易合法合规，并保守客户信息。信托公司与消费金融公司要制定完善产品文件签署制度，保证交易过程合法合规、安全规范。

（一）互联网消费金融公司的成立应当满足《消费金融公司试点管理办法》

互联网消费金融行业在快速增长的同时，也暴露出了诸多问题，如过度授信、暴力催收等不合规经营方式。为规范、整顿行业，2017 年开始，国家出台了各项资质、业务监管政策，例如 2017 年 6 月，中国银监会、教育部等三部门联合印发《关于进一步加强校园贷规范管理工作的通知》，暂停了网贷机构开展在校大学生网贷业务；11 月，《关于立即暂停批设网络小额贷款公司的通知》出台，要求监管部门不得新批设网络小额贷款公司。国家政策的密集出台，标志着我国互联网消费金融行业从增长期进入整顿期。表 6－1 为 2020 年我国出台的消费金融监管政策。

表 6－1　2020 年我国消费金融监管政策一览表

时间	政策名称	发布机构	主要内容
3 月	《中国银保监会非银行金融机构行政许可事项实施办法》	银保监会	消费金融公司可以发行经监管许可的其他债务和资本补充工具。
4 月	《关于稳定和扩大汽车消费若干措施的通知》	国家发改委工信部、银保监会等 11 部门	鼓励金融机构积极开展汽车消费信贷等金融业务，通过适当下调首付比例和贷款利率，延长还款期限等方式，加大对汽车个人消费信贷支持力度，持续释放汽车消费潜力。
8 月	《最高人民法院关于审理民间借贷案件适用法律若干问题的规定》	最高人民法院	新的民间借贷利率司法保护上限，以 1 年期贷款市场报价利率（LPR）的 4 倍为标准，但暂不适用于金融机构。
9 月	《中国人民银行金融消费者权益保护实施办法》	人民银行	在延续原有的金融信息保护专章的基础上，以实现保护金融消费者信息安全权为目的，从信息收集、披露和告知、使用、管理、存储和保密等方面进行了优化。
11 月	《网络小额贷款业务管理暂行办法（征求意见稿）》	银保监会	网络小贷公司联合放贷的最低出资比例限定在 30%；网络小贷公司不得跨省级行政区域；网络小贷公司注册资本 10 亿元、50 亿元的限制。
11 月	《关于促进消费金融公司和汽车金融公司增强可持续发展能力、提升金融服务质效的通知》	银保监会	适度降低相关公司拨备监管要求，拓宽市场化融资渠道，增加资本补充。

近几年我国消费市场发展迅速，消费金融市场也水涨船高，传统金融机构的经营方式和经营理念在不断发生变化，新兴的消费金融参与者依靠强大的金融科技实力和庞大的客户基础深入参与消费金融市场竞争。

展望未来，消费金融行业将呈现竞争化、持牌化、科技化、规范化的趋势。进入 2021 年，强监管政策还在持续。2021 年 1 月 13 日，银保监会刊发《消费金融公司监管评级办法（试行）》，拟对消费金融公司进行评级，监管评级为5级的消费金融公司，若无法采取措施进行救助，可依法实施市场退出。消费金融评级办法既有利于明确监管思路，也能够符合行业实际，为消费金融公司今后践行合规提供了完善参考，便于机构后续依规遵照执行。可以预见的是，在未来相当长一段时期内，规范与鼓励发展并重是行业监管的主基调，"规范化"是消费金融公司需要持续关注的重点。

（二）电商企业、第三方支付等主体的互联网消费金融业务监管

建立独立的风险评估部门和完善的风险控制措施，同时有效管理消费金融业务，与其他主业进行协调定位，避免出现财务风险和流动性风险。未来，随着国家监管政策的进一步实施，互联网消费金融行业也会越发的规范，无资质的机构将难以开展互联网消费金融业务。中短期来看，行业的增速将会受到一定影响，行业集中度将会进一步提升，业务的合规开展、风控模型改善等或成为业内机构的主攻方向。长期来看，行业机构的规模将逐步扩大，用户群体将更加稳定。

第四节　互联网信托和互联网消费金融发展趋势

一、互联网信托发展趋势

（一）互联网信托的营销将会不断深化

互联网金融带给信托营销体系的变革体现为客户服务方式和服务内容的变革，体现为以客户为中心的理念转变。大数据分析可实现客户价值分析，从而实现精准营销；移动营销终端，为客户经理提供移动营销系统，实现线下销售互联网模式；统一媒体，将各类媒体终端统一管理，线上线下业务同步，实现互联网金融运营模式，实现多样运营手段，例如微信红包等活动；客户行为跟踪，例如交易异常及时汇报与解决，客户返利等活动，增加了客户黏性。

（二）互联网信托的商业模式将会不断优化

由于信托的私募属性天然与互联网的开放性相悖，同时受制于现有监管体系，目前除了互联网直销，其他形式的互联网信托均表现为点状的创新，未能形成大面积推广的业务模式。2016年12月中国信托登记有限责任公司成立，标志着支持信托受益权流转的"基础设施"开始建立。在前述的3种互联网信托业务模式中，基于互联网理财平台的信托受益权拆分或更具发展空间。

（三）互联网信托的业务将会标准化

互联网信托是信托制度融入互联网时代和互联网生态的接口，是信托公司借助互联网思维、互联网技术、互联网经济开展信托业务的方式或业态。一方面，互联网信托可以成为完善并增益信托制度价值的助力，有待信托行业及信托公司凭借主动性和创造力进一步发挥信托制度优势来实现。另一方面，信托行业的金融本质并不会因为互联网信托业务的开展而改变，受托人遵循信托目的，为受益人利益管理风险的信托义务也不会改变，反而应当在互联网的洗礼下恪守底线。只有依托于完善的互联网金融及互联网信托法律制度构建统一的监管机构和规范的监管规则，互联网信托才能在互联网金融格局中有据有序地健康发展。

案例分享

国家实施“互联网＋流通”行动计划

国务院办公厅2020年印发了《关于深入实施“互联网＋流通”行动计划的意见》，部署推进“互联网＋流通”行动，促进流通创新发展和实体商业转型升级相关工作，通过若干措施和手段积极促进互联网流通在各行各业尤其是农村社区跨境的覆盖发展。互联网特别是移动互联网技术在消费金融领域的应用，使得消费金融服务更具普惠性和覆盖性，不仅覆盖生活消费的各个场景，而且能够覆盖更多的中低端用户群体，包括农民工等流动人口，以及大学生等中低端用户群体甚至残疾人领域，例如专门针对农民工、蓝领工人的互联网消费金融产品“51酷卡”。又例如在听力行业，有“耳朵树”这样的平台为贫困家庭提供分期贷，使得这些家庭的听损孩子可以及时佩戴高质量的助听器。互联网消费金融的强大生命力和巨大发展潜力就在于在经济下行的不利条件下，也可以很容易被广大老百姓所使用。借助国家层面的互联网流通计划，互联网消费金融也必将深入农村、社区，甚至跨境，互联网消费金融的发展在未来有巨大上升空间。

案例分析

在大数据、人工智能等数字技术助力下，金融科技公司更容易触达用户，扩大金融服务的覆盖面和普惠性。从金融科技公司与传统金融机构的关系看，双方的合作意愿远远强于竞争意识，不仅可以做到合作共赢，而且可以实现融合发展。金融科技公司具有技术、网络和场景优势，传统金融机构则具有大规模和低成本优势，两者可以共同为客户提供综合化的金融服务。同时，在业务开展过程中，双方共同积淀的用户金融行为特征，可以进一步夯实金融科技公司和传统金融机构的风控能力，形成良性循环，切实服务消费者的金融需求，推动普惠金融发展。今后，应进一步鼓励双方融合发展，促进相互间开放和共享。

二、互联网消费金融发展趋势

（一）消费金融产业主体将愈加多元化

以分期乐为代表的创业企业为消费金融带来了新的创新元素，以京东、阿里巴巴为代表的电商企业的加入给市场带来了更有力的竞争对手，传统金融以及消费企业也正在快步进入互联网消费金融市场。

（二）数据资产将成为重要风控控制资源

有关资料显示，基于数据而形成的大数据风控模式是核心的发展方向，而数据资产则成为金融商业模式下可变现的重要资产，“数据＋模型”是互联网消费金融企业未来发展的核心工具。

（三）消费金融与支付业务结合，向线下拓展

授信将以账户形式与支付账户捆绑，借助移动支付可有效拓展线下市场。

（四）消费信贷资产证券化

伴随着产业发展逐步壮大，企业自有资金将难以支撑大量用户需求，如何通过资产证券化以获得资金回流将是互联网消费金融企业需着重思考的问题。

案例分享

无科技不消费金融

从“无科技不金融”到“无科技不消费金融”，作为行业引领者“马上金融”创始人兼 CEO，赵国庆将科技的元素延伸到消费金融领域。作为科技驱动的金融机构，马上金融研发核心战略有“9 年计划”，即在收入占比上，第一个 3 年要投入 3%，第二个 3 年投入 5%，第三个 3 年投入 8%。目前，马上金融累计研发投入已超过 8 亿元，自主研发了 700 余套技术系统，并将这些研发成果转化为应用，内容包括风控、营销、客服等多个方面。在智能风控方面，马上金融自主研发 Luma 风控系统，通过大数据进行风险量化，将各种变量、数据源、模型节点化，使优质客户审批秒级通过。同时，采用分布式架构设计，支持高并发海量客户申请单处理，结合高性能决策规则引擎达到秒级输出审批结果，最高日审批百万单，峰值处理 200 单/秒。

案例分析

随着大数据、云计算、人工智能和互联网技术等信息技术的迅速发展，投资者的行为和传统金融服务的发展路径发生了翻天覆地的变化，金融科技已经广泛地应用于支付清算、资产管理、智能投顾、交易结算等金融领域。全球主要国家的金融机构都在大力

地推动金融科技的研发和应用。中国证券投资基金业协会副会长钟蓉萨表示："近年来，我们国家的金融科技市场规模也在快速增长。我国即将成为全球最大的金融科技的应用市场。"从体量上看，中国的电子支付规模占全球总规模的一半，网络信贷规模占全球总规模的四分之三，在"全球最具创新前五大金融科技"中占据四席。互联网生活场景和金融科技的成功应用，将原本复杂的金融服务变成人人都可以享受的金融服务。同时，通过科技赋能的金融将更懂用户需求，从而为用户提供个性化、定制化的服务，让以前只有高净值用户才能享受到的服务平民化，从而开启大众理财新时代。

实训练习　互联网消费金融产品

一、头脑风暴法

（一）实训设计

（1）目的：运用头脑风暴法，培养学生的创新能力。

（2）时间：20～30 分钟。

（3）要求：组成 3 个或 4 个小组，指定一位发言人在老师提问时向全班报告小组的发现与结论。运用头脑风暴法确定互联网消费金融新产品。

（二）主要内容

以小组为单位开发一款新型互联网消费金融产品。但问题是，网上已经有了很多的类似产品，这些产品能够提供各种价位的不同种类的消费服务。假设拥有足够资源，小组决定开发什么样的新产品有可能成功？

（三）操作步骤

（1）小组集体花 5～10 分钟时间，来讨论最可能成功的产品类型。每位小组成员都要尽可能地具有创新性和创造力，对任何提议都要理性探讨。

（2）指定一位小组成员把所提出的各种方案写下来。

（3）再用 10～15 分钟时间讨论各个方案的优点与缺点。作为集体，确定一个使所有成员意见一致的最可能成功的方案。

（4）在做出决策后，对头脑风暴法的优点与缺点进行讨论，确定是否产生了阻碍。

二、京东白条

（一）背景知识

京东白条（以下简称白条）是京东推出的“先消费，后付款”的全新支付方式。在京东使用白条进行付款，可以享受账期内延后付款或者最长 24 期的分期付款方式。白条不支持转账功能，部分用户支持白条取现服务。

作为业内起步最早的互联网消费金融产品之一，起初白条仅提供给京东商城上的用户购物使用，后期白条延伸到了京东体系内的 O2O（京东到家）、全球购、产品众筹，后来又逐步覆盖了租房、旅游、装修、教育等领域，从赊购服务延伸到提供信用贷款，覆盖更多消费场景。

（二）操作步骤

在京东购物，提交订单时选择在线支付的“打白条”即可使用，具体操作步骤如下：

（1）点击京东的网页。

（2）进入京东商城。

（3）进入购买商品页。

（4）点击“立即购买”。

（5）选择商品规格。

（6）点击“确定”。

（7）页面跳转订单页，支付方式选择“在线支付”。

（8）点击“提交订单”。

（9）勾选“打白条”。

（10）点击“确认支付”。

（11）白条支付成功。

（三）注意事项

提交订单页面的支付方式需选择“在线支付”，且需勾选“打白条”才能支付成功。

（四）总结思考

（1）京东白条信用衡量标准是什么？

（2）京东白条还款方式有哪些？

（3）除京东白条外，京东金融还有哪些业务布局？请列举一二。

思考练习

1. 简要总结我国互联网信托和互联网消费金融的监管历程和主要监管内容的变化。

2. 请收集近五年国内互联网消费金融市场份额最高的三家企业的信息，分析不同企业业务侧重点有何不同，能获得什么启发。

第七章

互联网金融监管

知识目标

1. 互联网金融风险的类型；
2. 互联网金融风险产生的原因；
3. 互联网金融的法律监管；
4. 互联网金融监管的发展历程。

能力目标

1. 能够识别常见的互联网金融诈骗的类型；
2. 能够熟练掌握并遵守我国互联网金融相关的法律法规；
3. 能够识别互联网金融风险并进行自我防范。

情境导读

互联网存款今非昔比

互联网存款是银行在互联网平台上推出的产品，产品和服务由银行提供，平台提供存款产品的信息展示和购买接口（债权债务关系为存款人与银行）。这类产品收益高、门槛低，已成为部分中小银行吸收存款的重要手段。

根据中研普华出版的《2020—2025年中国互联网金融市场调查分析与发展趋势预测研究报告》显示：近年来，互联网存款产品发展迅猛，蚂蚁金服、京东金融、度小满金融、美团金融、腾讯理财通等平台均上线了定存产品，这些产品在售的银行绝大部分为中小银行。

与此同时，根据《金融时报》的不完全统计，2018—2019年期间，京东金融合作银行共70余家，其中有18家银行已上线在售产品，在售银行存款产品70余款；支付宝合作银行共12家，其中有4家银行已上线在售产品，在售银行存款产品6款；度小满金融合作银行共40余家，其中有14家银行已上线在售产品，在售银行存款产品40余款。互联网存款市场规模，根据测算，约1.06万亿～1.18万亿元。

通过平台销售的互联网存款产品，全部为个人定期存款，以3年、5年期为主，3年期利率最高为4.125%，5年期最高为4.875%，均已接近或达到全国自律定价机制上限。近半数产品的起存金额仅50元，且均可提前随时支取。部分高风险金融机构通过互联网平台吸收存款，有的占存款的比例已达70%。这些高风险金融机构自身抵御风险能力较弱，互联网平台存款占比过高会进一步增加其负债资金的不稳定性。

深度分析

2021年2月，中国人民银行召开会议，研究部署加强存款管理工作。会议明确提出，存款利率定价具有较强的外部性，存款市场竞争秩序事关广大人民群众的切身利益。存款基准利率作为整个利率体系的“压舱石”，需要长期稳定。督促地方法人银行回归服务当地的本源，不得以各种方式开办异地存款。

这是继2021年1月中旬，银保监会、人民银行《关于规范商业银行通过互联网开展个人存款业务有关事项的通知》发布后，监管层2021年第二次强调地方法人银行回归服务当地的本源，不得以互联网等方式开办异地存款。督促地方法人银行不得以各种方式开办异地存款，一方面有助于引导银行合理管理负债、防范流动性风险等；另一方面，也有利于降低银行负债端成本，维护了存款市场正常的竞争秩序；更重要的是，让地方法人银行回归服务当地，为巩固降低实体经济融资成本成果提供支撑。

金融监管部门多次发声，警示互联网存款风险。蚂蚁金服、腾讯理财通、京东金融、度小满金融、携程金融、陆金所等互联网金融平台现已下架互联网存款产品。

第一节 互联网金融风险分析

互联网金融是金融与网络技术全面结合的产物，其内容包括网上银行、网上证券、网上保险、网络期货、网上支付、网上结算等金融业务。在互联网金融的发展过程中，安全性和便捷性始终是一对矛盾，两者相互制约，这使投资者面临不同于传统金融的新的金融风险。认识互联网金融风险产生的原因和特点，对于健全和完善互联网金融风险的防范和管理机制，发挥金融对经济发展的良性促进作用是十分必要的。

一、我国互联网金融存在的风险

互联网金融具有提高金融市场竞争程度、提高资金配置效率和降低金融服务成本等优势，在满足更广泛群体金融需求、增强金融普惠性、提高金融服务效率等方面弥补了传统金融的不足。但互联网金融的发展也是一把双刃剑，由于互联网金融属于金融领域的新业态、新模式，现行法律、政策、监管体系不足以完全覆盖其风险漏洞，行业尚处于野蛮生长阶段，可能对宏观经济稳定带来一定冲击。

虽是新兴领域，但追本溯源，互联网金融的本质还是金融，所以会存在金融行业所存在的各种风险，如流动性风险、信用风险等。与传统金融行业所不同的是互联网金融的主要风险还包括技术风险、业务风险等。除了对互联网金融企业或客户本身产生直接影响，其风险也可能传导至传统金融行业及实体经济。互联网金融风险可分为两类：基于网络信息技术导致的技术风险和基于互联网金融业务特征导致的业务风险。

（一）互联网金融技术风险

1. 安全风险

互联网金融的业务及大量风险控制工作均是由电脑程序和软件系统完成，所以，电子信息系统的技术性和管理性安全就成为互联网金融的最为重要的技术风险。这种风险既可能来自计算机系统停机、磁盘列阵破坏等不确定因素，也可能来自网络外部的数字攻击，以及计算机病毒破坏等因素。根据对发达国家不同行业的调查，计算机系统停机对金融业造成的损失最大。

网上黑客的攻击活动能量正以每年 10 倍的速度增长，其可利用网上的任何漏洞和缺陷非法进入主机、窃取信息、发送假冒电子邮件等。计算机网络病毒可通过网络进行扩散与传染，传播速度是单机的几十倍，一旦某个程序被感染，则整台机器、整个网络也会很快被感染，破坏力极大。在传统金融中，安全风险可能只带来局部损失，但在互联网金融中，安全风险会导致整个网络的瘫痪，是一种系统性风险。

2. 技术选择风险

互联网金融业务的开展必须选择一种成熟的技术解决方案来支撑。在技术选择上存在技术选择失误的风险。这种风险既来自选择的技术系统与客户终端软件的兼容性差导致的信息传输中断或速度降低的可能，也来自选择了被技术变革所淘汰的技术方案，造成技术相对落后、网络过时的状况，导致巨大的技术漏洞和商业机会的损失。对于传统金融而言，技术选择失误，只是导致业务流程趋缓，业务处理成本上升，但对互联网金融机构而言，则可能失去全部的市场，甚至失去生存的基础。

互联网技术本身存在技术风险，包括所信赖的信息系统的技术安全和技术容量、黑客攻击、密码泄露、账户资金被盗等。交易者身份和真实性难以确认，存在较高的消费者信息泄露及受欺诈、诱骗等风险。与银行封闭运行的业务系统相比，互联网金融的用户敏感信息和个人财产存在更大的安全隐患，也会加速支付、清算等风险的扩散，使得风险在非传统金融机构与传统金融机构之间出现转移。

（二）互联网金融业务风险

1. 信用风险

信用风险是指互联网金融交易者在合约到期日不完全履行其义务的风险。互联网金融服务方式具有虚拟性的特点，即互联网金融业务和服务机构都具有显著的虚拟性。互联网信息技术在金融业中的应用可以实现在互联网上设立网上银行等互联网金融机构，如美国安全第一网络银行（SFNB）就是一个典型的网上银行。虚拟化的金融机构可以利用虚拟现实信息技术增设虚拟分支机构或营业网点，从事虚拟化的金融服务。互联网金融中的一切业务活动，如交易信息的传递、支付结算等都在由电子信息构成的虚拟世界中进行。

互联网金融与传统金融相比，金融机构的物理结构和建筑的重要性大大降低。互联网金融服务方式的虚拟性使交易、支付的双方互不见面，只是通过互联网发生联系，这使对交易者的身份、交易的真实性的验证难度加大，增大了交易者之间在身份确认、信用评价方面的信息不对称，从而增大了信用风险。对我国而言，互联网金融中的信用风险不仅来自服务方式的虚拟性，还有社会信用体系的不完善而导致的违约可能性。因此，我国互联网金融发展中的信用风险不仅有技术层面的因素，还有制度层面的因素。

2. 流动性风险

流动性风险是指互联网金融机构没有足够的资金满足客户兑现电子货币的风险。风险的大小与电子货币的发行规模和余额有关。发行的规模越大，用于结算的余额越多，发行者不能等值赎回其发行的电子货币或清算资金不足的可能性越大。因为目前的电子货币是发行者以既有货币（现行纸币等信用货币）所代表的现有价值为前提发行出去的，是电子化、信息化了的交易媒介，尚不是一种独立的货币。交易者收取电子货币后，并未最终完成支付，还需从发行电子货币的机构收取实际货币，相应地，电子货币发行者就需要满足这种流动性要求。当发行者实际货币储备不足时，就会引发流动性危机。

流动性风险也可由网络系统的安全因素引起。当计算机系统及网络通信发生故障，或病毒破坏造成支付系统不能正常运转，必然会影响正常的支付行为，降低货币的流动性。

3. 支付和结算风险

由于互联网金融服务方式的虚拟性，金融机构的经营活动可突破时空局限，打破传统金融的分支机构及业务网点的地域限制，只需开通互联网金融业务就可能吸引相当大的客户群体，并且能够向客户提供全天候、全方位的实时服务，因此，互联网金融有 3A 金融（即能在任何时间、任何地点，以任何方式向客户提供服务）之称。互联网金融的经营者或客户通过各自的设备终端就能随时与世界任何一家客户或金融机构办理证券投资、保险、信贷、期货交易等金融业务。这使互联网金融业务环境具有很大的地域开放性，并导致互联网金融中支付、结算系统的国际化，从而大大提高了结算风险。

基于电子化支付系统的跨国跨地区的各类金融交易数量巨大。因此，一个地区金融网络的故障会影响全国乃至全球金融网络的正常运行和支付结算，并会造成经济损失。20 世纪 80 年代美国财政证券交易系统曾发生只能买入、不能卖出的情况，一夜就形成了 200 多亿美元的债务。

4. 法律风险

法律风险是基于目前互联网金融立法相对落后和模糊而导致的交易风险。目前的金融立法框架主要基于传统金融业务，如银行法、证券法、财务披露制度等，缺少有关互联网金融的配套法规，这是很多发展互联网金融的国家普遍存在的情况，我国同样存在。

互联网金融在我国还处于发展阶段，相应的法规还相当缺乏。因此，利用互联网提供或接受金融服务，签订经济合同时就会面临在有关权利与义务等方面的相当大的法律风险，容易陷入不应有的纠纷之中，结果是使交易者面对关于交易行为及其结果的更大的不确定性，增大了互联网金融的交易成本，甚至影响互联网金融的健康发展。

5. 认知风险

互联网金融创新之处在于创造了新的业务技术、交易渠道和方式，主要功能仍是资金融通、价格发现、支付清算等方面，而金融行业的两大核心词汇就是资金和风险，但由于互联网拓展了金融交易可能性边界，大量传统金融覆盖不到的人群被纳入金融服务范围，这部分人群风险识别能力和风险承受能力相对欠缺，个体和集体非理性更容易出现，提高了风险发生概率。

6. 交易风险

交易风险是指投机者利用利率、汇率等市场价格的变动进行关联交易，给金融资产的持有者带来损益变化的不利影响。由于互联网信息传递的快捷和不受时空限制，互联网金融会放大传统金融风险，导致市场价格波动风险、利率风险、汇率风险发生的突然性、传染性增强，危害也更大。互联网金融给投机者带来了机会，他们会在股市、汇市、期市进行大量关联交易，导致金融市场跌宕起伏，从而可能在极短的时间内给一国经济以致命打击。在金融网络化、全球化不断加深的今天，国际游资对证券市场的冲击和股票投资者的非理性操作是证券市场动荡的根源，也是互联网金融最大的潜在风险。

二、典型的互联网金融诈骗

随着互联网与智能移动终端的迅速发展，移动支付已成为人们的日常支付方式。一般用户都会随身携带手机，随时随地都可以实现交易。网络购物、线下扫码，瞬间完成交易。移动支付为人们生活带来便捷的同时，其存在的安全风险也引起了各方的关注。即使移动支付软件开发商大多设置多重密码验证功能，甚至叠加生物识别技术以期提升移动支付的安全性，但安全隐患并未完全消除。许多用户贪恋移动支付的便捷性而忽视了潜在安全威胁，例如：

"低价出售游戏币"；

"推荐股票，稳赚不赔"；

"您的微信需二次实名认证"；

"您的银行账户涉嫌洗钱"；

"您的快递丢了，我们将进行双倍赔偿"；

……

在移动支付时代，人们习惯通过绑定手机号、个人信息等，与智能终端应用建立联系，这也为不法分子带来可乘之机。在人们享受网络支付带来的便利之时，一些不法分子也在网上布置了越来越多的陷阱，这些看似无害善意的信息，一不小心，就可能让用户掉入骗子精心布置的骗局陷阱，造成不同程度的金钱损失。

现在金融业务已经包括金融 IC 卡、网上银行、手机银行、网络支付等，因此安全用卡、安全支付、防范金融网络诈骗和金融网络安全风险等已经是生活中必须具备的知识。所以，如果遇到以上或以下情景，请千万保持高度警惕。

（一）推荐股票诈骗

"买我们推荐的股票，保证稳赚不赔。"有些不成熟的股民散户习惯指望所谓"内幕"

消息一夜暴富，在股市上赚大钱，但是股市行情跌宕起伏，如果这时有人说："听他（她）荐股，今天买了，明天赚"，这些股民会不会心动？心动那就要交会费。推荐的股票不涨？那就继续交会费，升级到高级会员就推荐收益高的。

提醒：股市有风险，入市需谨慎。下次再有人在微信群、QQ群、贴吧、微博……让交会费获取推荐股票，可千万要小心了。

（二）航班取消、改签诈骗

"我是×××航空公司客服，您预订的前往某地的航班因飞机导航出现故障取消了（或者需要"改签"），麻烦请提供一下您的银行卡号收取保险赔付款。"如果客户按对方提示操作并告知对方银行卡验证码，那么他银行卡内的余款可能就危险了。

提醒：如果遇到这种情况，从哪里订的票就到哪里去咨询，要第一时间通过航空公司官方电话或购票网站进行确认才是明智之举。

（三）低价出售游戏币（或纪念币）诈骗

诈骗诈骗团伙先以低价诱惑游戏玩家购买游戏币，玩家上钩后，再以需要开通VIP、资金被冻结需解冻、注册账号时银行卡号填错了等多种理由，一步步套路游戏玩家，诈骗钱财，制定"请君入瓮"的作案流程。

提醒：天下没有免费的午餐，优惠、便宜的背后可能有更大的陷阱。

（四）微信二次实名认证诈骗

自己的微信号已经通过了实名认证，却再次收到所谓"微信支付"的官方信息："根据网络刑法明文规定，严厉打击网络诈骗，由于您的微信账户尚未二次实名认证，即将冻结账号，请点击链接重新认证。"

提醒：陌生链接千万别随意点击，一旦点了链接，就可能感染病毒，泄露个人信息，危及财产安全。

（五）兼职类诈骗

"教大家一个网上日赚××元的方法，只需一部手机，在家就可以轻松挣外快。"用户按照对方要求提交相关信息或者提交保证金、押金、垫付款后，可能就落入了对方的骗局。

提醒：赚钱从来不易，别上了"轻轻松松赚大钱"的当。不要轻易在网上透露个人信息，不要从事不合法的兼职工作，否则不仅容易上当，可能还会犯罪。

（六）银行洗钱类诈骗

"您的银行账户涉嫌洗钱，我们将依法对你的银行账户……"电话那头，伪装成公检法、运营商人员的诈骗分子先拿涉嫌"洗钱""发送诈骗信息"等话术唬住用户。如果用户不信，诈骗分子甚至能给他发去身份证明、公函等。一旦吓住用户，他们就会套路用户把账户里的钱转到“监管账户”进行“审查”。

提醒：遇到这类情况，请千万保持冷静，确认自己没有从事过这类事情，可以直接去当地的相关部门联系调查，不要轻信所谓的“证据”。

（七）购物类诈骗

“您的快递丢了，我们将进行双倍赔偿。”买家左等右等盼着收快递，却被告知“快递丢失”，但好在可以“双倍赔偿”，那就点“客服”给的这个链接（或者二维码）等赔付吧。没想到一步步点下去，不仅个人信息遭泄露了，钱财也被骗了。

提醒：遇到这种情况一定要去电商官网求证，当心诈骗分子冒充客服、快递公司诱导登录钓鱼网站，盗走账号信息。

（八）助学金、奖学金诈骗

冒充老师或者学校职工向学生们发送虚假信息，以申领补助金、救济金、奖学金等理由要求大学生提供银行卡号，再以资金到账查询、转手续费、转公证费等为由指导大学生在自动提款机上进入英文界面操作，将钱转走。

提醒：学校的奖学金、助学金领取有一定的流程和规范，遇到这类情况，最好是去学校相关老师或者办事处核实。

（九）海外网络私募基金诈骗

“由美国政府证券交易机构和国际知名投资公司联合推出，具有国家认证和审批证书，一个月回报率达到25%，4个月就能拿回本金，以后年年有分红……”面对这些诱人的条件，一些投资者对这样的海外私募基金信以为真，投进了多年积攒的积蓄，最后血本无归。

提醒：天下没有免费的午餐，高回报必定伴随着高风险，理财需谨慎，选择理财渠道更要谨慎。

（十）网络传销诈骗

“想生活得好一点吗？想小投入获得大收获吗？想的话，请到下面网站看看，你会有意外的收获。”“不需买卖商品，只需通过简单的注册，交50元会费，就可以在3个月内赚10万，一年内赚100万。”可事实是：一旦交了会费，事情和预想就完全不一样了。

提醒：虽然人们对传销已有一定的认知，但是对传销致富仍然抱有幻想，加上50元会费投入很小，一些侥幸者会抱着试试看的心态汇出50元，结果竹篮打水一场空。

随着互联网技术的进步和互联网产品的日新月异，互联网金融诈骗手段也会不断翻新，层出不穷。作为新时代的网民，要熟悉网络技术，了解相关法律，树立安全防范意识，享受便捷的同时保证网上理财安全。

三、互联网金融诈骗特点

随着移动互联网的发展，移动网络支付在给公众带来便利的同时，也给一些不法分子利用网络侵害公众财产带来了可乘之机。在线办公、网络购物等成为重要的工作和生活方式，这在一定程度上增加了互联网金融安全风险。

（一）空间虚拟化、行为隐蔽化

互联网金融诈骗并不像传统诈骗有具体的犯罪现场，犯罪行为地和结果地点不一致，行为人与受害人无需见面，一般只通过 App 等方式进行网上联系，犯罪嫌疑人就能在虚拟空间中完成犯罪。犯罪嫌疑人在作案时常常刻意虚构事实、隐瞒身份，加上各种代理、匿名服务，使得犯罪主体的真实身份深度隐藏，从而难以确定嫌疑人所在地。同时，犯罪嫌疑人往往还利用假身份证办理银行卡、异地异人取款、电话“黑卡”等手段隐藏身份，得手后立即销毁网上网下证据，使得隐蔽程度更高，导致网络诈骗犯罪急速上升，打击难度也越来越大。

（二）低龄化、低文化、区域化

有些互联网金融诈骗的犯罪嫌疑人作案时年龄不大，文化程度较低，且作案人籍贯或活动区域呈现明显的地域特点。某些地区因网络诈骗犯罪行为高发、手段相对固定而成为诈骗的高危地区。犯罪嫌疑人作案时，呈现出家族化、集团化发展趋势。需要说明的是，互联网金融诈骗的地域特征明显，不意味着某种作案手法只有高危地区、高危人群才会实施，而是该类型的诈骗案件呈现以某一高危地区人员实施较多的特征。

（三）诈骗犯罪链条产业化

我国互联网金融诈骗犯罪呈现出地域产业化特点，在这些高危地区往往围绕某种诈骗手法形成了上下游产业，且逐渐形成了一条成熟完整的地下产业链发展，分别为实施诈骗提供信息、工具、技术、服务等。

（四）诈骗手法多样化、交叉化

互联网金融诈骗手法多样，且不断更新换代，新型诈骗手法层出不穷，近十年是互联网高速发展的阶段，也是互联网金融诈骗手法不断翻新的时期。虽然我国互联网金融诈骗呈现明显的地域特点，某一种网络诈骗犯罪的手法相对在某一地区较为集中和活跃，但近年来诈骗犯罪高危人群诈骗手法交叉趋势十分明显。此外，从各地破获的案件看，数个高危籍贯的犯罪嫌疑人相互串联、勾结从事犯罪活动的也趋于增多。

（五）诈骗目标为年轻的“高危人群”

互联网金融诈骗受害群体往往不是人们思维常识中认为的那些受害“高危人群”，从受案情况来看，50 岁以上的老人受害群体所占比例不到 5%，反而是 80、90、00 后年轻人受骗概率相当大；同样，高中及大学以上学历的占到了受害人数的80%以上；低收入人群容易遭受贷款诈骗和兼职刷单类诈骗。

案例分享

网购中的支付诈骗

2020年前三季度，我国网络零售市场形势持续向好，拉动消费势头不减。前三季度全国网络零售额超过8万亿元，同比增长9.7%，实物商品网上零售额达6.6万亿元，同比增长15.3%，占社会消费品零售总额的比重为24.3%，较上年同期提高4.8个百分点。网络零售加快推动市场主体数字化转型，催生新业态、新模式，提升产业链、供应链、价值链效益，培育数字经济新动能。但不法分子却利用网购设立陷阱，骗取他人钱财。

曾有市民王女士报警称，其在网上买了件衣服，东西还没到，就接到一个快递工作人员的电话，说她的货物在邮寄时损坏了，要给其理赔，还要王女士加自己的微信。加了微信后，对方发来一个二维码，王女士没多想就扫了，跳出来一个页面，要其输入支付宝账号和密码，王女士输入后就收到一条短信，通知自己银行卡上的1 400元被转走。王女士就意识到自己被骗了，立马报了警。

除王女士这种情况外，常见的利用网购诈骗的手段还包括：

一、虚假红包诈骗

行骗方式：各大电商平台会以派发红包的形式，为促销预热。不法分子借机在微信朋友圈、微信群等平台中，派发虚假红包，诱骗大家点击，套取个人信息，或传播木马病毒，从而盗取银行账号。

警方提醒：谨慎点击此类红包领取链接，如果不小心点击，应第一时间关闭手机网络，修改网银、支付宝等重要账户密码，并通过安全软件查杀木马病毒。

二、预购诈骗

行骗方式：有不法分子会以“提前购”“预售”为诱饵向用户发送木马链接。除了网购链接被植入木马、钓鱼网站，还有不法分子会在“预售”活动上做文章，骗取买家定金。

警方提醒：慎点不明链接，有关购物的短信不要轻信。同时也请给手机装上杀毒软件，获取安全的上网环境。

三、虚假客服诈骗

行骗方式：节日抢购高峰期，会有网页打开慢、网银交易延迟的现象。有不法分子会冒充客服或店主，以单子出现“调单”“卡单”等说法，故意说没有收到款项来欺诈消费者，取得信任后要求用其他办法进行转账。

警方提醒：消费者要注意，“调单”“卡单”“激活订单”等词语多数为诈骗术语，见此类词语，基本可以判断对方是骗子。“没有收到款项”这样的问题，是不会在京东、天猫这样的大型电商平台上出现的。

四、朋友圈诈骗

行骗方式：年底、节假日多有电商平台的活动，但朋友圈里的“微商”也会趁着节日进行炒作。由于缺少第三方监管平台，不法分子会在朋友圈上发布虚假的低价购物信息，骗取消费者汇款购买。

警方提醒：朋友圈的销售行为，存在取证难、查处难的问题。因此建议大家在朋友圈买东西时，尽可能选择正规第三方支付平台进行支付，避免直接支付，以确保安全。

五、钓鱼网站诈骗

行骗方式：冒充电商官方网站、在线支付平台等的钓鱼网站活动频繁。消费者忙于浏览各种商品页面时，往往容易忽略链接的安全性，误入不法分子发来的虚假钓鱼网站。

警方提醒：一定要通过真正的银行门户网站登录办理网上银行业务。不要轻信其他网站或通过邮件、短信、电话发布的网上银行个人信息，不要点击来历不明的链接，特别在录入网银卡号、密码和动态口令时，更要仔细核对。

六、退款诈骗

行骗方式：骗子们常以“退款”或“退货”为由假扮客服，要求消费者点击其提供的钓鱼网站链接，盗取持卡人的银行卡密码及动态验证码。

警方提醒：如果接到网上购物退款的电话或短信等信息，一定要谨慎对待，切莫泄露银行卡账号、户名、动态验证码等个人信息。

七、中奖信息诈骗

行骗方式：节日后，很多人会陆陆续续收到一些商家的中奖信息，切记不要随意拨打中奖信息中提供的电话号码或点击发来的网站链接地址，不然很可能让手机或者电脑感染上木马病毒。

警方提醒：收到中奖信息后留心一下，看一看购买的商品中有没有这一家的，然后最好是能直接和卖家联系确认信息。

案例分析

在网购日益普及的今天，“您的快递丢失，按操作完成退款”，如果接到类似的电话或信息，就要提高警惕了，这很可能是已经成为诈骗分子的目标对象的信号。每个人都应该提高个人支付行为相关的金融安全意识：第一，个人信息不要出借给他人；第二，不要在网络上泄露个人信息；第三，不要随意扫描二维码、填写问卷调查；第四，不要替别人提现；第五，不要向陌生账号转账汇款，坚决杜绝“贪小便宜吃大亏”。

对普通用户来说，随意填写个人资料、随意在网上晒个人信息、随意连接不明WiFi网络、随意扫描二维码等行为，都存在导致个人信息泄露进而遭遇互联网金融诈骗的重大风险。网站安全认证是数百万网站取信于民的“可信身份证”，在做好各项自我防护后，是数百万网站正常运行的“安全守护神”，是亿万网民判别网站可信与否的重要参考。如果登录的网站没有进行网站安全认证，一定要更加小心谨慎。

第二节　我国互联网金融监管发展历程

最近几年，国内很多互联网巨头利用平台优势形成庞大的用户基数，不断拓展业务边界，网络购物、社交媒体、交通出行等领域的互联网企业都在向金融领域渗透，推广消费金融、网贷等金融产品。很多互联网金融以创新之名，游离于金融监管体系之外，损害金融消费者合法权益，放大金融风险。加强对互联网金融创新的法律监管，符合金融创新和金融市场的发展规律。

对互联网金融，迄今大多数人的意见是，要允许创新，也要完善监管。互联网金融有多种存在形式，自然也涉及各类金融监管。从过去监管的发展历程与实践看，我国互联网金融监管大致经过了4个阶段。

一、信息安全监管阶段

在互联网金融兴起前，监管主要目标是基于信息安全的要求，此时金融科技主要对应于金融机构信息化发展，对金融科技的监管相应地集中在金融业信息基础设施的完善以及信息安全的保障上。在互联网金融的经典模式中，第三方支付是监管体系较早完善及强化监管的环节。2010年6月，支付结算体系监管者——中国人民银行颁布了《非金融机构支付服务管理办法》，致力于对第三方支付进行牌照监管，意味着第三方支付被正式纳入监管体系。2010年10月，中国人民银行又出台了《非金融机构支付服务管理办法实施细则》，对第三方支付体系的业务进行重点规范。

2011年8月23日，银监会下发各银监局及银行系统的《关于人人贷有关风险提示的通知》。这是一份最早的监管层对P2P网贷平台的意见和态度，从内容看银监会对网贷平台持有警惕的态度，银监会发出6种风险警告：(1) 影响宏观调控效果；(2) 容易演变为非法金融机构；(3) 业务风险难以控制；(4) 不实宣传影响银行体系整体声誉；(5) 是监管职责不清，法律性质不明；(6) 国外实践表明，这一模式信用风险偏高，提醒商业银行机构银行信贷资金不得流入网贷平台，商业银行从业人员不得涉足此类网贷业务。当时网贷还处于刚刚起步、快速发展的阶段，规模和影响力都很小，人们的认识和关注都不多。银监会当时也似乎是以局外人的形式表达对此类业务风险的担忧，同时希望银行金融机构及人员不要触碰此类业务、隔离风险的态度。

二、监管规则初创阶段

2013年6月余额宝推出后迅速走红，“宝宝”类理财产品刷屏，P2P网贷平台以令人眼花缭乱且错愕的趋势快速发展着，每个月都有大批新平台进场，同样每个月都传出哪家平台跑路倒闭了，到处你方唱罢我登场，就连上市公司也坐不住了，纷纷成立P2P平台炒作互联网金融概念，期望带动股价上涨。这段时间大概是互联网金融发展最美妙的时光，求职者只要有一点互联网金融从业经验，稍微精致的包装一下自己，就可以进入一家新成立的做互联网金融业务的公司当高管拿高薪。

2013年以来，在国家“互联网＋”战略支撑下，余额宝呈现爆炸式增长，社会各界对互联网金融的认识有了“颠覆性”变化，互联网金融进入了一个高速但缺乏严格监管的发展阶段，违法违规的风险事件层出不穷。在这个环境下，对互联网金融发展具有里程碑意义的文件——中国人民银行等十部委发布的《关于促进互联网金融健康发展的指导意见》(以下简称《指导意见》) 在2015年7月出台。《指导意见》的出台是我国互联网金融监管的重大转折，其最根本的作用是明确了互联网金融的监管原则以及相关业务的监管主体责任。与第一份银监会发出的警示性文件相比，此次中国人民银行雄心勃勃地打造了一幅气势磅礴、包容创新的巨大的互联网金融蓝图，正式发出了对网络借贷、互联网支付、股权众筹融资、互联网基金销售、互联网保险、互联网信托和互联网消费金融等互联网金融创新业务的认可和鼓励信号，同时中国人民银行也明确表示了“分类指导、分业监管”的互联网金融监管思路，根据业务性质遵从过往“一行三会”的监管思路。

三、互联网金融风险专项整治阶段

市场充满盲目乐观自信的气氛的时候，往往泡沫开始滋生和形成，风险在以不为人知的速度膨胀和集聚。以e租宝爆雷为例，e租宝全称为金易融（北京）网络科技有限公司，据官方通报，e租宝一年半内非法吸收资金500多亿元，受害投资人遍布全国31个省区市，e租宝涉及投资者约90万人，累计充值581.75亿元，累计投资745.11亿元。随后平台关闭、高管被抓，犹如一枚核弹引爆互联网金融圈，给整个互联网金融行业带来了惊涛骇浪。随后上海中晋系、大大集团、快鹿集团等事件纷纷爆发，以致后来人们“谈互联网金融色变”。

2015 年 12 月 28 日，国务院法制办公室发布了银监会会同工信部、公安部、国家互联网信息办公室等部门研究起草的《网络借贷信息中介机构业务活动管理暂行办法（征求意见稿）》及 13 项问题的解答。千呼万唤始出来的行业“宪法”草案问世了，刚一出来，多家媒体纷纷报道，行业专家纷纷发言解读，甚至网贷公司纷纷开会研究该文件。该草案正式对行业采用负面清单的方式监管，而不是采取审核牌照制度，列出了 12 条负面清单。该草案关闭了 P2P 网贷平台线下理财的窗户，备案、银行存管、信息披露等纷纷出台，并给出了 18 个月的整改过渡期限。

在《指导意见》的总体指导下，监管当局逐步深化完善监管体系，落实相关监管主体的监管责任，明确互联网金融的风险底线，要求相关机构合法经营，坚决打击互联网金融中的违法和违规行为。互联网金融风险分类监管、重点排查和专项整治成为监管体系的核心任务。2016 年 10 月 13 日，国务院发布了《互联网金融风险专项整治工作实施方案》（也称 21 号文），该文件成为互联网金融监管的法律基础。从政策及其实施看，21 号文给互联网金融的规范发展和风险防范带来了较大的监管作用，致力于第三方支付、P2P 网络借贷与股权众筹、资产管理及跨界从事金融业务、互联网广告四大领域的风险防范及处置。

四、互联网金融全面从严监管阶段

2017 年以来，互联网金融行业监管细则频出，北京、上海、广州、深圳等地已陆续发布网贷平台备案细则征求意见稿，各地平台也根据自身情况进行积极整改，“良币驱逐劣币”进程不断加快。银保监会于 2018 年底发布《关于规范银行业金融机构异地非持牌机构的指导意见》，要求中小金融机构应当坚守市场定位，深耕当地市场，为“三农”与小微企业提供优质金融服务，并于 2019 年明确提出农商行原则上机构不出县（区）、业务不跨县（区）。

2020 年在持续加强互联网金融风险专项整治的同时，监管部门更加侧重完善互联网金融长效监管机制建设，相继发布《商业银行互联网贷款管理暂行办法》《网络小额贷款业务管理暂行办法（征求意见稿）》以及《互联网保险业务监管办法》，并在上海等六市（区）扩大金融科技创新监管试点。2020 年 12 月，银保监会网站发布《关于警惕网络平台诱导过度借贷的风险提示》，针对过度借贷消费营销行为，银保监会消费者权益保护局提醒广大消费者：要坚持从实际需求出发，树立“量入为出”的理性消费观，远离过度借贷消费营销陷阱。

2020 年 12 月 18 日的消息显示，蚂蚁集团旗下的支付宝 App“银行存款”功能主动下架多家银行的存款产品，以后不再销售。蚂蚁集团相关负责人表示："根据监管部门对互联网存款行业的规范要求，目前我们已主动下架平台上所有互联网存款产品，只对已购买产品的用户可见，持有产品的用户不受影响。"

随后，多家互联网金融平台跟进，纷纷下架互联网存款产品。截至 2020 年 12 月 21 日，据不完全统计显示，支付宝、腾讯理财通、度小满金融、携程金融、京东金融、滴滴金融、陆金所、天星金融、360 你财富 9 家头部互联网金融平台已下架互联网存款产品。

零售金融新视角统计数据显示，2020 年 12 月 17 日，在京东金融、度小满金融、支付宝 3 家平台上，共有 20 家银行的 97 款互联网存款在售。但 12 月 17—20 日，短短 4 天之内，各大平台对互联网存款产品"急刹车"。如此强的力度，引起高度关注。

从支付宝、度小满金融、京东金融等多个平台做出的回应来看，原因主要在于监管部门对于互联网存款行业的规范要求，以及近期对互联网存款业务的密切关注。对于此次存款产品下架一事，按照相关规定，从严格意义上讲，互联网金融平台并非《储蓄管理条例》规定的储蓄机构，不能办理储蓄业务。

通过支付宝、度小满金融、京东金融等互联网金融平台集体下架银行存款类产品事件，可以看到政府对互联网企业涉足金融业务的大整顿、大规范行动。互联网金融的本质是金融，互联网是手段，用户是核心，最终要走向实体经济。互联网是为金融的服务的，因此要时刻监测互联网金融的风险，不能让互联网便捷的优势不小心成为金融乃至实体经济发展的绊脚石。

第三节　互联网金融风险应对策略

近年来，随着大数据、云计算、移动互联等信息技术的快速发展，互联网与金融业的融合越来越深入。在金融业快速"触网"的同时，互联网企业也借助第三方支付、网络借贷、众筹融资、互联网金融产品销售等业务迅速介入金融业，其规模和影响不断扩大。互联网金融产品一方面拓宽了居民投资渠道，提高了金融服务的灵活性、便利性，另一方面也给宏观金融管理和金融风险防范提出了新的课题。

我国互联网金融发展历史中曾出现 P2P、互联网存款、首付贷等风险事件，幸好我国政府部门及时制止，力挽狂澜，阻止了更为严重的金融风险的发生。在此以这些历史事件的展现来分析针对互联网金融风险的对策。

一、互联网存款风险分析

互联网存款，顾名思义，就是利用互联网平台进行存款，银行通过第三方互联网金融平台销售存款产品，产品和服务由银行提供，平台提供存款产品的信息展示和购买接口（债权债务关系为存款人与银行）。通常平台会展示银行名称、产品期限、起存金额、存款利率、计息规则等信息，突出 50 万元内存款保险保障的信息，且均可随时支取，收益率均已接近或达到全国自律定价机制上限，具有开放性、异地客户为主、客户黏度低、操作便捷、支取灵活、收益高、门槛低的特征，是部分中小银行吸收存款的重要渠道。

（一）互联网存款的特点

互联网存款购买便利。客户直接在手机上轻点几下，就能快捷开通不同银行的Ⅱ类账户，将账户里的活期余额转为不用的定期存款，无须再去线下网点开通，省去了烦琐的流程。

互联网存款利率高。目前 1 年期、3 年期的存款基准利率为 1.50%、2.75%，各类互联网存款产品通常上限为基准利率上浮 50%，尤其部分中小银行的 3 年期普通存款利率能达到 4.125%，5 年期存款利率甚至高达 4.875%。

互联网存款产品丰富。部分中小银行灵活运用计息方式和提前支取规则，提升实际收益，绕过中国人民银行定期存款上限的规定，推出了形形色色的“智能存款”。例如：按月支付利息的长期限存款、允许提前支付并且“靠档计息”的 5 年期存款等。

（二）我国互联网存款的现有规模

自从互联网金融平台兴起之后，最为明显的就是很多中小银行的业务可以迅速地发展，只要将其业务搬到支付宝等互联网金融平台上就可以实现快速的揽储。

截至 2020 年年底，在支付宝、腾讯理财通、度小满金融、携程金融、京东金融、滴滴金融、陆金所、天星金融、360 你财富 9 家头部互联网平台上，涉及相关存款产品的银行超过 80 家，合作的银行以区域性银行（城商行、农商行、村镇银行等）和民营银行为主。东吴证券做的一份研究报告显示，目前互联网存款规模约 1.06 万亿～1.18 万亿元。

目前我国存款类金融机构合计的住户存款规模为 90.93 万亿元，总体来看互联网存款的占比还不太高。存款是商业银行的核心负债来源，互联网存款对金融系统的影响同样深远。

（三）互联网存款的弊端

互联网平台存款具有开放性、利率敏感性高、客户黏性低等特征，一旦银行或平台出现负面舆情并在网上传播，可能快速消耗掉高风险银行本已脆弱的流动性。中小银行将账户开放到互联网平台，多采用“高息揽储”方式，还需要支付平台服务费，成本不低，风险隐患不小。互联网存款一旦出现风险，足以引发一场金融海啸，它带来的影响将是全面性的：

1. 存在加剧银行破产的风险

互联网金融的发展，让很多小银行轻轻松松就可以获得存款，也让很多地方性的小银行轻松就可以将业务开展到全国。

而相比之下，很多大型的国有银行有自己的网点，网点办理业务更加可靠，但不够方便这就让很多小银行有机可乘。以某地方银行为例，2018 年时，其存款规模只有 300 亿元，2020 年这个数字竟然达到 1 000 多亿元。这样的发展速度让很多银行望尘莫及，但它的风控和运营能力却并没有相应的提高。

地方银行揽储的目的就是放贷，当地方银行把存款放贷出去以后，那真正的危机才会到来。互联网存款的特点非常清晰，存得快流动也快。很多用户存款的目的就是获取高额的利息，一旦别的银行的利息更高，那用户的钱立刻就会转出去。一旦大量的用户开始挤兑，那地方银行的麻烦就要来了。毕竟贷款是有周期的，并不是想要收回就能收得回来。

2008 年美国的金融危机，就有挤兑的现象，最后是政府的兜底才挽救了两家银行。而这种情况如果发生在地方小银行身上，那破产的风险不可避免。

2. 通过高息吸收存款，转嫁风险

对于阿里巴巴和京东平台上的很多小银行，储户可能平常连看都不会看一眼，但放到互联网平台上之后，这些银行凭借高息的诱惑，成为互联网存款最大的受益方。很多银行为了竞争，甚至给出了 5%以上的超高年化利率。虽然这看起来对储户好像是好事，但事实上并不是这样的。风险和收益往往成正比的，这些银行提供如此高的利息，当然也让储户承担着更大的风险。

风险到底有多大？一组数据就可以看得出来。2019 年城商行中 129 家的总资产规模到了 370 000 亿元，净利润只有 2 500 亿元，而同期不良贷款余额猛增近 2 800 亿元。不良贷款增速如此之快，一旦银行出现坏账，那利润瞬间会被吞没。而一旦出现这样的危机，那最终买单的可能就是储户了。

3. 非法集资，非法揽储

很多中小银行的管理并不规范，尤其是地方性的银行，在管理不善的情况下，很多资本大鳄会通过控股银行来实现非法的集资和揽储，而这也最终让银行面临更大的风险。

4. 平台控制国家金融

在互联网存款迅速发展之后，很多小银行选择与支付宝、微信等平台合作。这些银行资质各异，实力并不容乐观。这就让各个互联网平台变成了类似于淘宝的平台，而所买卖的产品就是存款。这种情况下很多互联网金融平台可以管理商家，而这些商家就是小银行。因此很多互联网金融平台就可以实现对小银行的控制，一旦平台违规操作或出现问题，那可能就会动到金融的根本。

二、其他互联网金融产品风险分析

（一）首付贷与房价暴涨

过去数年，没有金融业务资质的企业涉足金融业务的情况时有发生，有的在风险出现前被制止，如2015年的首付贷和房产中介放贷。个人借入资金方式包括首付贷、消费贷、装修贷、赎楼贷等。个人借入资金来源主要有：银行、有牌照的小贷公司、P2P网贷平台、众筹、传统民间借贷。

此外，个人从银行以信用贷、消费贷、装修贷等方式的贷款，也有部分资金进入了楼市。第三方网站风险预警系统显示，2015年以来P2P网贷涉房贷款增量明显，部分二手房中介机构凭借信用贷款、担保贷款与房屋抵押贷款在P2P网贷平台融资，借款用途多为资金周转。二手房中介机构借款，有用于炒楼或变相为购房者提供首付资金的嫌疑。

“杠杆推手”对一线城市房价的暴涨到底起了多大作用，引起了监管层的关注。深圳率先采取了行动。深圳市金融办2015年3月4日下发了一份防范房地产行业金融风险的函，其中提到：“现针对深圳房地产市场交易过热，银行、P2P、小贷公司等机构相继参与首付贷、高杠杆放贷、放大金融风险的现状，研究如何防范金融风险。要求互联网金融协会和小额贷款协会，对各自下辖企业涉及众筹买房、首付贷或其他涉及高杠杆放贷的情况进行摸底排查，梳理出相关企业的名单、数量、产品模式和涉及金额。”

紧随深圳之后，北京、上海等地也开始了摸查整治首付贷行动。全国两会期间，中国人民银行所在的政协经济组小组讨论中表示，解决目前的一线城市住房价格上涨的问题，需要一些综合措施。中国人民银行与住建部、银保监会等部门商量，开始对一些房地产市场、房地产企业、房地产中介机构参与金融业务进行治理，若没有资质，将不能跨界经营。

（二）e租宝集资惨案

没有及时规范容易引发系列风险事件，例如教训惨痛的e租宝。该平台主打A2P的模式，6款产品都是融资租赁债权转让，预期年化收益率在9.0%～14.2%之间不等，期限分为3个月、6个月和12个月，赎回方式分“T＋2”和“T＋10”两种。自2014年7月上线，e租宝交易规模快速挤入行业前列。根据零壹研究院数据中心统计，截至2015年11月底，e租宝累计成交量为703亿元，排名行业第四。网贷之家的数据也显示，截至2015年12月8日，e租宝总成交量745.68亿元，总投资人数90.95万人，待收总额703.97亿元。

2015年12月16日，e租宝涉嫌犯罪，被立案侦查。2016年1月警方公布e租宝非法集资500多亿元。

2018年2月7日，北京市第一中级人民法院已对被告单位安徽钰诚控股集团、钰诚国际控股集团有限公司，被告人丁宁、丁甸、张敏等26人犯集资诈骗罪、非法吸收公众存款罪、走私贵重金属罪、偷越国境罪、非法持有枪支罪一案立案执行。

2019年7月2日—8月30日对e租宝平台集资的全国受损集资参与人进行信息核实登记。2020年1月8日，北京市第一中级人民法院发布“e租宝案”首次资金清退公告。

当前互联网巨头频频涉猎金融业务，风险不容小觑，需要监管层出台举措精准监控，消除新的系统风险，规范行业发展。

（三）互联网理财产品的消费陷阱

1. 风险提示不足

目前，支付宝、财付通、京东金融等理财平台提供的理财产品五花八门，令人眼花缭乱，宣传更是铺天盖地，但对互联网理财产品风险提示不足，片面强调安全性和收益率，容易使消费者增加购买冲动而忽略理财风险。同时，互联网理财产品普遍采取“T＋0”模式，存在集中赎回带来的流动性风险。

2. 违规促销，无序竞争

一些互联网企业为了吸引眼球，甚至不惜自掏腰包发“补贴”，而这是被严令禁止的。同时一些货币基金宣扬的收益率仅仅代表历史业绩。投资者需明白，理财产品的的收益是与金融市场走势息息相关的，是有波动性的，因此不能简单以历史业绩为唯一标准。产品介绍片面夸大年化收益率，而年化收益率并不是月收益率、天收益率，更不是真实收益率。

3. 风险保障不充分

多数互联网理财产品宣传由公司全额承保，但是，投资者仍要注意账户的安全问题，因账户丢失导致资金损失而未得到赔付的报道屡见不鲜。互联网理财公司的倒闭、老板的跑路、非法集资等更会使投资者血本无归。

三、互联网金融风险防范措施

当前金融科技与金融创新快速发展，必须处理好金融发展、金融稳定和金融安全的关系。面对金融科技的持续快速发展，要关注新型“大而不能倒”风险。少数科技公司在小额支付市场占据主导地位，涉及广大公众利益，具备重要金融基础设施的特征。一些大型互联网公司涉足各类金融和科技领域，跨界混业经营。必须关注这些机构风险的复杂性和外溢性，及时精准管控，消除新的风险隐患。

（一）完善互联网金融法规，约束和规范互联网金融行为

明确互联网金融模式的监管主体与法律定位，控制各个模式的业务流程。构成多层次、全方位的法律监管体系，实现有法可依。出台一些具体实施细则从而弥补行业中现的有些规定的不足，再针对实际情况及时更新不适应行业的陈旧法规。构建起反洗钱互联网金融制度，将电子货币、第三方支付等都归属到反洗钱范围内统一进行监督管理，打击各种违法犯罪活动。

2020 年中央经济工作会议指出，金融创新必须在审慎监管的前提下进行。最近几年，互联网金融创新不断，但金融监管力度与金融创新速度存在错配，导致金融乱象频发。2016 年出台的《网络借贷信息中介机构业务活动管理暂行办法》未能对 P2P 行业发展发挥有效的规范和约束作用。2018 年 8 月，P2P 网络借贷风险专项整治工作领导小组办公室

下发《关于开展 P2P 网络借贷机构合规检查工作的通知》，以 12 月末为限，要求 P2P 网贷机构走完“机构自查、自律检查、行政核查”三道程序，整改全面提速，P2P 网贷机构从高峰期的 5 000 多家，直至最终彻底清零。

（二）强化互联网金融监管力度，完善网络安全保障系统

健全科学合理的监管体系。以业务性质、业务功能等为基础构建起以监管主体为主、有关部门为补充的多层次监管体系，发挥出混业监管与分业监管的作用，最终改善监管效果。强化对互联网金融的调控与监测。运用创新思维处理好风险与发展的关系，掌控互联网金融信息，针对企业的不同阶段给予相应的支持。强化互联网监管，保证交易的安全性。（3）增加互联网金融信息的透明度。信息不充分会影响消费者和投资者的正确决策，给消费者和投资者造成不必要的经济损失。

我国的互联网金融必须有足够强的安全措施，否则将会影响金融业的可持续发展。网络安全保障是一个综合集成的系统，它的规划、管理要求国家有关部门和金融机构、IT 界通力合作，进行科学的、强有力的干预和导向，同时还应开展国际合作，共同打击互联网金融犯罪。

（三）推进金融信息技术建设，建立互联网金融监管长效机制

加快创新开发互联网与计算机核心技术的速度，逐步实现核心技术的自主控制。健全金融信息的安全技术设施，以完成信息安全的系统化任务。互联网机构可以扩大信息技术方面的投资力度，在硬软件方面强化安全保护，做好一般性风险的防范，促进机构间的信息共享，掌握金融系统客户的具体情况。要防止客户在多个平台上融资而出现风险叠加的情况。

银保监会正在研究建立互联网金融监管长效机制。中央有关部门将充分总结互联网金融和网络借贷专项整治经验教训，坚决落实“金融业务一定要持牌经营”的要求，与各地共同研究制定非持牌机构非法金融业务监测预警、早发现早处置机制，从源头上防范互联网金融风险。

从长远看，银保监会应制定信息化建设中长期规划，尽快推动监管大数据平台建设，整合监管数据信息系统，优化监管流程，运用大数据、机器学习、人工智能等技术，提高监管判断的前瞻性、有效性，对金融数字化转型过程中的风险真正做到“看得懂、穿得透、控得住、管得好”。同时，将结合金融数字化转型趋势，建立完善相关监管规则体系，继续加强对金融机构与科技企业合作的监管。

（四）严厉打击金融违法犯罪活动，有效防范和化解金融风险

严厉打击非法集资、金融诈骗等违法犯罪活动情况。强化金融监管统筹协调，健全对影子银行、互联网金融、金融控股公司等监管情况。抓住金融稳定主要矛盾，防止影子银行反弹回潮，加大不良贷款处置力度，严厉打击非法金融活动，深化中小银行改革并化解风险，

防范金融市场异常波动。加大金融反腐力度，严厉打击风险背后的利益勾结和关系纽带。

2020年7月，银保监会依法对天安财险、华夏人寿、天安人寿、易安财险4家保险机构依法实施接管，切实维护消费者权益。

2020年11月，银保监会原则同意包商银行进入破产程序。包商银行将相关业务、资产及负债，分别转让至蒙商银行和徽商银行。安邦系、明天系、华信系等不法金融集团资产清理、追赃挽损、风险隔离等工作扎实推进。恒丰银行、包商银行、锦州银行等机构风险处置取得阶段性成效。此外，问题机构的处置仍在有序推进。

2021年1月15日，银保监会、人民银行联合印发《关于规范商业银行通过互联网开展个人存款业务有关事项的通知》，要求商业银行依法合规通过互联网开展存款业务，不得借助网络等手段违反或者规避监管规定。商业银行不得通过非自营网络平台开展定期存款和定活两便存款业务。商业银行通过非自营网络平台已经办理的存款业务，到期后自然结清。

（五）普及互联网理财知识，树立个人金融风险防范意识

（1）充分了解理财知识。投资者既然选择新兴的线上理财模式，就应该充分了解理财知识，例如根据自己的实际需求、资金数额以及自己的投资偏好制定理财方案，选择理财产品，对理财产品的内容要充分掌握，树立正确的理财观念，不要想着短期内难取得大量财富，而是要耐心细心，学习理财知识。

（2）充分了解所购理财产品的风险。购买理财产品，选择理财模式之前，要对理财和选择的理财模式充分了解，尤其是要关注这种理财模式之下的风险，谨慎投资。面对市面上各种高利润投资以及很多金融诈骗套路，要善于识别，不要为了所谓的高收益，剑走偏锋，也不要不顾自己的经济实力，投入自己难以承受的资金数额。

（3）合理规划自己的理财资金。投资者要合理规划自己的理财资金，可以选择多个理财产品，而不是把全部资金放在一个理财产品内，这样如果理财产品中的某一个出现问题，那么损失也是有限的，分散投资理财能从一定程度上减少风险。

实训练习　识别互联网金融产品风险

一、背景知识

图7-1为支付宝“理财产品”菜单下“网商银行”提供的某款理财产品，请认真看图，并注意以下问题：

（1）“网商银行”只提供理财产品，不再有互联网存款产品。以“青银理财月开3号”

为例，图 7-2 为该理财产品的详情。

（2）业绩基准（年化）为 3.45%，业绩基准（年化）是指金融机构根据产品投资情况评估得出的年化收益率目标，不构成对本产品的任何收益承诺，实际收益以到账为准。也就是说“青银理财月开 3 号”的产品期限为 29 天，小于一年 365 天，29 天的收益率必定小于 3.45%。

（3）关注产品风险提示为中低风险：本产品为净值型产品，历史业绩不代表未来表现，不等于实际收益。存续期内每个交易日的净值变化可能导致短期存在盈亏波动，长期持有收益稳健。

（4）了解交易规则：起购金额为 1 元，2021 年 6 月 16 日开始募集，6 月 21 日结束募集，6 月 22 日开始计算收益，7 月 21 日进入开放期。

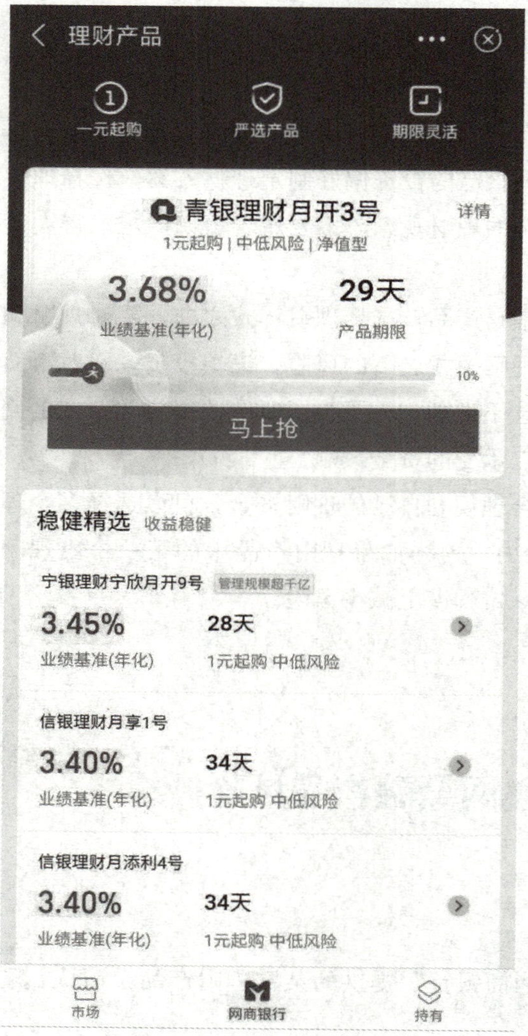

图 7-1 青银理财月开 3 号

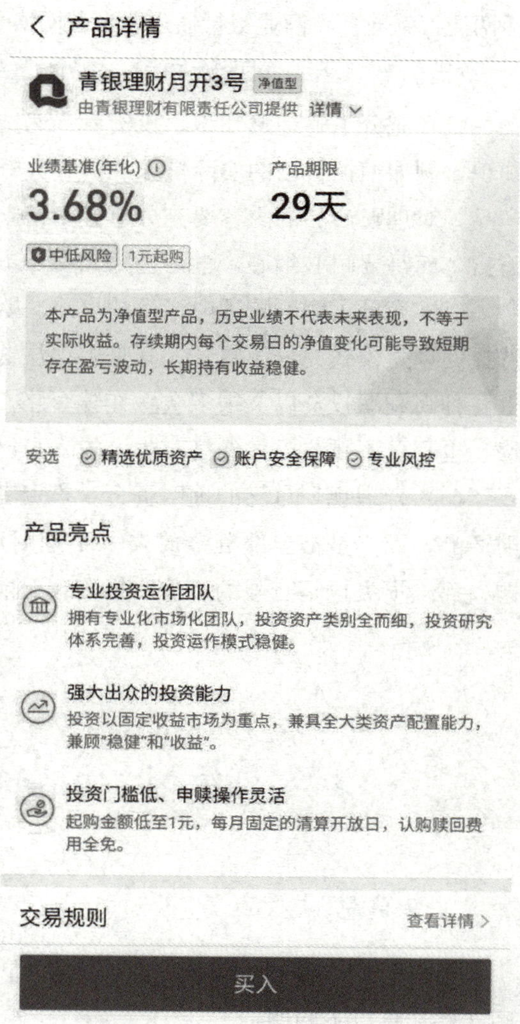

图 7-2 产品详情

二、实训操作

（1）打开支付宝 App，找到“理财”个人应用；

（2）点开“理财”应用，请列举各种理财产品，并简要介绍各个理财产品的特点及风险大小；

（3）支付宝“理财”应用中是否还有“互联网存款”产品？为什么？

（4）根据你对这些理财产品的认知和个人风险能力的判断，你会购买哪些理财产品？

思考练习

1. 简述我国互联网金融存在的风险。
2. 简述互联网金融存在哪些诈骗行为。
3. 简述如何规避互联网金融风险。

第八章

云金融与金融大数据

知识目标

1. 云计算带来的企业信息化变革；

2. 云金融的含义；

3. 金融大数据的应用。

能力目标

1. 能够熟练掌握云计算在我国金融领域的应用；

2. 能够理解云金融的含义；

3. 能够利用金融大数据服务于个人理财等金融产品的选择。

情境导读

腾讯云助力广西贵港打造综合金融服务平台，将覆盖80%产业链

2020年12月9日消息，广西贵港综合金融服务平台项目日前正式启动建设。该平台依托腾讯云金融科技优势和当地金融服务资源，携手贵港市本地运营合作伙伴微普惠科技，能够为贵港市中小微企业提供高效便捷的普惠金融和供应链金融服务，助力贵港市优化营商环境，加速构建区域化产融生态，推动经济高质量发展。未来，该平台预计将实现对贵港市80%产业链的覆盖。

一直以来，中小微企业的融资供需矛盾突出，企业融资难、融资贵，金融机构不愿贷、不敢贷、不会贷，制约着中小微企业的发展。2020年10月，腾讯云与贵港市政府就综合金融服务平台建设正式达成战略合作，依托政府主导模式，借助政府公信力和征信数据优势，以及腾讯云各项技术能力，推动企业融资需求与金融机构、金融产品之间实现双向选择和自主对接，拓宽中小企业融资渠道，提高金融供需对接效率。

项目启动以来，腾讯云与贵港大数据局积极开展区域数据调研与创新研讨。在信用体系方面，贵港综合金融服务平台借助腾讯云亿级企业知识图谱，深入融合贵港市企业大数据，并通过腾讯云霖产业风控平台联合建模，打造了覆盖贵港市超20万家企业的数字化信用体系，为区域内金融机构识别企业风险提供可量化依据，从而有效改善当地小微企业信用缺失的困境。

同时，贵港综合金融服务平台还通过引入腾讯云企业数字身份认证、证照OCR识别、人脸识别、在线电子合同签约、小微企业风控模型等一系列数字化技术，打造出一站式线上企业金融服务门户，同时基于区域内的企业数字化信用体系，实现对企业端融资产品的精准投放，建立产业与金融的高效互动机制。

未来，以综合金融服务平台建设为起点，腾讯云与贵港市还将持续探索“政-金-产-数”新型普惠金融模式，推动当地金融数字化发展。

案例分析

进入2020年以来，“新基建”成了红极一时的网络热词。不同于传统的修桥、造路等钢筋混凝土工程建设，新基建是建立在数字化基础之上的新经济形式。它不仅是我国的国家战略，同样也是全球各国正在努力抢夺的战略高地。随着“新基建”国家战略的落地，以数据中心为代表的新型基础设施日益成为其中不可或缺的支柱。

新基建对社会和经济发展的带动作用十分明显。疫情期间，大数据追踪疫情线索、远程医疗、在线办公、在线教育等数字化的生产力，让整个社会仍然可以高效运转。

在经济方面，新基建的意义也十分重大。新基建一头连接着投资和生产力，另一头连接着消费升级，不仅有利于对冲疫情导致的经济下行，而且还可以推动整个经济迈向数字化，进入下一个新增长的时代。

有数据显示，到2025年，我国5G网络建设投资累计将达到1.2万亿元；2020—2025年，5G商用直接带动的经济总产出将达10.6万亿元。

当所有企业都联网后，业务会实现全面数字化，这将带来生产力的全面提升，从而提高生产效率，改变生产关系。

第一节 云计算的概念和应用

云概念最早的应用便是亚马逊（Amazon）于2006年推出的弹性云计算（Elastic Computer Cloud）服务。其核心便是分享系统内部的运算、数据资源，以达到使中小企业以更小的成本获得更加理想的数据分析、处理、储存的效果。

一、云计算的概念

云计算（Cloud Computing）是分布式计算的一种，指的是通过网络“云”将巨大的数据计算处理程序分解成无数个小程序，然后，通过多部服务器组成的系统进行处理和分析这些小程序，得到结果并返回给用户。云计算早期，简单地说，就是简单的分布式计算，解决任务分发，并进行计算结果的合并。因而，云计算又称为网络计算。通过这项技术，可以在很短的时间内（几秒钟）完成对数以万计的数据的处理，从而达到强大的网络服务。

“云”实质上就是一个网络，狭义上讲，云计算就是一种提供资源的网络，使用者可以随时获取“云”上的资源，按需求量使用，并且可以看成是无限扩展的，只要按使用量付费就可以。“云”就像自来水厂一样，使用者可以随时接水，并且不限量，按照自己家的用水量，付费给自来水厂就可以。

从广义上说，云计算是与信息技术、软件、互联网相关的一种服务，这种计算资源共享池叫作“云”。云计算把许多计算资源集合起来，通过软件实现自动化管理，只需要很少的人参与，就能让资源被快速获取。也就是说，计算能力作为一种商品，可以在互联网上流通，就像水、电、煤气一样，可以方便地取用，且价格较为低廉。

总之，云计算不是一种全新的网络技术，而是一种全新的网络应用概念，云计算的核心概念就是以互联网为中心，在网站上提供快速且安全的云计算服务与数据存储，让每一个使用互联网的人都可以使用网络上的庞大计算资源与数据中心。

二、云计算的特征

（1）超大规模。“云”具有相当的规模，谷歌“云”已经拥有 100 多万台服务器，亚马逊、IBM、微软、雅虎等的“云”均拥有几十万台服务器。企业私有“云”一般拥有数百上千台服务器，“云”能赋予用户前所未有的计算能力。

（2）虚拟化。云计算支持用户在任意位置、使用各种终端获取应用服务。所请求的资源来自“云”，而不是固定的有形的实体。应用在“云”中某处运行，但实际上用户无需了解，也不用担心应用运行的具体位置。只需要一台笔记本电脑或者一个手机，就可以通过网络服务来实现需要的一切，甚至包括超级计算这样的任务。

（3）高可靠性。“云”使用了数据多副本容错、计算节点同构可互换等措施来保障服务的高可靠性，使用云计算比使用本地计算机可靠。

（4）通用性。云计算不针对特定的应用，在“云”的支撑下可以构造出千变万化的应用，同一个“云”可以同时支撑不同的应用运行。

（5）高可扩展性。“云”的规模可以动态伸缩，满足应用和用户规模增长的需要。

（6）按需服务。“云”是一个庞大的资源池，用户按需购买；“云”可以像自来水、电、煤气那样计费。

（7）低成本。“云”的特殊容错措施使其可以采用极其廉价的节点来构成，“云”的自动化集中式管理使大量企业无需负担日益高昂的数据中心管理成本，“云”的通用性使资源的利用率较之传统系统大幅提升，因此用户可以充分享受“云”的低成本优势。

三、云计算的应用

可以用“水龙头”来直观解释云计算的应用：当需要的时候，扭开水龙头，水就来了，用户只需要操心交水费就行。当用户需要用一个软件时，不用跑去电脑城，打开应用商店，它就下载下来了；当用户想看报纸的时候，不用跑去报刊亭，只要打开新闻软件，新闻唾手可得；当用户想看书的时候，不用跑去书城，只需要打开阅读软件，找到这样的一本书，在手机上阅读；当用户想听音乐的时候，不用再跑去音像店苦苦找寻 CD 光碟，打开音乐软件，就能聆听音乐。云计算，像在每个不同地区开设的不同自来水公司，没有地域限制。优秀的云服务商，向世界每个角落提供软件服务——就像天空上的云一样，不论用户身处何方，只要抬头，就能看见。

云计算已经深深介入人们生活中的点点滴滴，平时常用的 App 或网站，基本都已经离不开云计算作为背后的强大服务支持，如“剁手党”爱恨交加的淘宝、京东，“社交痴迷党”的微信、微博等，背后强大的云计算总是在推送用户可能感兴趣的信息。

四、云计算潜在的危险性

云计算服务除了提供计算服务外，还必然提供了存储服务。但是云计算服务当前垄断在私人机构（企业）手中，而它们仅仅能够提供商业信用。政府机构、商业机构（特别像银行这样持有敏感数据的商业机构）对于选择云计算服务应保持足够的警惕，一旦商业用户大规模使用私人机构提供的云计算服务，无论其技术优势有多强，都不可避免地让这些私人机构以“数据（信息）”的重要性挟制整个社会。

第二节 云金融的概念和应用

云金融是金融机构融合云计算模型及业务体系所诞生的新生事物。云金融是金融机构架构的主要组成部分，也是金融机构技术及产品创新的重要依据。云金融是云计算在技术上和概念上的专业化延伸，是金融机构利用云计算的有益探索。

一、云金融的概念

云金融（Cloud Finance），云金融是指基于云计算商业模式应用的金融产品、信息、服务、用户、各类机构，以及金融云服务平台的总称，云计算有利于提高金融机构迅速发现并解决问题的能力，提升整体工作效率，改善流程，降低运营成本。从技术上讲，云金融就是利用云计算模型，将金融机构的数据中心与客户端分散到“云”里，从而达到提高自身系统运算能力、数据处理能力，改善客户体验评价，降低运营成本的目的。

二、云金融的应用

（一）金融信息处理系统中的云应用

1. 构建云金融信息处理系统，降低金融机构运营成本

互联网金融机构运营的核心之一，便是最大化的减少物理成本和费用，提高线上（虚拟化）的业务收入。云计算可以帮助金融机构构建云金融信息处理系统，减少金融机构在诸如服务器等硬件设备上的资金投入，使效益最大化。

2. 构建云金融信息处理系统，实现金融全网信息共享

金融机构构建云计算的金融信息共享、处理及分析系统，可以使其扩展、推广到多种

金融服务领域。诸如证券、保险及信托公司均可以作为云金融信息处理系统的组成部分，在全金融系统内分享各自的信息资源。

3. 构建云金融信息处理系统，统一网络接口规则

国内金融机构的网络接口标准大相径庭。通过构建云金融信息处理系统，可以统一接口类型，最大程度上简化诸如跨行业务办理等技术处理的难度，同时也可减少全行业硬件系统构建的重复投资。

4. 构建云金融信息处理系统，增加金融机构业务种类和收入来源

上述的信息共享和接口统一，均可以对资源的使用方收取相关的费用，使云金融信息处理系统成为一项针对金融系统同业企业的产品，为金融机构创造额外的经济收入来源。

（二）金融网络安全系统的云应用

基于云计算的网络安全系统也是“云”最早的应用领域之一。现如今，瑞星、卡巴斯基、江民、金山等网络及计算机安全软件全部推出了云安全解决方案。其中，市场占有率不断提升的 360 安全卫士，更是将免费的云安全服务作为一面旗帜，成为其产品竞争力的核心。

所以说，将云计算引入金融网络安全系统的设计当中，借鉴云安全在网络、计算机安全领域成功应用的经验，构建云金融安全系统具有极高的可行性和应用价值。这在一定程度上能够进一步保障国内金融系统的信息安全。

（三）金融机构产品服务体系的云应用

通过使用云计算的金融理念和金融机构的线上优势，可以构建全方位的客户产品服务体系。例如：地处 A 省的服务器、B 市的风险控制中心、C 市的客服中心等机构，共同组成了金融机构的产品服务体系，为不同地理位置的不同客户提供同样细致周到的产品体验。这就是云金融服务。

事实上，基于云金融思想的产品服务模式已经在传统银行和其网上银行的服务中得到初步的应用。金融机构可通过对“云”更加深入的理解，提供更加融入云计算的产品服务，提高自身的市场竞争力。

例如：虽然各家传统银行的网上银行都能针对客户提供诸如储蓄、支付、理财、保险等多种不同的金融服务，但作为客户，其同一种业务可能需要分别在多家不同的银行平台同时办理。当有相应的需求时，就需要分别登陆不同的网上银行平台进行相关操作，极其烦琐。而云金融信息系统，可以协同多家银行为客户提供云化的资产管理服务，包括查询多家银行账户的余额总额、同时使用多家银行的现金余额进行协同支付等，均可在单一金融机构的平台上得以实现。如此一来，就会为客户提供前所未有的便利性和产品体验。

第三节 金融大数据的概念和应用

金融行业与社会以及人们的日常生活关联密切，渗透到生活的方方面面，是国民经济的重要支撑之一。在作为世界人口大国的我国，每个人的需求都不一样，而且人民需求复杂多样，长期以来，金融行业要想在这样的复杂背景下寻求生存与发展，难度系数很大。在传统的金融市场中，存在如何获取新用户、如何进行风险控制、如何留住客户以及如何触发客户的消费等众多问题，而金融大数据的出现，有效地解决了过去存在的数据来源单一、片面化、局限化以及深度浅等弊端，借助互联网大数据库，能够有效地、全面地进行数据收集以及汇总分析，从而得出更加全面精确、更加符合客户需求的方案及决策。

一、金融大数据的概念

金融大数据是指集合海量非结构化数据，其通过对其进行实时分析，可以为互联网金融机构提供客户全方位信息，通过分析和挖掘客户的交易和消费信息掌握客户的消费习惯，并准确预测客户行为，使金融机构和金融服务平台在营销和风控方面有的放矢。

大数据的特点可归纳为“4V”。

(1) 数据量（Volume）：海量性也许是与大数据最相关的特征。

(2) 多样性（Variety）：大数据既包括以事务为代表的传统结构化数据，又包括以网页为代表的半结构化数据和以视频、语音信息为代表的非结构化数据。

(3) 数据价值（Value）：大数据的体量巨大，但数据中的价值密度却很低。例如几个小时甚至几天的监控视频中，有价值的线索或许只有几秒钟。

(4) 动态性（Velocity）：大数据要求能够快速处理数据，时效性强，要进行实时或准实时的处理。

金融行业一直较为重视大数据技术的发展。相比常规商业分析手段，大数据可以使业务决策具有前瞻性，让企业战略的制定过程更加理性化，实现生产资源优化分配，依据市场变化迅速调整业务策略，提高用户体验以及资金周转率，降低库存积压的风险，从而获取更高的价值和利润。

二、金融大数据的应用

大数据技术在金融行业的应用范围较广，典型的案例有花旗银行利用 IBM 的沃森电脑为财富管理客户推荐产品，并预测未来计算机推荐理财的市场将超过银行专业理财师；摩根大通银行利用决策树技术，降低了不良贷款率，转化了提前还款客户，一年为摩根大通银行增加了6亿美元的利润。

比较典型的银行的大数据应用场景集中在数据库营销、用户经营、数据风控、产品设计和决策支持等。目前来看，大数据在银行的商业应用还是以其自身的交易数据和客户数据为主，外部数据为辅；以描述性数据分析为主，预测性数据建模为辅；以经营客户为主，经营产品为辅。

银行数据按类型可以分为交易数据、客户数据、信用数据、资产数据四大类。银行数据大部分是结构化数据，具有很强的金融属性，都存储在传统关系型数据库和数据仓库中，通过数据挖掘可分析出其中的一些具有商业价值的、隐藏在交易数据之中的信息。

大数据技术在金融行业中有着广泛的应用，下面将介绍大数据技术在银行、保险、证券等金融细分领域中的应用。

（一）银行行业大数据应用

国内不少银行已经开始尝试通过大数据来驱动业务运营，如中信银行信用卡中心使用大数据技术实现了实时营销，光大银行建立了社交网络信息数据库，招商银行则利用大数据发展小微贷款。总的来看，银行行业大数据应用可以分为四大方面：

1. 客户画像

客户画像的应用主要分为个人客户画像和企业客户画像。个人客户画像包括人口统计学特征、消费能力数据、兴趣数据、风险偏好等；企业客户画像包括企业的生产、流通、运营、财务、销售和客户数据、相关产业链上下游等。值得注意的是，银行拥有的客户信息并不全面，基于银行自身拥有的数据进行分析有时候难以得出理想的结果，甚至可能得出错误的结论。

例如：如果某位信用卡客户月均刷卡8次，平均每次刷卡金额800元，平均每年打4次客服电话，从未有过投诉，按照传统的数据分析，该客户是一位满意度较高、流失风险较低的客户。但如果看到该客户的微博，得到的真实情况是：他的工资卡和信用卡不在同一家银行，还款不方便，好几次打客服电话没接通，客户多次在微博上抱怨，因此该客户流失风险较高。所以银行不仅要考虑银行自身业务所采集到的数据，更应整合考虑外部更多的数据，以拓展对客户的了解。具体包括：

（1）客户在社交媒体上的行为数据（如光大银行建立了社交网络信息数据库）。通过打通银行内部数据和外部社会化的数据可以获得更为完整的客户画像，从而进行更为精准的营销和管理；

（2）客户在电商网站的交易数据，如中国建设银行将自己的电子商务平台和信贷业务结合起来，还有阿里金融为阿里巴巴用户提供无抵押贷款，用户只需要凭借过去的信用程度即可；

(3) 如果银行掌握了企业所在的产业链上下游的数据，可以更好掌握企业的外部环境发展情况，从而预测企业未来的状况；

(4) 其他有利于扩大银行对客户兴趣爱好了解的数据，如网络广告界目前正在兴起的DMP数据、平台的互联网用户行为数据。

2. 精准营销

在客户画像的基础上，银行可以有效地开展精准营销，包括：

(1) 实时营销。实时营销是根据客户的实时状态来进行营销，例如根据客户当时的所在地、客户最近一次消费等信息来有针对地进行营销（如某客户使用信用卡采购孕妇用品，可以通过建模推测怀孕的概率并推荐孕妇类喜欢的业务），或者将改变生活状态的事件（换工作、改变婚姻状况、置居等）视为营销机会。

(2) 交叉营销。交叉营销即不同业务或产品的交叉推荐，如招商银行可以根据客户交易记录分析，有效地识别小微企业客户，然后用远程银行来实施交叉销售。

(3) 个性化推荐。银行可以根据客户的喜好进行服务或者银行产品的个性化推荐，如根据客户的年龄、资产规模、理财偏好等，对客户群进行精准定位，分析出其潜在金融服务需求，进而有针对性地营销推广。

(4) 客户生命周期管理。客户生命周期管理包括新客户获取、客户防流失和客户赢回等。如招商银行通过构建客户流失预警模型，对流失率等级前20%的客户发售高收益理财产品予以挽留，使得金卡和金葵花卡客户流失率分别降低了15个和7个百分点。

3. 风险管理与风险控制

在风险管理和控制方面包括中小企业贷款风险评估和实时欺诈交易识别等手段。

(1) 中小企业贷款风险评估。银行可通过企业的生产、流通、销售、财务等相关信息，结合大数据挖掘方法进行贷款风险分析，量化企业的信用额度，更有效地开展中小企业贷款业务。

(2) 实时欺诈交易识别。银行可以利用持卡人基本信息、卡基本信息、交易历史、客户历史行为模式、正在发生行为模式（如转账）等，结合智能规则引擎（如从一个不经常出现交易的国家为一个特有用户转账或在一个不熟悉的位置进行在线交易）进行实时的交易反欺诈分析。如IBM金融犯罪管理解决方案帮助银行利用大数据有效地预防与管理金融犯罪，摩根大通银行则利用大数据技术追踪盗取客户账号或侵入自动柜员机系统的罪犯。

4. 运营优化

(1) 市场和渠道分析优化。通过大数据，银行可以监控不同市场推广渠道，尤其是网络渠道推广的质量，从而进行合作渠道的调整和优化。同时，也可以分析哪些渠道更适合推广哪类银行产品或者服务，从而进行渠道推广策略的优化。

（2）产品和服务优化。银行可以将客户行为转化为信息流，并从中分析客户的个性特征和风险偏好，更深层次地了解客户的习惯，智能化分析和预测客户需求，从而进行产品创新和服务优化。如兴业银行对大数据进行初步分析，通过对还款数据挖掘、比较，区分优质客户，根据客户还款数额的差别，提供差异化的金融产品和服务方式。

（3）舆情分析。银行可以通过爬虫技术，抓取社区、论坛和微博上关于银行以及银行产品和服务的相关信息，并通过自然语言处理技术进行正负面判断，尤其是掌握银行以及银行产品和服务的负面信息，及时发现和处理问题；对于正面信息，可以加以总结并继续强化。同时，银行也可以抓取其他银行的正负面信息，及时了解同行做得好与不好的方面，以作为自身业务优化的借鉴。

（二）保险行业大数据应用

过去，由于保险行业的代理人的特点，在传统的个人代理渠道，代理人的素质及人际关系网是业务开拓的最关键因素，而大数据在新客户开发和维系中的作用就没那么突出。但随着互联网、移动互联网以及大数据的发展，网络营销、移动营销和个性化的电话销售的作用将会日趋显现，越来越多的保险公司注意到大数据在保险行业中的作用。总的来说，保险行业的大数据应用可以分为三大方面：客户细分及精细化营销、欺诈行为分析和精细化运营。

1. 客户细分及精细化营销

（1）客户细分和差异化服务。风险偏好是确定保险需求的关键。风险喜好者、风险中立者和风险厌恶者对于保险需求有不同的态度。一般来讲，风险厌恶者有更大的保险需求。在客户细分的时候，除了风险偏好数据外，要结合客户职业、爱好、习惯、家庭结构、消费方式等偏好数据，利用机器学习算法来对客户进行分类，并针对分类后的客户提供不同的产品和服务策略。

（2）潜在客户挖掘及流失用户预测。保险公司可通过大数据整合客户线上和线下的相关行为，通过数据挖掘手段对潜在客户进行分类，细化销售重点。通过大数据进行挖掘，综合考虑客户的信息、险种信息、既往出险情况、销售人员信息等，筛选出影响客户退保或续保的关键因素，并通过这些因素和建立的模型，对客户的退保概率或续保概率进行估计，找出高风险流失客户，及时预警，制定挽留策略，提高保单续保率。

（3）客户关联销售。保险公司可以通过关联规则找出最佳险种销售组合，利用时序规则找出顾客生命周期中购买保险的时间顺序，从而把握客户提高保额的时机，建立既有客户再销售清单与规则，从而促进保单的销售。除了这些做法以外，借助大数据，保险公司可以直接锁定客户需求。以淘宝退货运费险为例。据统计，淘宝退货运费险索赔率在50%以上，该产品给保险公司带来的利润只有5%左右，但是有很多保险公司都有意愿去提供这种保险。因为客户购买退货运费险后保险公司就可以获得该客户的个人基本信息，包括手机号和银行账户信息等，并能够了解该客户购买的产品信息，从而实现精准推送。假设该客户购买并退货的是婴儿奶粉，保险公司就可以估计该客户家里有小孩，可以向其推荐关于儿童疾病险、教育险等利润率更高的产品。

(4) 客户精准营销。在网络营销领域，保险公司通过收集互联网用户的各类数据，如地域分布等属性数据，搜索关键词等即时数据，购物行为、浏览行为等行为数据，以及兴趣爱好、人脉关系等社交数据，从而可以在广告推送中实现地域定向、需求定向、偏好定向、关系定向等定向方式，实现精准营销。

2. 欺诈行为分析

基于企业内外部交易和历史数据，实时或准实时预测和分析欺诈等非法行为，包括医疗保险欺诈与滥用分析、车险欺诈分析等。

(1) 医疗保险欺诈与滥用分析。医疗保险欺诈与滥用通常可分为两种，一种是非法骗取保险金，即保险欺诈；另一种则是在保额限度内重复就医、浮报理赔金额等，即医疗保险滥用。保险公司能够利用过去数据，寻找影响保险欺诈最为显著的因素及这些因素的取值区间，建立预测模型，并通过自动化计分功能，快速将理赔案件依照滥用欺诈可能性进行分类处理。

(2) 车险欺诈分析。保险公司够利用过去的欺诈事件建立预测模型，将理赔申请分级处理，可以很大程度上解决车险欺诈问题，包括车险理赔申请欺诈侦测、业务员及修车厂勾结欺诈侦测等。

3. 精细化运营

(1) 产品优化，保单个性化。过去在没有精细化的数据分析和挖掘的情况下，保险公司把很多人都放在同一风险水平之上，客户的保单并没有完全解决客户的各种风险问题。但是，在大数据的帮助下，保险公司可以通过自有数据以及客户在社交网络的数据，解决现有的风险控制问题，为客户制定个性化的保单，获得更准确以及更高利润率的保单模型，给每一位顾客提供个性化的解决方案。

(2) 运营分析。基于企业内外部运营、管理和交互数据分析，借助大数据技术，全方位统计和预测企业经营和管理绩效。基于保险保单和客户交互数据进行建模，借助大数据平台快速分析和预测再次发生或者新的市场风险、操作风险等。

(3) 代理人（保险销售人员）甄选。根据代理人（保险销售人员）业绩数据、性别、年龄、入司前工作年限、其他保险公司经验和代理人人员思维性向测试等，找出销售业绩相对较好的销售人员的特征，优选高潜力销售人员。

（三）证券行业大数据应用

大数据时代，大多数券商已意识到大数据的重要性，但券商对于大数据的研究与应用还处于起步阶段，相对于银行和保险业，证券行业的大数据应用起步相对较晚。目前国内外证券行业的大数据应用大致有以下几个方向：

1. 股价预测

2011年5月英国公司德温特资本市场（Derwent Capital Market）建立了规模为4 000万美元的对冲基金，该基金是首家基于社交网络的对冲基金，该基金通过分析推特的数据内容来感知市场情绪，从而指导客户进行投资。利用推特的德温特资本市场在首月的交易中确实盈利了，其以1.85%的收益率，让平均收益率只有0.76%的其他对冲基金相形见绌。

麻省理工学院的学者，根据情绪词将推特内容标定为正面或负面情绪内容。结果发现，无论是如“希望”的正面情绪，或是“害怕”“担心”的负面情绪，其占总推特内容数的比例上升，都预示着道琼斯指数、标准普尔500指数、纳斯达克指数的下跌。美国佩斯大学的一位博士则采用了另外一种思路，他追踪了星巴克、可口可乐和耐克三家公司在社交媒体上的受欢迎程度，同时比较它们的股价。他发现，Facebook上的粉丝数、推特上的听众数和YouTude上的观看人数都和股价密切相关。另外，品牌的受欢迎程度还能预测股价在10天、30天之后的上涨情况。但是，推特情绪指标，仍然不可能预测出会冲击金融市场的突发事件。例如：在2008年10月13日，美国联邦储备委员会突然启动一项银行纾困计划，令道琼斯指数反弹，而3天前的推特相关情绪指数毫无预示征兆。而且，研究者自己也意识到，推特用户与股市投资者并不完全重合，这样的样本代表性有待商榷，但这仍无法阻止投资者对于新兴的社交网络倾注更多的热情。

2. 客户关系管理

（1）客户细分。通过分析客户的账户状态（类型、生命周期、投资时间）、账户价值（资产峰值、资产均值、交易量、佣金贡献和成本等）、交易习惯（周转率、市场关注度、仓位、平均持股市值、平均持股时间、单笔交易均值和日均成交量等）、投资偏好（偏好品种、下单渠道和是否申购）以及投资收益（本期相对和绝对收益、今年相对和绝对收益）和投资能力等，来进行客户聚类和细分，从而发现客户交易模式类型，找出最有价值和盈利潜力的客户群，以及他们最需要的服务，更好地配置资源和政策，改进服务，抓住客户。

（2）流失客户预测。券商可根据客户历史交易行为和流失情况来建模，从而预测客户流失的概率。如2012年海通证券自主开发的“给予数据挖掘算法的证券客户行为特征分析技术”主要应用在客户深度画像以及基于画像的用户流失概率预测。通过对海通证券100多万样本客户、半年交易记录的海量信息分析，建立了客户分类、客户偏好、客户流失概率的模型。该项技术最大初衷是希望通过客户行为的量化分析，来测算客户将来可能流失的概率。

3. 智能投资顾问

智能投资顾问业务提供线上投资顾问服务，其基于客户的风险偏好、交易行为等个性化数据，依靠大数据量化模型，为客户提供低门槛、低费率的个性化财富管理方案。

4. 投资景气指数

2012 年，国泰君安证券推出了“个人投资者投资景气指数”（简称 3I 指数），通过一个独特的视角传递个人投资者对市场的预期、当期的风险偏好等信息。国泰君安研究所对海量个人投资者样本进行持续性跟踪监测，对账本投资收益率、持仓率、资金流动情况等一系列指标进行统计、加权汇总后得到综合性投资景气指数。

3I 指数通过对海量个人投资者真实投资交易信息的深入挖掘分析，了解个人投资者交易行为的变化、投资信心的状态与发展趋势、对市场的预期以及当前的风险偏好等信息。在样本选择上，选择资金 100 万元以下、投资年限 5 年以上的中小投资者，样本规模高达 10 万，覆盖全国不同地区，所以这个指数较有代表性。在参数方面，主要根据中小投资者持仓率的高低、是否追加资金、是否盈利这几个指标，来看投资者对市场是乐观还是悲观。3I 指数每月发布一次，以 100 为中间值，100～120 属于正常区间，120 以上表示趋热，100 以下则是趋冷。从实验数据看，从 2007 年至今，3I 指数的涨跌波动与上证指数走势拟合度相当高。

三、金融大数据应用的关键指标

（一）数据

大数据风控中什么是最重要的？

答案是数据。

数据是大数据风控中的核心，没有什么比数据直接告诉金融机构某个目标客户是黑名单客户、逾期严重客户更简单、更高效的事情了。

数据最好能有海量样本，覆盖足够多的用户。用户数据价值密度高、噪音少，数据清洗容易；用户数据维度多，能够形成丰富的用户画像。金融机构自身业务场景能够获取有价值数据。

（二）技术

对于有些金融机构来讲，如果风控标准很严格，其实排查不能准入的客户是不难的。但是对于大部分金融机构来讲，风控和业务是互斥的，为了提高业务量，就必须降低准入标准，但是又要防范风险，这就需要借助技术手段，通过反欺诈建模和信用建模方式，对客户进行评估，以及评估客户信用水平，以决定是否准入。

技术要求有强大的底层技术架构能力、良好的企业级产品输出能力和大数据清洗和建模能力，未来还需要结合人工智能等技术，形成智能的风控和反欺诈平台。

（三）场景

金融大数据目前主要的应用场景有以下8种：征信、风控、反欺诈、差异化定价、精准营销和智能客服、投资决策辅助和投资机会识别、量化投资、智能投资顾问。

以征信为例。征信通过大数据技术多维度获取数据，并建模评估，可以实现智能征信评估和审批。难点在于各个企业数据源暂未打通，且信用体系覆盖率低，评分系统不健全。我国的个人小额信贷普及率远远低于美国等发达国家，大量没有信用卡的蓝领人群的需求没有得到满足。

实际上，基于大数据和人工智能技术，完全可以实现智能征信和审批。通过多渠道获取多维度的数据，包括通话记录、短信信息、购买历史、电商数据，以及社交网络上的留存信息等，可以提取出上百种变量，录入大数据模型，对个人信用进行评估。对于缺少抵押和担保的中小企业，也可以通过大数据征信解决他们的融资困难问题。

四、金融大数据应用面临的挑战及对策

大数据技术为金融行业带来了裂变式的创新活力，其应用潜力有目共睹，但在数据资产管理、应用技术和业务探索、行业标准和安全规范、顶层设计和扶持政策等方面存在的瓶颈也有待突破。

（1）数据资产管理水平仍待提高。主要体现在数据质量不高、获取方式单一、数据系统分散等方面。

（2）应用技术和业务探索仍需突破。主要体现在金融机构原有的数据系统架构相对复杂，涉及的系统平台和供应商较多，实现大数据应用的技术改造难度很大。同时，金融行业的大数据分析应用模型仍处于起步阶段，成熟案例和解决方案仍相对较少，需要投入大量的时间和成本进行调研和试错，目前系统误判率相对较高。

（3）行业标准和安全规范仍待完善。金融大数据缺乏统一的存储管理标准和互通共享平台，对个人隐私的保护还未形成可靠的安全机制。

（4）顶层设计和扶持政策仍需强化。体现在金融机构间的数据壁垒较为明显，各自为战问题突出，缺乏有效的整合协同。同时，行业应用缺乏整体性规划，分散、临时、应激等特点突出，信息价值开发仍有较大潜力。

总的来看，大数据在金融行业的应用起步比互联网行业稍晚，其应用深度和广度还有很大的扩展空间。金融行业的大数据应用依然有很多的问题需要克服，同时需要国家出台促进金融大数据发展的产业规划和扶持政策，也需要行业分阶段推动金融数据开放、共享和统一平台建设，强化行业标准和安全规范。只有这样，大数据技术才能在金融行业中稳步推进应用，不断推动金融行业的发展提升。

案例分享

金融大数据面临三大难题

一、存在数据孤岛现象，数据融合困难

政府和企业都面临数据孤岛难题。大数据时代，数据已经成为核心资源，企业出于保护商业机密或者节约数据整理成本的考虑而不愿意共享自身数据，一些政府部门也缺乏数据公开的动力。数据孤岛现象的存在，将导致大数据信用评估模型采用的数据维度和算法不同，大数据征信模型的公信力和可比性容易遭到质疑。

二、金融科技巨头可能产生数据垄断

一些金融科技巨头凭借其在互联网领域的固有优势，掌握了大量数据，客观上可能产生数据寡头的现象，可能带来数据垄断。一些机构掌握了核心的信用数据资源，有的机构掌握电商交易数据和金融数据，有的机构掌握集团的传统金融机构和互联网金融平台的金融数据，有的机构则依托大股东掌握大量线下交易数据，还通过合作的方式掌握了合作企业的数据。由于缺乏分享的激励机制，与征信的共享理念产生冲突。

三、数据安全和个人隐私保护难度升级

目前，数据的获取大致有4种方法：自有平台积累、通过交易或合作获取、通过技术手段获取、用户自己提交数据。但是由于相关的法律法规体系尚不健全，数据交易存在许多不规范的地方，甚至出现数据非法交易和盗取信息的现象。

案例分析

常用的大数据行业数据有中国人民银行征信报告、司法信息、公安信息、信用卡信息、运营商信息、电商消费记录等。而这些不同的征信机构并没有统一和协调。从信用、信息、数据的采集机制来看，应该努力扩大信息的覆盖面。可以看到中国人民银行个人征信体系覆盖面还有很多主体没有被纳进来，随着金融社会不断地深化，系统的记录的缺失是非常致命的短板。

还要完善征信数据的标准体系与数据共享机制，现在的数据来源于各种渠道。不同互联网渠道的信用数据标准存在较大的差异，这样一些标准差异严重阻碍了数据采集的高效发展，需要在国家层面加强制度建设，推动数据的融合和共享，需要对金融信用的数据标准体系在不同层面予以推进。

最后是高度重视信息数据的安全与隐私保护，需要当心个人征信推动过程中会对个人消费者信息保护产生更多的冲击。

大数据金融还处于发展初期，目前比较大的问题还是数据不够多，不够全，以及如何协调数据开放和公民隐私之间的矛盾，未来还需要结合人工智能、区块链和物联网等技术，实现数据的不可篡改、收集及时等能力，从而更好地为金融业服务。

实训练习　查询个人信用报告

一、背景知识

简单来说，征信就是专业化的、独立的第三方机构为个人建立信用档案，依法采集、客观记录其信用信息，并依法对外提供信用报告的一种活动。征信记录了个人过去的信用行为，这些行为将影响个人未来的经济活动。例如：当某人向银行申请贷款时，银行可以通过征信机构提供的信用报告，更好地了解此人过去的信用状况，银行可以更方便、更快捷地做出是否与此人进行交易的决定，这样就方便了此人的经济活动。经济和社会越发展，征信与个人的关系就越密切。

个人信用报告是征信机构出具的记录其过去信用信息的文件，是个人的“经济身份证”，它可以帮助交易伙伴了解对方的信用状况，方便双达成经济、金融交易。

每个成年的中国公民都有中华人民共和国居民身份证，上面印着姓名、性别、出生时间、住址和身份证号码等内容。类似这样的身份证件，其他国家的公民也都有，名称可能不同，但作用相同：证明作为自然人的个人是谁。所以这个身份证谁也离不开。随着市场经济的发展，个人的经济活动越来越多，除了需要证明是谁之外，还需要有一个方便、可信的工具，来说明作为一个从事经济活动的人，是否可信、可靠，这个工具就是个人信用报告。

个人信用报告在欧美已经非常普及了，几乎每一个有经济活动的人都有个人信用报告。而个人信用报告的应用更是普遍，几乎渗透到个人每一项重大的经济活动中，包括贷款买房、申请信用卡、买保险、租房、找工作、享受政府福利等。

个人信用报告的应用日益广泛，它的作用也越来越像居民身份证，所以人们形象地称它为“经济身份证”。

二、实训操作

（1）打开“中国人民银行征信中心”网页。

（2）打开“个人征信服务”，仔细阅读理解以下内容：个人业务重要信息提示产品简介、个人信用报告（个人版）解读、个人信用报告介绍、个人信用报告（个人版）样本。

（3）思考：如何保持良好的个人征信？

思考练习

1. 简述云计算的含义。
2. 简述云金融的含义。
3. 简述云金融的具体应用。
4. 简述大数据在金融行业有哪些应用。
5. 简述金融大数据应用的关键性指标。

参考文献

[1] 最高法网络犯罪司法大数据报告显示：网络诈骗呈现这些新特征［OL］.［2019－11－21］. http://www.cac.gov.cn/2019－11/21/c_1575870230460914.htm.

[2] 徐振昆．互联网金融的监管历程［OL］.［2017－02－25］. https://www.sohu.com/a/127211932_355147.

[3] 段礼乐．互联网金融创新与审慎监管［OL］.［2021－01－05］. https://baijiahao.baidu.com/s?id=1688010272575847696&wfr=spider&for=pc.

[4] 梁涛．金融数字化转型对金融监管提出了新要求、新挑战［OL］.［2020－11－11］. https://baijiahao.baidu.com/s?id=1683042852106424664&wfr=spider&for=pc.

[5] 阿基米德先进技术网大数据技术在金融行业中的应用［OL］.［2018－11－04］. https://www.sohu.com/a/273157423_468668.

[6] 朱岩松，郭婧琳，周凯，齐琼．互联网金融的风险防范研究［J］. 知识经济，2020（16）：52－53.

[7] 李腾飞．严监管下的互联网资管业务发展与展望［J］. 清华金融评论，2019（5）.

[8] 巴曙松，赵伟．构建消费金融的互联网应用场景［J］. 中国国情合力，2020（6）.

[9] 王志峰，杜鹃．科技驱动消费金融创新［J］. 中国金融，2019（6）.

[10] 艾瑞咨询．破晓：中国金融科技行业研究报告［R］. 上海，2019.

[11] 吴金旺，靖研．互联网金融法律法规［M］. 北京：中国金融出版社，2018.

[12] 杨西雯．中国金融科技监管模式探索［OL/B］. 零壹财经，2019（5）.

[13] 朱振鑫，杨芹芹．金融科技：一场静悄悄的革命［OL/B］. 如实金融研究院，2018（3）.

[14] 黎四奇，苗羽亭．大数据背景下金融隐私权的保护［J］. 财经理论与实践，2019，40（4）.

[15] 郭福春，史浩．互联网金融基础［M］. 北京：高等教育出版社，2019.

[16] 邱勋，周雷，高泽金．网络借贷与股权众筹［M］. 北京：中国金融出版社，2020.

[17] 张颖馨．票房突破 40 亿的《流浪地球》带火周边众筹：筹资完成度最高达 7832%［OL］.［2019－02－20］. https://baijiahao.baidu.com/s?id=1625966996008322676&wfr=spider&for=pc.

[18] 姜新文，张小芳．众筹：让农业更时尚［N/OL］.［2020－01－06］http://www.moa.gov.cn/xw/qg/202001/t20200106_6334351.htm.

图书在版编目（CIP）数据

互联网金融基础 / 熊湘辉主编 . -- 北京：中国人民大学出版社，2021. 9

新编 21 世纪高等职业教育精品教材 . 金融类

ISBN 978-7-300-29693-7

Ⅰ. ①互…　Ⅱ. ①熊…　Ⅲ. ①互联网络—应用—金融—高等职业教育—教材　Ⅳ. ①F830. 49

中国版本图书馆 CIP 数据核字（2021）第 144218 号

陕西省教育科学“十三五”规划一般课题：职业院校校企合作现代学徒制人才培养模式研究
陕西省职教学会课题“互联网金融”课程思政典型案例建设
陕西省职教学会课题校企合作现代学徒制人才培养模式实践
新编 21 世纪高等职业教育精品教材 · 金融类

互联网金融基础

主　编　熊湘辉
副主编　孙文娟　王　艳　朱保一
Hulianwang Jinrong Jichu

出版发行	中国人民大学出版社		
社　　址	北京中关村大街 31 号	**邮政编码**	100080
电　　话	010－62511242（总编室）		010－62511770（质管部）
	010－82501766（邮购部）		010－62514148（门市部）
	010－62515195（发行公司）		010－62515275（盗版举报）
网　　址	http://www. crup. com. cn		
经　　销	新华书店		
印　　刷	北京昌联印刷有限公司		
开　　本	787 mm×1092 mm　1/16	**版　　次**	2021 年 9 月第 1 版
印　　张	12. 75 插页 1	**印　　次**	2023 年 6 月第 2 次印刷
字　　数	250 000	**定　　价**	35. 80 元